九州文库

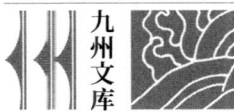

高校美育理论 与实践研究

孙莉 著

九州出版社
JIUZHOUPRESS

图书在版编目（CIP）数据

高校美育理论与实践研究／孙莉著 . -- 北京：九州出版社，2024.4

ISBN 978-7-5225-2911-0

Ⅰ.①高⋯ Ⅱ.①孙⋯ Ⅲ.①美育-教学研究-高等学校 Ⅳ.①G40-014

中国国家版本馆 CIP 数据核字（2024）第 096219 号

高校美育理论与实践研究

作　　者	孙　莉　著
责任编辑	张皖莉
出版发行	九州出版社
地　　址	北京市西城区阜外大街甲 35 号（100037）
发行电话	（010）68992190/3/5/6
网　　址	www.jiuzhoupress.com
印　　刷	唐山才智印刷有限公司
开　　本	710 毫米×1000 毫米　16 开
印　　张	16.5
字　　数	218 千字
版　　次	2024 年 4 月第 1 版
印　　次	2024 年 4 月第 1 次印刷
书　　号	ISBN 978-7-5225-2911-0
定　　价	95.00 元

目 录
CONTENTS

引　言

生活中从不缺少美，缺少的是发现美的眼睛。我们要用心观察，学会感悟，便不难发现，生活中美无处不在。于是有人便问，世间何为美？人世间芸芸众生，人们对美的认知就好比"一千个人心中便有一千个哈姆雷特"。正所谓仁者见仁、智者见智。那"美"就没有绝对又客观的定义吗？美又有什么作用？后面我们可以来探讨一下这些问题。

美育，其首要责任，就是让人们懂得如何感知美、欣赏美。蔡元培曾说过，"美育之目的，在陶冶活泼、敏锐之性灵，养成高尚纯洁之人格"。① 因此，美育不仅是对审美技能的培养，也是一种对审美世界观的培养。美育，恰是帮助人们实现正确体验美、创造美的途径。

美育是情感科学，能够教导人们感受美。从世界观培养的角度看，美育是一种"综合教育"，通过美育本质引导人们超越自身利害的局限，超越有限生命的束缚，拓宽胸襟，达到积极的精神世界。当前，我们在科学经济迅速发展的今天，社会中依然存在诚信缺失、浮躁与功利之风盛起、艺术文化低俗、精神环境污染等现象，这也就意味着人们的素质仍需提高。美育有指导人生道路的责任，能作为权衡身边生活利弊的参考。美育能探求世界真实的本质，增长我们的知识，陶冶情操、启迪心灵、开启智慧。

---

① 高平叔. 蔡元培教育文选 ［M］. 北京：人民教育出版社，1980：195.

2020 年 10 月，中共中央办公厅、国务院办公厅印发《关于全面加强和改进新时代学校美育工作的意见》，旨在以提高学生审美和人文素养为目标，弘扬中华美育精神，以美育人、以美化人，以及把美育纳入各级各类学校人才培养全过程。美育不只是艺术教育，它还借助艺术的手段春风化雨。2018 年 8 月，习近平总书记给中央美术学院 8 位老教授的回信，为新时代美术教育明确了方向，习近平总书记强调："美术教育是美育的重要组成部分，对塑造美好心灵具有重要作用。你们提出加强美育工作，很有必要。做好美育工作，要坚持立德树人，扎根时代生活，遵循美育特点，弘扬中华美育精神，让祖国青年一代身心都健康成长。"

现代美育理论大约从 20 世纪初期开始在中国萌芽，在随后发展的大部分时间里美育并没有独立的学科，它同美学学科一起在中国发展。艺术是美育实现的重要方式。美育借助艺术之手，能更好地表现一些难以名状的感觉。因此，艺术比一般的学科更能将人类最深层的内心展示出来。马克思从历史唯物主义角度曾高度论证了"人需要艺术，人人都是艺术家"的问题。① 艺术是人类的高级属性，是人类的一种自我实现，是人类精神的需要和享受的需要。艺术与审美的需求是在人们的物质享受达到一定水平的基础上自然产生的。科技进步带动生产力提高，人们也有闲暇时间展开对审美的探讨。因此，个人在艺术方面有所发展，人们的生活质量有所提高，逐步走向艺术生活之境界。马克思曾满怀深情地预示了艺术和审美生活在未来社会的美好前景，即不再有单纯的画家、音乐家等职业意义上的艺术家，他们将被全能的人所取代，人人都将是艺术家。② 著名画家丰子恺的"艺术非专科，乃人所本能"③ 同样诠释了艺术无专家，艺术属于大家。日常人们之所以放

---

① 郭声健. 艺术教育论［M］. 广州：暨南大学出版社，2012：序言.
② 郭声健. 艺术教育论［M］. 广州：暨南大学出版社，2012：序言.
③ 丰子恺. 艺术漫谈［M］. 湖南：岳麓书社，2010：序言.

弃艺术，那是受生活所迫。梁启超曾说过，美术所以能产生科学，全从"真美合一"的观念发生出来。古往今来，有多少名人轶事，保存岁月最好的方式，就是把岁月变成诗篇和画卷。他甚至希望中国将来有"科学化的美术"，有"美术化的科学"。

以艺术为主要手段，融合多学科的感性教育在今天逐渐被科学化、体系化，成为培养高尚情操、健全人格的有力助手。法国作家福楼拜（Gust ave Flaubert）曾说："越往前进，艺术越要科学化，同时科学也要艺术化；两者在塔底分手，又会在塔顶汇合。"① 不管是中国的梁启超，还是法国的福楼拜都认为美是未来的主导，美无处不在，甚至希望通过形式、现象等探索美的科学内涵，从而为人类提供更好的教育。

大学生全面发展既要有科学知识的教育，也不能缺少美的教育。但在我国大学教育中，目前高校美育还处于比较薄弱的环节。不少教育者对美育认识不到位，对其目标、功能、定位不明确，高校美育存在课程设置不完善，美育教学改革滞后，美育资源相对缺乏以及协同机制尚未建立等问题。美育的重要作用如何在高校中顺利、有效地体现成为今天的任务。

"高校美育是什么、怎么做'成为当下高等院校最关心的问题。高校一线工作者又该如何因地制宜创新美育课程，快速有效地将审美教育植入教学，融入大学生的心灵。本书试图通过掌握当代高校美育普遍现状、目标、差距等，探究当代高校美育理论体系与实践。创新开发艺术实践活动，如"共享艺术""大众创作""协同创新""群众艺术"等，把美育理论落实到可操作的、人人参与的艺术实践活动，为当下的高校美育课程建设提供借鉴，从而推进美育更好地在高校落地。

---

① 刘巨德. 向美而行：清华大学美育之路［M］. 北京：清华大学出版社，2021：18.

第一章

美与审美

第一节 美的特征

一、美的理解

我们这一代人，从儿时就知道"美是好的""丑是不美的"。那么美就是"好"与"不丑"的对应吗？显然这样的答案无法满足我们对美的探究。美指的是什么呢？

美，是春天里植物抽出的嫩芽，是挂着露珠的荷叶尖，是鲜艳的牡丹花，是一望无际的广阔草原、一泻千里奔腾而下的瀑布、壮丽的山河，还是沐浴晨光戴上鲜艳的红领巾的孩童与和平年代里琅琅读书声……这一切都是那么的美好。法国著名雕塑家罗丹（Auguste Rodin）说："生活中从不缺少美，只是缺少发现美的眼睛。"只要我们用心去观察，用心去感悟，不难发现，生活中的美无处不在。

其实，美，可以是温馨和美的日常生活，可以是孩子那充满童真的作品，可以是朋友的赞美、一点帮助。美，也可以是对待工作，兢兢业业；对待学习，一丝不苟；对待自己，要求严格；对待亲朋，体贴周到；对待孩子，细致入微。

俗话说金无足赤，人无完人。美，并不代表完美无瑕。为了生活，有时也会焦躁不安，错失方向，这时他人的包容、关心与帮助就是真善美的体现。因此，美的表象是复杂多变的。生活中的美有很多，既可以源自他人，也可以由你创造，美就在我们身边。我们时常能感受到美，并且能够识别美。但就像开始所说的，我们很难精确地给美赋予唯一的标准答案。即便是善于思辨的哲人，对美的诠释也各不相同。

从古至今几千年，人们没有停止对美的思辨。东西方美学家对美的内涵给出了许多自己的诠释。古代口国哲学家普遍将美归纳为味道之美、内心之美、道德之美以及文学之美。西方美的范畴始终围绕唯心与唯物展开。在中国，我们的先贤则主要从美的融合、中庸来论其质。儒家学派的代表人物孔子就曾主张"天人合一"以及"美善合一"。我国学者也结合马克思主义哲学的辩证唯物主义和历史唯物主义对美进行了各种各样的探究，认为美是人在劳动基础上本质力量化的体现。但是至今人们对美的讨论依然未形成统一的定论。如果你问我'什么是美"，我认为从人的视角说积极性、真善似乎是丑美的基本标准。任在回答该问题上，学者们也有较强的主观性，且各有侧重。

柏拉图《理想国》苏格拉底回答"眼睛不能被美化，否则就不像眼睛了"[1] 显示了美是一种客观的理念，"美本身"是具体事物所以美的原因。

苏格拉底"美与丑是紧跟着好的节奏与坏的节奏的"[2]

---

[1]　柏拉图，理想国．第三卷［M］．郭斌和，张竹明译，北京：商务印书局，1986：133.

[2]　柏拉图，理想国．第三卷［M］．郭斌和，张竹明译，北京：商务印书局，1986：106.

亚里士多德则认为美是"适度"和"均衡"的体现，强调了美与道德和平衡的关系。有些事物是由于它们的本质而美，例如品德。

席勒说"只有当人还处在纯粹的自然的状态时，他整个的人活动着，有如一个素朴的感性统一体，有如一个和谐的整体。感性与理性，感受能力和自发的主动能力，都还没有从各自的功能上被分割开来，更不用说，它们之间还没有相互的矛盾。……但是，当人进入了文明状态，人工已经把他加以陶冶，存在于他内部的这种感觉上的和谐就没有了，并且从此以后，他只能够把自己显示为一种道德上的统一，也就是说，向往着统一。前一种状态中事实上所存在的和谐，思想和感觉的和谐，现在只能存在于一种理想的状态中了。"① 这里描述了真正美的东西必须一方面跟自然一致，另一方面跟理想一致。

老子《道德经》里的美是相对的，"天下皆知美之为美，斯恶已；皆知善之为善，斯不善已。"②

孔子以"仁"为美③，即伦理道德的善，也有"尽善尽美"之说④

庄子的万物之道：天地之间的大美顺其自然。自《庄子·知北游》的"天地有大美而不言，四时有明法而不议，万物有成理而不说。"⑤

后汉许慎的《说文解字》提及"羊大则美"⑥。

狄德罗的唯物主义美学观认为"美在关系"⑦。

---

① 席勒．西方文论选：素朴的诗和感伤的诗［M］．上海：上海译文出版社，1979：490-491.
② 出自《老子·道经》第二章。
③ 杜卫．美育论［M］．北京：教育科学出版社．2000：20
④ 出自《论语·八佾》，"子谓《韶》：'尽美矣，又尽善也。'谓《武》：'尽美矣，未尽善也。'"。
⑤ 陈鼓应，注译．庄子今注今译［M］北京：商务印书馆，2007：650.
⑥ 李泽厚．华夏美学［M］．武汉：长江文艺出版社，2021：2.
⑦ 狄德罗．狄德罗美学论文选［M］．张冠尧等译．北京：人民文学出版社，1984：25

约翰·杜威以"实用为美"。①

苏轼的诗句"惟江上之清风，与山间之明月"② 是美。

桑塔格认为"美属于那种建立等级制的概念家族，很适合对身份、阶级、等级和排他性一点也不感到歉疚的社会秩序"。③

李泽厚提出"……美字就是这种动物扮演或图腾巫术在文字上的表现"④。

美是铁匠眼中的一团焰火。

美是孩童眼中的不乱丢垃圾，不破坏公物。

……

苏格拉底与希庇阿斯试图为"美是什么"寻找一个答案。"美是适宜""美是有益的""美是有用的"等，但最终都被推翻，最后只能说，"美是难以摹状的"，没有统一标准。主观论美学核心的要义将美归为快感，桑塔耶那指出，"美是客观化了的快感"⑤。

总结前人关于美比较有代表性的观点，古典主义认为"美是形式的和谐、含蓄典雅"；新柏拉图派认为"美是上帝的属性"；理性主义说"美是完善"；经验主义说"美是愉快"；启蒙主义说"美是关系"；德国古典美学说"美是理念的感性显现"；车尔尼雪夫斯基则认为"美是生活"⑥。中国古代则认为美是平衡。儒家认为美是一种道德美，通过道德修养和礼仪规范来实现美的境界。道家则强调自然美，主张顺应自然、无为而治，追求人与自然

---

① 舒斯特曼，胡莹. 实用主义美学的发明：对一个术语和命名的谱系学考察［J］. 山东师范大学学报（人文社会科学版），2018，63（5）：102-113.

② 出自北宋文学家苏轼所作《前赤壁赋》。

③ 张艺. 思辨与契合——约瑟夫·布罗茨基与苏珊·桑塔格论"美"［J］. 俄罗斯文艺，2017（1）：59-66.

④ 李泽厚，刘纲纪. 中国美学史：第1卷［M］. 北京：中国社会科学出版社. 1984：80

⑤ 桑塔耶那. 美感［M］. 缪灵珠，译. 北京：中国科学社会出版社，1982：35.

⑥ 马一平. 审美杂淡［J］. 美术向导，1999（4）：3.

的和谐美。如今，健康美和自然美也为当今全球普遍公认。

综上，美都有能引起人们美感的共同的客观本质属性。美是感性的、主观意识的体现，而且美是一个主观性很强的概念，它的具体含义和价值因个人、文化和时代而异，不同文化和个人对美的定义和标准也不同。由此，对美的诠释不止有一种，甚至可能有无数种。这也回答了引言中的问题，美是需要环境的。

随着时代的进步，人们审美的程度与广度比昔时还高出许多。无论是像美术、音乐、戏剧、文学等传统意义上的艺术，还是科学、哲学等与"艺术"不相干的其他学科，我们都能从中发现不同的美，且对美的感受形式也是多种多样的。宏大的、渺小的、静止的、流动的、真实的、虚幻的、具象的、抽象的、向阳的、向暗的……美确实存在于人类想象之外，又因为人的理解而产生。

二、美的特征

美因被理解、被感知，而唤醒人们的情感体验。通常美本身也会因个体的观点、文化、社会和时代背景而变化；美的特质也会因不同文化和观点有所不同，尽管美的特质是非单一的，而主观多元化的，但美还是有一些共同的特质。美的特点主要表现于以下方面。

（一）美是从属的

美依赖事物而存在，美不是一个单独的特质。美基于具体的环境、现象、事情、行为、物体……随着事物变化而变化。比如：傍晚，夕阳西下，天边染上了一抹橙红，柔光散落，照在西山上，几只小鸟轻盈地扇动翅膀游荡在柔光之中，这一切在夕阳的辉映下构成了一幅动人的画面，嫣红、灿烂，令人赞叹。但当夕阳散尽，刚才的美的表象会随之消失。当然，如果夕阳给你留下了深刻美好的印象，感受了然于心，脑海中的印记并没有随着时间的流逝而消失，反而在心中越来越深刻，甚至成为记忆中的一部分，那么你便可以在记忆、印象中回忆美。

美并非孤立存在的特质，它依附事物存在。自古以来，玫瑰花就是爱情与浪漫的象征，每一朵玫瑰花都似乎在诉说着一段动人的故事。玫瑰花的美，蕴藏在其背后所承载的文化与情感之中。玫瑰花的美丽，又依赖于花瓣斑斓的色彩、优雅的形状、馥郁的气味、细腻的花瓣而存在，美与玫瑰花的外观息息相关。不仅如此，玫瑰花的美丽也体现在它顽强的生命力上。无论是在阳光灿烂的春日，还是在风雨交加的夜晚，玫瑰花都能坚韧地生长，绽放出属于它的光彩。这种不畏艰难、勇往直前的精神，也是玫瑰花美的一种体现。因此，这里的美依附于玫瑰花的固有属性而存在，美具备从属性的特质。

（二）美是发展的

美是一种发展的文化共识，人们对美的"标准"的普遍赞同便是一种主观的共识。美是变化的，美的问题与社会发展越来越密切。时代在发展，社会需要美的理论来指导人们共同创造一个动态变化的生态美。

美亦是发展的，其深受时空的影响。比如，同样在一间小屋，我们送去暖炉，若是冬日，这是雪中送炭；倘若换作夏天，将会是一种伤害。20世纪70年代，人们认为广角裤和迷你裙非常时尚。然而，随着时间的流逝，这些风格可能在随后的几年不再流行，人们不再以穿着此物为美，反而认为这是"过时"的或滑稽的。然而多年以后，类似的风格再次出现，又一次进入时尚领域，时尚之美是一个充满变化的领域。美好的定义在不同时空和文化中都会有所不同。早期汽车的设计主要侧重于实用性和功能性，但慢慢地，人们对汽车的审美从简朴转向精致、豪华和高端，将其作为"美"和个性的象征物。当然，随着时间的推移，我相信环保与可持续属性终将会是美的象征。

（三）美是相对的

美的内涵在于找到美的核心特质（客体的价值或其功能）。美因被主体喜爱而定，因被主体喜爱的程度深浅而不同。因此，同一事物的美对于不同的体验者，会保有不同的态度。同一幅抽象画作品，对于艺术爱好者来说可能由于技法特别、比例完美，让其满心欢喜、喜爱有加。但对于一个没有深入艺术领域的普通观众来说，他可能对这幅画没有特别的情感反应，甚至可能觉得作品难以理解。

人若从容淡定地生活，一年可以过得安然漫长；若贪婪、斤斤计较，生活的行尸走肉，即便活上千年，也觉得生命短暂如黄粱一梦。古希腊作家希罗多德（Herodotus，约公元前 480 年—公元前 425 年）说"埃及是尼罗河的赠礼"，由此可见尼罗河对古埃及文明的重要性。河水为埃及提供了生产、发展和繁荣的物质与精神基础，但同时，尼罗河又是一条季节性泛滥的河流，河水淹没河谷；但冲刷土壤的同时，又将上游肥沃的土壤带到下游，起到自然增加土壤肥力的作用。通常人们认为洪水是灾难，埃及却认为这是洪水之神（掌管尼罗河的河神——哈辟）的到来，是美好的。

美也一样，源于自我的发现，没有标准，也没有一个固定的评判尺寸。每个人对于美的理解都有自己的标准，一个人的格局有多大，心有多广，认知边界有多宽，他对于美的理解，发现和欣赏就会有多深刻。

（四）美是综合的

美不是单一的物质，现实中很多现象都被称为美。美常代表形象好看、美好事物、积极向上、美德、真善与和谐圆满等。美本义是指漂亮、好看。"虽有良玉，不刻镂则不成器，虽有美质，不学则不成君子。"① 这里既提到了良玉外在的美，又提到了君子的内在美，说明美不仅仅在于外表。"美"除了表示美好的具体事物以外，美还用来形容品德，品德高尚为"美德"。

---

① 出自汉代韩婴的《韩诗外传》卷八。

孔子是中国古代的哲学家和教育家，他的思想强调仁爱、诚实、忠诚、礼仪和道德，拥有这些品德的人是美的。他的思想价值观对中国文化和道德价值观产生了深远的影响。

（五）美是被认同的

美是由主观的感受和文化共识构成的，美不是完全主观或完全客观的，美是可以被认同的。即便客观的美的问题一直存在争议，也有全球公认的"0.618的黄金比例""对称美学""简约美学""正义与和平"等这些社会评价者的共识，但其会受时代、环境、意识等影响，绝对的美不存在，但这不影响美学家们将美的性质作为科学问题来研究。

对美的认同不单单在艺术、形态方面，情感、人文、社会也富有美的存在。如社会美的认同在于价值、奉献。自动化尚未普及的城市，道路是需要人工清扫。相信很多学生见过天微亮，路上行人稀疏，但清洁工已经结束今天的晨扫，为市民营造了良好的城市环境，汗水打湿衣衫，他们勤奋工作的样子是美的、是高尚的。美的认同也不能脱离社会生活纯粹地自然地存在，审美主体的主观情感，深受社会环境影响。

美的目的并非只去认识"美"本身，而是在追求"美"的道路上，我们能获得怎样的体验，受到怎样的影响……

第二节　美的表现

美，作为一种抽象的概念，存在于自然界的各个角落，贯穿于人类社会的方方面面，它也渗透在人类的精神世界里。现实生活中我们处处可以感觉到美，美的存在形式千变万化……

一、美的表现形式

美依附事物存在。自然界中的美，更多表现在它们的外在形式、外貌样子上：高山巍峨之美、小溪潺潺之美、百花齐放之美，树叶从树上飘落在微风中翩翩起舞的美。人的美，除了拥有美丽的外表以外，更注重内在表现，如品德、思想与精神等都是人美的重要表现。人类通过劳动、实践创造的科技、文化、文明与价值，这也是美的一种表现。"美，无处不在"，只是以不同的形式等着人们去发现。

美的形态表现。美的形态指事物的本质、存在形式，其往往以视觉形式存在。因此，不管是什么美，大多可以通过视觉传达。中国东汉错银铜牛灯，1980 年出土于江苏扬州，是一件具有悠久历史和文化价值的艺术品。错银铜牛灯工艺精湛，它的制作巧妙地结合了铜和银两种不同的材质，营造了色彩的绝妙融合。整个灯具的纹饰以流云纹、三角纹和螺旋纹样为基础，上面则装饰着龙、凤、虎、鹿以及其他各种珍禽异兽。线条流畅而飘逸，每一个细节和纹饰都栩栩如生，使这座汉代的青铜灯具成为实用与艺术完美融合的杰出之作。前文中先对铜牛灯完美的造型进行描述，唤起人的美感体验；接着又通过纹饰（龙、凤、虎纹）等象征符号的使用，从视觉上传达了精神景象，展示其不光有造型之美，还有精神象征。

美的情景表现。情景美可以理解成环境美。美在自然界和社会中以综合的形式表现，不局限于单一外表。人对于美的视觉欣赏，只能置身于美的事物之外，而对于美的情景欣赏，人们可以将自我融入情境之中。情景美是美的综合意境，往往是通过审美主体与环境交流、加工后产生的积极的感受。比如，人容易被自然景色震撼，壮丽的山脉、宁静的湖泊、雄伟的瀑布、多彩的日出和日落等都是美的意境、美的情景，该情景以绝美画面的形式呈现，引发人们的惊叹。壮族的"三月三"、彝族的"火把节"时的人文情景，人们能在活动中感受到美，此时的美是主体和情景的共同体现。

美的情感表现。此时的美已经不是实物的形式体现了，而是建立在情境基础上的美感体验，美的表现形式则是人的心理感受，以及心理活动后对美的认同。比如，我们听到了《母亲》一曲，音乐让人心中泛起强烈的共情，感受到了母爱（亲情）的伟大。当看到乌鸦反哺、羊羔跪乳等的情景，使人联想到母亲，而感恩之情再次被唤醒，这里美的表现则是积极的美感体验。

美的形式不尽相同，常有社会美、自然美、艺术美之分类，或以视觉与感觉的两类之分。而现实中美的形式不尽于此，各类之间也并非绝对，甚至存在交叉与重叠的部分。随着人们对美学的不断研究和探索，应该会发现更多的美的形式。

二、美的感官形式

虽然美的表现形式众多，但人们总是通过感官（sensory）来体验美。感官是我们所面对对象在主体大脑中的反映。美的感官，则是审美主体获取美的方式。感官形式（sensory form）包括感官数据的低层次特征，如颜色、形状、声音的频率、触觉质地等。人们通过感官形式对美进行知觉与认可。人类对美的感官主要有视觉、听觉、触觉、嗅觉、味觉。随着现代科学的发展，很多高科技丰富了我们的感官，比如，我们可以通过电子显微镜观察，我们可以通过电话听声音，我们甚至可以通过坐火车代替跑步……感官被科技所延伸，产生了更多的体验感受，但不管是何种美好，自然美、生活美、科技美还是艺术美，都能通过感官传达。美的感官形式是多样的，审美体验往往是多感官形式相互作用而产生的知觉。其中视觉形式接触的美最为常见，美通常通过视觉形式来传达自己。

视觉美。美的视觉表现主要指美以视觉形式传达。人们能够通过视觉感知获得美的形式，用眼睛捕获的（视觉形式的）美较多。例如，人们可以欣赏自然景色如日出、海滩、山脉，视觉艺术如绘画、雕塑，以及建筑物的设计和外观。

听觉美。听觉美是通过听觉形式感知的美，音乐是一个明显的例子。人们可以通过由声音、旋律和声、节奏等汇成的音乐来感受美。人们也可以欣赏自然界的鸟鸣、流水，以及每个浪花拍打在岩石上如同乐器般的声音。

触觉美。触觉美则是通过接触体会到的美。这种美不仅仅局限于视觉上的享受，而是延伸到了我们的触觉感官。我们可以通过触摸、感知物体的质地、形状和温度，来体验生活中的美好。当我们徒步在林间小道，感受微风轻拂肌肤，或是用手轻轻抚摸树叶、花瓣，我们能深刻体会到大自然的生机与活力。此外，在家庭生活中，亲人的拥抱、爱人的牵手，都是触觉美的体现。

嗅觉美。嗅觉美是通过嗅觉感知的美。人们可以欣赏各种香气，如鲜花、香水、烹饪食物的香味等。它能直接触动人们的内心，让人感受到生活的美好。不同的香气代表着不同的情感和记忆，人们在享受嗅觉美的同时，也在回味着生活中的点点滴滴。自古以来，我们就讲究"闻香识人"，香气成了一种身份和品位的象征。如今，越来越多的人开始关注嗅觉美，研究并开发各种香气产品，以满足人们对美好生活的追求。

味觉美。味觉美是通过味觉感知的美。这包括品尝美味的食物和饮料，享受烹饪的精妙和味道的层次。在我国，味觉美有着丰富的内涵，涵盖了各地的特色美食和传统佳肴。如四川的麻辣、广东的清淡、江苏的鲜美、湖南的酸辣等，各具特色，为人们带来了无尽的美食体验。

美的感官形式非孤立存在，它们相互交织、相互影响。嗅觉美可以影响味觉美，视觉美可以激发触觉美，等等。通过感官，我们能够感知到自然、艺术、科技等各个领域的美。在美的感官形式中，多感官的融合为我们带来了更丰富的审美享受。当我们欣赏一幅画作时，不仅视觉上的色彩和线条让我们陶醉，同时也能触碰到画框的质感；在品尝美食时，我们不仅能感受到味觉的美妙，还能欣赏到食物的色彩和形状，听到餐具的碰撞声。这种多感官的融合使我们能够更加全面、深入地感知美。

图 1-1　多感官审美（作者）

美的感官形式通常是混合的，来自不同方式的观察与体验。人们通过多感官获得感知，并在交流、体验的过程中更好地体会美感。例如，人们可以通过亲身经历感受自然界的奇观，如瀑布、极光、星空。视觉、触觉、听觉等汇合成了多感官的审美体验，使主体最终感受到美的存在。在感官美的过程中，大脑对感官进行加工，还能创造美感体验。当你在欣赏画的外在形式之美时，心中的情感与之共鸣，感受到其内在的神韵之美。产生了想法、感受的你，其实已经通过感官创造了美。在感知美的过程中，我们既是欣赏者，也是创造者。

随着科技的发展，美的感官形式得到了进一步丰富。科学技术让艺术披上了盛装，音乐、美术、舞蹈、绘画、戏剧、影视等都能借助科学的臂膀变得更加丰富，甚至可以说"科学能创造艺术"。例如，虚拟现实技术让我们能够身临其境地体验各种美景、艺术展览和音乐会；智能设备为我们提供了更多便捷的感官体验，如高清视频、环绕声效和触控交互等。这些新技术使美的感官形式更加多样化和立体化，为人们带来了全新的审美体验。在科技和文化的推动下，美的感官形式被延展，并将继续发展和创新，为我们的生活增添更多美好的色彩。

三、美的感觉形式

感觉（perceptual）是感官对外界刺激的主观体验，是感知过程中的基础层次。它通过感官接收外部刺激，如质地、颜色、声音、气味等，转化为我们可以认知和理解的信息。人们将通过感官获得的信息进行加工、组织和解释，将其转化为更高层次的感知结构，它包括了对物体的识别、空间关系、动态变化、映射内容、引申等特征的理解并据此形成感觉。感觉依附于主体和客体交融综合产生。对于人类来说，感觉形式（perceptual form）指的是感觉怎样存在的。主体的感觉形式是机体感受器接收各种形式的刺激在大脑中的一种反应，如心跳加速、血压升高、脑电波等机体的变化。而客体则是引起主体变化的因素，从理论上讲，客体不同引起的感觉形式必然有所差异，不同客体能供给的感觉形式分量不同。因此，主客体感觉形式的交融便产生了很大层次上的差异。简单说，美的感觉形式是指美以什么形式被主体感知，是"联想"还是"心理感受"？外部世界的美引发主体感知、理解，再想到其他相关的事物或概念（已有经验）产生美的"联想"，我们认为美以"联想"的形式存在。联想与个人的认知水平、解读能力息息相关，最终美以联想的形式带来了美的感觉。也有人认为美的感觉形式是"心理感受"，它是各种感官表现形式的升华，是一种认知后的内心活动，是美的感觉形式。其实美的感觉形式不管是联想还是感受，本质上都是机体的反应，柏拉图在对美的讨论中提到美是美本身。因此，美的感觉形式是人的变化，因此美的感觉形式因人而异。

引起美的感觉形式可能源自一个画面、一个情景、一句话，甚至一个符号。当我们读到朱自清在《背影》中对老父亲的那段描写"……我看见他戴着黑布小帽，穿着黑布大马褂，深青布棉袍，蹒跚地走到铁道边，慢慢探身下去，尚不大难。可是他穿过铁道，要爬上那边月台，就不容易了。他用两手攀着上面，两脚再向上缩；他肥胖的身子向左微倾，显出努力的样子。"通过欣赏文字，我们仿佛看到了父亲这一画面，画面的美充满了情感，充满了朱自清对父亲的爱。文字（视觉）被转化成信息（知觉），信息在脑海中呈现画面，让我们产生了特殊的情感——亲情的共鸣。这种共情也让我们体会到了文学的魅力。从文学艺术获得感觉经验，是一种审美化的想象感觉，来自一般的感觉经验，而又超越一般感觉经验。实则每个动情的人多是联想到了自己的老父亲，可能是想到了"不知什么时候我习惯了叫你老爸……"，想到了"饱经风霜的岁月，留痕在父亲手掌上的伤口和粗糙的纹路"，又或是想到了"父亲把你送上月台、送到校园回首那份不舍与牵挂"，无私的亲情是这人世间最美的画面，美的表现已经转化为了感情，以内心感觉形式存在了。

第三节　美的分类

我们常常把美分为两种，一种是心灵内在的美，一种是外表外在的美。由于美有从属性，现实中，我们按照美的从属性将其大致分为几种类型，如自然美、心灵美、生活美、社会美、艺术美。

一、自然美

大自然的每一寸土地、每一个领域都是精妙绝伦的画卷。自然之美，山水相依，四季轮回，无需修饰。自然美，指自然事物呈现的美，不经过人为加工或干预而自然形成的景色、生物、过程或现象，它们本身散发出一种美的特质，常常引发人们的赞叹和欣赏。人们对自然美认可度很高，具有广泛共同性。就像我们常听到人们会说："像花儿一样美""像小溪一样清澈温婉"……自然界中如同鲜花、清澈见底的小溪一般的美还有很多，它们都具有美的特质。自然界自身就是一个美的范本。大自然的各种元素，如植物、动物、地貌和自然现象，都拥有令人惊叹的美。非自然界物质原本的属性也拥有不加修饰、客观存在的美的特质。美的事物总是体现为内容与形式两方面的统一，自然美则主要表现在形式，是一种自然存在的美，无需人为修饰，也无法刻意模仿。

自然之美凭借着绚烂的色彩、多姿多彩的形状、悦耳的声音以及流畅的线条等一系列属性与特质吸引了无数文人墨客对其赞美和歌颂。自然美的广阔领域包括了星辰、山川湖泊、鲜花飞鸟、茂盛的植被和微小生物，它们构成了自然界无穷无尽的壮丽画卷。人们常常从自然中汲取创意和灵感。人对美的认知是从自然事物开始的，而且对美的创作也是从利用自然、模仿自然开始的。艺术家、设计师和创作者常常通过观察自然的形态、颜色、纹理和结构来获得灵感，然后将这些元素运用到他们的创作中。自然作为灵感的源泉，是无穷无尽的灵感宝库，充满了各种各样的生物、景观、季节和气象。随着人类社会的不断演进，自然美的领域也逐渐扩展。人们对自然的改造技能日益增强，自然界中越来越多的资源能为人所用，为人类提供各种服务。

如久居城市的人们来到平坦开阔、一望无际的大草原，看着牧归的牛羊群从远方走来，悠然开阔，顿感宁静与惬意，压力和烦恼仿佛烟消云散，随之而来的便是平静与安宁。位于秦晋峡谷南部的壶口瀑布，属于陕西省宜川县和山西省临汾市吉县。壶口瀑布像一个壶口，上游的河道很宽，到达这边后就突然变窄，水流沿着陡崖一泻而下，气势浩荡，激起一大片的水雾，让人感到十分的震撼。

自然美通过理解与经验"呈现"在非自然空间，传递着物质原本拥有的属性，供人们欣赏和感受。唐代张若虚那一首充满人文关怀，而又美感独具的《春江花月夜》，全诗以月为主体，字句紧扣春、江、花、月、夜的背景，描绘了夜晚春江宁静而明丽的景致。一句"春江潮水连海平，海上明月共潮生"，春日浩荡而来的一江潮水，汇入大海。江海相平，一轮明月从海上升起，江海潮水起起伏伏、潮水缓缓而生。又一句"鸿雁长飞光不度，鱼龙潜跃水成文"，春夜江畔的鸿雁长途飞行，但即使在夜晚也不能逃脱月光的照耀，其长途的艰辛与不易可见一斑。而在江面上，鱼龙潜跃，掀起的涟漪如同文字，勾勒出诗人眼中的江水之美。创造性地再现了江南春夜的景色，达到人与境的完美契合。在非自然空间还存在着丰富多彩的自然美的画面力量。

图1-2 壶口瀑布—黄河奇观

蝉噪林愈静，鸟鸣山更幽。——王籍

大漠孤烟直，长河落日圆。——王维

青山依旧在，几度夕阳红。——杨慎

白日依山尽，黄河入海流。——王之涣

忽如一夜春风来，千树万树梨花开。——岑参

人间四月芳菲尽，山寺桃花始盛开。——白居易

……

这些诗句描绘了大自然中的景色，定格了自然界的宏伟、壮丽、精妙绝伦魅力和神秘之美。语言和意象使人们能够感受到自然之美，并激发出对大自然的敬畏和赞美之情。每一片青山、碧水，每一轮明月，都是大自然恩赐给我们的无尽珍宝，一切自然的美都容易唤起人们的美感体验，使人感到轻松愉快。

二、心灵美

心灵美才是真的美！心灵指人的内心精神世界，而心灵美，亦称"精神美""内心美""灵魂美"。心灵美是一个人内在修养的外在表现，它包括善良、宽容、诚实、正直、乐观等品质。一个心灵美的人，不仅在生活中充满正能量，还能给周围的人带来温暖和关爱。它强调了美的存在对个体内在世界的影响，以及个体对美的情感和心理回应。在我国，传统文化历来强调心灵美的重要性。儒家主张"修身齐家治国平天下"，强调个人修养的重要性；道家倡导"无为而治"，强调内心平和的智慧；佛家则提倡"慈悲为怀"，强调关爱他人。

从美学角度，心灵就是内心世界。在现代哲学研究内容中，心灵美包括思想意识、道德情操、精神意志、智慧才能的美。心灵美探讨的就是从感性、知性和意志性角度去发现人的行为是否符合真善美。研究包括气质、容

忍、宽恕、接纳等美德，而这些美德与爱心是分不开的。一个人只有内心真正拥有爱，才能表现出心灵美。古希腊柏拉图曾说"心灵的优美与身体的优美和谐一致"是"最美的境界"，① 此为"心灵美"一词的发端。

哲学家培根曾以一个比喻来阐释美德的特质：美德犹如宝石，在朴素的背景的衬托下反而显得愈加美丽。其实每一种美德都出自善良的内心，它让人们肃然起敬。无论一个人的形体和容貌如何，或许美若天仙，或许佝偻，人们依然能被其心灵的闪光点所感动。

在中国古代，人们把心灵美理解为"内秀""善仁""性善""诚挚"等。孔子认为"里仁为美"；墨子提出"务善则美"；孟子同样指出"充实善信"是美德之人，只有善的、诚实的心灵才为美。我国古代有很多耳熟能详美化心灵的典故，如《孟子·梁惠王上》一文中的"老吾老，以及人之老；幼吾幼，以及人之幼。"当我们尊敬和孝顺自己的长辈时，不应忽略那些与我们无亲缘关系的年长者。同样，在培养教育我们自己的孩子时，不应忘记其他与自己没有血缘关系的小孩。不仅仅体现在对亲情的尊重和延伸，还表现在对社会的关爱和责任。在《论语·卫灵公》中，孔子曾说："志士仁人，无求生以害仁，有杀身以成仁。"这句话强调了仁爱之心高于生命，表达了心灵之美在追求道义过程中的坚定信念。正如《周易·坤卦》所言："地势坤，君子以厚德载物。"这里强调了德行的重要性，提倡人们以宽容的心态去承载万事万物。这些都是净化心灵的财富。

清代作家曹雪芹所创作的《红楼梦》是一部描写封建社会家族荣辱祸福的长篇小说，堪称中国古典小说的巅峰之作。不管是小说，还是1987年电视剧版《红楼梦》，都表现出了刘姥姥的忠义形象。王熙凤（凤姐）落难，小说里：巧姐（王熙凤的女儿）被刘姥姥藏在了雪洞之中，后带着她出家为

---

① 陈永英，董凤翠. 初中女生形体美教育的理念及其实施［J］. 山东体育学院学报，2010，26（1）：93-96.

尼。剧中：刘姥姥在大观园也只不过受惠恩于王熙凤20两银子和几件衣料（衣服）。但在凤姐落难惨死时，不远千里来到江南某地，找到了巧姐，变卖家产赎回了她。通过刘姥姥的帮助，巧姐得到了救赎。上上下下数百五尺男儿与丫鬟，能有几人舍家取义、千里救亲。典故中的刘姥姥闪耀着人性之美。刘姥姥代表了社会最底层的弱者，却又有着知恩必报、说话算话、坚强善良的品格和不屈的内心，她的出手救亲，不仅是带给我们心灵的震撼，更是对我们广阔的人性空间的呼应。在关键时刻，刘姥姥没有放弃拯救巧姐的机会，这种坚定的信念和勇往直前的精神，值得我们学习和借鉴。刘姥姥的善良形象和她的故事，映射着一个再简单不过的道理：知恩图报。故事警醒他人，引人反思，对现代社会也有着启示意义。在现实生活中，人们往往只关注自己的利益，而忽略了善良和真诚的价值。我们可以从关心、帮助和支持他人，获得心灵的滋养和力量。

心灵美即内在美，是社会文明对个体的要求。它不仅决定了一个人的行为、言辞和仪表的美感，还以具体的情感和表现形式让他人感受得到。其一，心灵美主要表现在知、意、情的统一。我们小时候都听过一个"辛德瑞拉"[①] 的故事，这一传达了内在美观念的故事潜移默化影响了无数人，辛德瑞拉的美不仅仅体现在外貌上，她的善良、耐心和仁爱也为她赢得了王子的心。其二，心灵美主要表现在真、善、美的统一。如马丁·路德·金（Martin Luther King）说："真正的和平主义是以爱的力量勇敢地面对邪恶，相信受暴力之害比对人施加暴力要好；诉诸压迫者的良知，爱的抵抗可以实现人的心灵的转变，并且使人向普通正义靠近一大步。"这一思想使马丁·路德·金反对任何战争，他确信，基于爱的非暴力抵抗是美国黑人争取自由

---

① 在电影《灰姑娘》中，辛德瑞拉是最小的公主灰姑娘的名字。

的道路，终身奉之不渝。①

　　当然，不同时代、阶级有不同衡量标准，在中国特色社会主义精神文明建设中，心灵美为"五讲四美三热爱"活动中的"四美"之一。在新时代教育的今天，心灵美也是美育教育的核心目标之一，即高尚的道德情操、知美向善的人格。作为当代大学生，要从思想观念、价值取向、思维方式、道德情操、礼仪规范等方面提升综合素质，在学习活动中主动接受优秀文化，理解与践行社会主义核心价值观，把心灵美的养成融入大学学习和活动的每一个角落。

三、生活美

　　生活之美，如同璀璨的宝石，镶嵌在日常的点滴之中，体现在我们的举止行为和实践智慧上。它是人类不断追求进步和崇高理想的生动体现，汇聚了启示人心的生活智慧、前瞻性的思想火花、深邃的生活哲理，以及坚定的三观价值和伦理道德。这些元素共同构建了生活的意义，使我们在其中感受到无尽的愉悦和满足。与自然之美相比，生活之美更多地烙印着人类的痕迹。美在精神世界、美在人文关系、美在生活态度，而丰富的物质基础也是生活美好的基础。

　　生活美在于主体的精神世界。俗话说"生活美起来，精神富起来"，这是人们对美好生活的期许。人们对生活的态度与精神世界决定了生活的品质，人的精神世界包含着情感、智慧、道德和审美等诸多方面。一个人的精神世界丰富，意味着他有着深厚的情感底蕴，敏锐的洞察力，高尚的道德品质和独特的审美眼光。这种精神的美，不仅能让个人在生活中感受到幸福和满足，也能为社会带来正能量和积极影响。人们更加注重内在修养和人格魅

---

　　① 李道揆．"争取正义乐队的指挥"：小马丁·路德·金牧师［J］．美国研究，1987（1）：143-159.

力，通过学习和实践来不断提升自己的精神境界。

生活美也体现在人文情感上。人与人之间的真挚情感，如亲情、友情、爱情等，编织了生活的美好。这些情感能够让我们感受到温暖和力量，让生活变得丰富多彩。而人文的美，又让人们更加注重人与人之间的交流和理解，促进社会的和谐与发展。通过文学、艺术等形式，人们能够表达自己的情感和思想，分享自己的经验和智慧，从而增进彼此之间的了解和信任。这也让人们更加珍惜和尊重自己的文化传统和民族精神，更加自信地面对世界的多样性和复杂性。

生活美还是一种积极的态度。生活美在于我们如何感受和体验这一旅程，它可以在日常生活的点滴中找到。生活美不一定需要奢侈的享受、刻骨铭心或壮丽的景观，也可以是平凡的事物、日常的经历。生活美就在于这些看似平凡却又充满情感的瞬间。它不需要我们去寻找，只需要我们去感受。有时候，我们会因为生活的压力和忙碌而忘记了身边的美好。我们总是忙于追求更高的目标，却忽略了眼前的风景。然而，生活美就在这些看似微不足道的瞬间里。当我们放慢脚步，静下心来，仔细观察和感受周围的一切时，我们会发现生活其实是如此的美丽。只要我们用心去发现，用心去体验，那么生活处处都是美。

同时，生活美也不能离开物质基础。生活美也来自于人们的衣食住行用，生活美的具体形式也就产生于此，如美丽的服饰、美味的食物、美轮美奂的建筑，以及人们生活离不开的器物的美等。（1）服饰本是应需而生，具有预冷防寒之功效（实用美）；但随着社会的发展，服饰之美又派生出了装饰（美化）之功能。服饰将点、线、面、体的形式美有机结合，融合色彩与材质，人类便创造出了华丽多彩的服饰。服饰美的另一方面，在于衣着背后的文化。服饰是民族文化的呈现方式，是民族文化的集体记忆，人群服饰背后是民族文化的沉积。服饰演变与时代发展、社会变迁息息相关。服饰美是社会美的缩影，是一个国家、一个社会、一个时代最为鲜活生动的形象文明记录载体，博大精深。（2）民以食为天，食是百姓的天下。从百姓对食物的依赖程度也能反映出"生活美"是从"朝不保夕"到"食物自由"，就是生活变美最好的体现。人们对美食的追求就是对美好生活的享受。不管是星级餐厅还是寻常百姓家，人们有的只是对美食的共同热爱，以及对美好生活的共同追求。日常生活中的食物独特的光芒能折射出家庭、民族的特色与文化。游子离家，但不管过了多久都会牵挂的那份独特的家乡味道，这就是美食的艺术。忙碌一天，回家能吃上一顿热气腾腾的晚餐，美食带来的不仅是果腹，还为食物中注入的那份真情，这就是生活美。（3）人造物之美也是促成生活美的重要部分。人造物主要指人类发明创造的器物。人造物体现了人类的发展与文明，是人类生存活动的智慧结晶。人造物之美几乎与器物同在、与智人共存。从第一个洞穴、第一根鱼骨针、第一条独木舟、第一个织布机、第一辆自行车……到今天的汽车、人造卫星、智能手机、智能电脑、智能机器人……无一不是人类智慧与劳动的物化，人造物让生活变得美好。人造物力求符合美的造型法则，集造型美、功能美（使用价值）以及象征美于一身，它们的外观本身渗透着人类审美要求的变化，还具有象征意义。拿陶器来说，不仅是人类智慧与劳动的结晶，更是艺术与生活的完美融合。它的诞生，满足了人类早期的储存和烹饪需求，又以其独特的形态和装饰，展现了人类对于美的追求和创造力。在今天这个科技日新月异的时代，我们依然可以从陶器中感受到那份古朴而纯粹的美，体验到人类对于美的永恒追求。如陶器在人类文明中具有的深远的象征意义，它标志着人类社会进入了新的文明阶段。通过欣赏生活中的美，我们可以提高生活质量，增强幸福感。

四、社会美

社会是由生物与环境形成的关系总和，是人际关系、物质基础及信息技术等的集成。社会性是人类的又一显著属性。社会美产生于这些集成之中，且人是核心创造者。人们的生存和发展离不开社会，个体与个体、个体与社会之间的相互作用，彼此之间虽有疏密、远近之分，但共同创造了社会风貌。社会美的风貌正是人类实践美的集合，美的风貌是强调人与人、事物、文化、环境的关系中美好、和谐、公正、进步等让人舒适的部分。

社会美，美在人文。阳春白雪的文人雅趣与下里巴人的市井娱乐共建了我们的人文社会。一切因人类文化活动而创造的美感，是人文美。中国作为一个文明古国，在"琴棋书画"和"诗词歌赋"领域有着悠久的传统和深刻的影响。遥想当年文人墨客畅饮于黄鹤楼，楼中诗文满壁，琴声悠扬，留下了"晴川历历汉阳树，芳草萋萋鹦鹉洲"这样流传至今的佳作。人文活动给了我们文化自信、人文美感和价值观。美好的人文活动使社会也变得美好。

社会美，美在自由。社会美在国泰民安，可以自由学习生活，实现自我价值，生活中的自由是一种宝贵的权利，赋予我们做自己喜欢的事情的机会，民心所向自然也就感到真正的社会美了。每个人都有独特的爱好，无论是绘画、音乐、运动、摄影还是旅行，自由允许我们追求和深耕这些爱好。例如，一位热爱陶泥手工艺的艺术家可以随心所欲地创作陶艺制品，表达内心情感，自我肯定或感染他人，从中找到创造的满足和喜悦。这是自由社会的体现，人们可以选择自己的职业道路，充分发挥才能，追求事业的成功。正如一名创业家可以自主决定创办一家合法的企业，实现自己的商业愿望，同时也为社会创造就业机会和价值。美好的自由生活，让我们能够实现个人价值、享受多样的生活体验，并对社会和国家产生积极的影响。

社会美，美在人心。善是社会美的本质和基础。人心善良和拥有积极态度在寻找美与体验美的过程中扮演了关键角色。实际生活中帮助他人、奉献社会、参与志愿者工作，会让很多人感受到心灵的满足，甚至有人将此作为生活的真正意义。相信在每个人的成长中都为他人提供过帮助，或大或小地帮助过需要帮助的人，同时，你感受到了与人为善自己也能得到善意的快乐，美好的体验感就此产生。社会常通过各种形式的"道德评价"来肯定、赞扬主体，唤起、传播、加强大众的愉悦，这就是其对大众审美的引导，让大众获得一种特殊的愉悦型审美感受。如果人人以友善的行为与他人建立联系，那我们不仅能改善生活，也能体验到生活美的真正意义。因此，我们在追求生活美的过程中，保持善良的内心和积极的态度，以创造更多的美好体验，同时将美传递给他人。社会美的核心在于人心的良善，只有通过人心的善良，共同构建一个更加和谐、美好的社会。我们才能在生活中真正享受美的存在。

社会美，美在和谐互助，即社会中不同群体之间的和谐共融，大爱当前。当不同文化、宗教、种族之间也能相互尊重、和谐共存时，社会风貌越发美好动人。非政府组织（Non-Govern mental oiganization，简称 NGO）如国际红十字会致力于救助和支持灾难受害者，是社会美的实际表现。2019 年年末，一场没有硝烟的战斗（新冠疫情）打响了，全国人民不宣而战。来自全国各地的医务人员奔赴一线抗击疫情。这世上没有从天而降的英雄，只有挺身而出的凡人。正是这千千万万个平凡的人，在非常时期挺身而出，汇集成了疫情防控阻击战的磅礴力量。更是在物资缺乏的时候，许多人都伸出了援助之手。他们愿意尽自己的微薄之力为国家做出贡献。你还记得那位"免贵，中国人。"的口罩先生吗？你还记得给环卫工人口罩的小学生吗？太多凡人善举，聚成一股战胜疫情的磅礴力量。一方有难，八方支援，正是自强不息的伟大民族精神。没有战争、没有残杀的和谐环境，人人平等互助，真诚友爱，共创和谐大环境，正是这股强大的力量共建了我们和谐美丽的社会。

社会美，美在创造。创造美好是社会美的必然原因。创造包括衣食住行用等各个方面的优化、创新，总之美产生于一切能使生活更宜人，解决问题，提高效率的创造之中。医疗领域的创新拓宽了治疗疾病的路径；基因编辑技术的发展使得一些严重遗传性疾病有望被根除；数字医疗和远程医疗服务的创新使患者能够更便捷地获得医疗咨询和治疗，提高了医疗保健的可及性；能源领域的创新有望减轻气候变化带来的影响，可再生能源技术，如太阳能和风能，不仅降低了能源成本，还减少了对化石燃料的依赖，有助于减少温室气体排放，改善了地球的可持续性。生活美起来，精神富起来，这是人们对美好生活的向往。创造美好，改善生活，才有机会体验创造美，不断美化社会。

五、艺术美

所谓艺术美通常指的是艺术作品的美，人类以这些作品以及作品背后的故事、相关的意义为审美的主要对象，艺术作品通过艺术形象来彰显其美。艺术美的种类繁多，人们对艺术美的属性进行概括、归纳，大致分为表演艺术（音乐、舞蹈、歌剧等）、造型艺术（工艺美术、建筑、雕塑和绘画等）、综合艺术（戏剧、电影和电视剧等）。此外，语言艺术，如文学，也是艺术美的一种具体形式。艺术美大多是反映形式的美，尽管它源自客观现实生活，但并不等同于生活本身，而是艺术家创造性劳动的产物。

艺术之美，受众要会欣赏，有接受艺术的知识背景，才能更好地欣赏绘画、雕刻、建筑、文学等艺术。当人们观赏一幅人物画，尤其是工笔人物，一般人的欣赏标准就是赞美"画得真像"，这类画是普通人接受并喜欢的作品。其实艺术形象只是艺术活动中客体的再现，要结合主体的思维表现去看。从艺术美的角度去解读一幅工笔画，远远不止"像"这一个标准，更多地会谈及技能、功力、见识、修养乃至精神境界。

《清明上河图》是北宋绘画大师张择端的杰作，精湛的工笔记录了北宋末期徽宗时代首都汴京（今河南开封）城郊和汴河两岸的场景，如图1-3所示。画面详尽地呈现了古代都市的繁华景象，描绘了市井百态、建筑物、桥梁、船只和人们的日常生活，为观者提供了珍贵的历史文化和社会洞见。这幅画在绘画技法上将大手笔与精细的手笔相结合，善于选择那些既具有形象性、充满诗情画意，又具有本质特征的事物、场景和情节来进行表现。很多人都被画面的细致、逼真、篇幅征服，当然，很多时候这就是艺术美的一些必要条件。艺术或绘画爱好者还会以其他艺术美的标准来审视作品，如构图采用散点透视，布局有序，内容丰富，主题突出。采用线描淡彩画法，并紧密结合对象的质感特征。《清明上河图》这幅艺术珍品的美还不仅于此，它还反映了宋代的城市生活以及民俗、服饰、建筑、工商、交通等，对研究宋代社会提供了重要的图文价值，也是中国古代绘画水平的代表，标志着风俗画的最高成就。

图1-3 清明上河图节选

另外，书法中也充满了艺术美，图1-4是董其昌（明代）行草书《华清宫词》片段。从中你能感受到什么？能体会到怎样的美呢？

通常大多观众并没有书法功底，往往在一眼概览之后，会有"好""坏"之分，再看，就会去读（力求看懂字、看懂写的什么等）；倘若面对难懂的行书，可能会说看不懂。明代书法史上的"顶流"书法家董其昌的字，往往

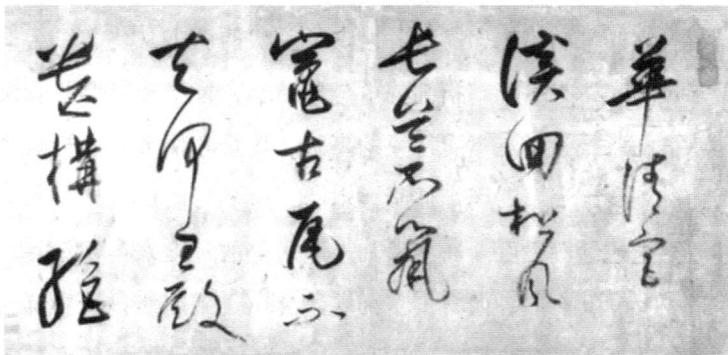

图 1-4　董其昌行草书《华清宫词》片段

只有你真正看"懂"了他的字，才明白其书法的高级之处。他的书法笔有尽而意无穷，以其"含而不露"，自由奔放的笔墨著称。观其气韵，董其昌书法的字形，那种不拘泥于传统的风格，让人感受到一种自然、无拘无束的美感。笔触充满活力，线条流畅而生动，这种特点使他的行草作品格外富有生命力。或者说只有从字形当中体悟到他表达的意境，才算能够真正看懂董其昌的字。透过字形看气韵正是董其昌书法的绝妙之处。

如今艺术审美趋向多元化，会"欣赏"也是一种重要的艺术素养。除了绘画艺术，还有很多艺术美，如电影、戏剧、舞蹈、文学、音乐、手工艺等。但在忙碌的今天，很多传统艺术滑坡。高雅文化和艺术，如传统戏剧、雕刻手工艺、水墨画、交响乐、民族音乐、美声唱法，以及学术著作等，受到了冷遇。通俗艺术走俏，侧面反映当今大众审美品位的普遍下降。号称文坛"四大名旦"的严肃文学刊物《十月》《当代》《花城》《收获》订阅数一再下降。老舍名著改编的《离婚》发行只收回 1/5 的成本。① 这是因为一方面高雅艺术的欣赏确实需要功底、文化背景等；另一方面高雅艺术接触途径

① 高京. 美是人类最壮丽的诗篇 ［N］. 人民政协报，2011-03-09（32）.

难，成本相对高，还有高雅艺术也需要长期环境熏陶，不少人并没有剩余精力去接触高雅艺术等。大众审美的下降会使整个社会的人文精神严重萎缩。市场运作只关心眼前利益，只认得物质和金钱。大众无暇去思忖生活的意义，更不关心自己的灵魂；大众越是轻视知识、轻视文化，对生存价值、人生价值、理想追求都不放在眼里，审美追求越是无容身之地。高雅审美的实现本身就不是一蹴而就的，今天的美育计划成就未来全民族审美的提高。

艺术是一种全球性的语言，能够超越国界传递情感、思想和文化。在全球化时代，艺术交流应该超越国界，推动不同文化之间的对话和交流。除了具有古典气韵的东方古典艺术美之外，西方艺术也是艺术界的一笔重墨。佛罗伦萨是文艺复兴艺术的摇篮，以绘画、雕塑和建筑而著名；伟大的艺术家如达·芬奇（Leonardo Da Vinci）、米开朗琪罗（Michelangelo）和拉斐尔（Raphael）都在这里留下了杰出的作品。古希腊是古典艺术的发源地，以雕塑和建筑而闻名。雅典的卫城和帕台农神庙等古迹展示了古希腊的艺术和文化成就；巴黎以绘画、雕塑、文学和时尚而著名；卢浮宫、奥赛博物馆以及蒙马特艺术村等地都是艺术家和艺术爱好者的聚集地；维也纳是音乐、绘画和建筑的中心，还有与维也纳分裂派和奥地利画派相关的艺术。艺术家们通常会汲取来自不同文化传统的灵感，创造出多元化的作品，在全球范围内建立联系，促进跨文化交流。

艺术不仅止于欣赏，艺术还可以解决社会问题。墨西哥帕丘卡地区（Pachuca）一个叫帕尔米塔斯（Palmitas）的小镇，为减少青少年的负面情绪，解决青少年犯罪问题，当地政府开展了一个叫做"Pachuca Paints Itself"的项目：邀请街头艺术家团队 Germen Crew 对小镇进行涂鸦规划，希望通过粉刷小镇来让这里的社区恢复昔日的和平与生机。原本由白色水泥和煤渣砖堆砌而成的房屋，在艺术家的改造之下，变成一个个美丽的街头艺术作品，整座小镇也因此焕然一新，充满生机和活力。纳米比亚的"桥梁艺术项目"将艺术家们与社区联系在一起，帮助解决教育和社会问题，体现了艺术的社会价值。邱志杰的艺术拯救心灵——"南京长江大桥自杀现象干预计划"，让艺术作品作为一种心理治疗的力量介入现实，试图用艺术语言帮助解决社会问题。

第四节　美与审美

美是审美哲学和美学领域的一个重要话题，审美活动是人类追求美的实践方式，是人们对这些美的感知、理解和评价的过程。自古以来，无数哲学家、文人墨客都对美与审美进行了深刻的探讨。

一、美感与审美

（一）美感

达尔文说过："美感，这种感觉也曾经被宣称为人类专有的特点，但是如果某些鸟类的雄鸟在雌鸟面前展示自己的羽毛，炫耀鲜艳色彩，我们就会怀疑雌鸟是在欣赏雄鸟的美丽了。"[1] 这并非完全否定了动物可以获得"美感"，但也没有把人类感到愉快的美跟动物感到快感等同起来。很多人认为鸟的"欣赏"是动物的本能，动物只能去适应自然，按照本能去繁衍后代，它们并没有通过认识去改变自然，也没有让自然依照自己的意图被创作，也就不存在美感之说。因此，鸟不具备我们所说的认知性审美能力。但我认为也许鸟是有自己的"美感"的。而我们说的审美是按照人的思维来定义的，用人的思维来推测动物的审美，定然不同。因为不同而否定他人的审美，无异于是片面的。庄子有言"毛嫱丽姬，人之所美也，鱼见之深入，鸟见之高

---

[1]　达尔文.人类的由来及性选择［M］.叶笃庄，杨习之，译.北京：北京大学出版社，2009：43-45.

飞，麋鹿见之决骤"。不同物种的生理结构不同，因而对美感的"认知、感知"定然不尽相同。

人们在生产劳动的文化活动中发展了自己的审美能力。在《朱光潜谈美》一书中，朱光潜首先对"美感"做了定义，即"美感起于形象的直觉"①。书中朱老又以一棵古松为例，分析了木材商人、植物学家和画家对同一事物的态度。三个人都"直觉"到了这棵树，但获得了三种不同的使用态度，分别是实用、科学与无所为。不难看出三种态度不是独立的绝缘的，他也指出意向的孤立绝缘便是美感态度的最大特点。若要让"美感起于形象的直觉"这一判断成立，还得满足两个条件：第一，"目前意象和实际人生之中有一种适当的距离"；第二，"在观赏这种意象时，我们处于聚精会神以至于物我两忘的境界"。②

美感是主观的、情感化的。审美主体对客观现实的美是人的一种心理现象、主观反映。而且，美感的体验具有个人独特性，个体的主观参与在美的体验中是极为重要的，这体现了个体的主观审美观点和情感体验。在对美的感觉程度上，人各有不同，我们叫它美感能力，美感能力有的是先天因素，取决于个人的感知能力；有些美感是在社会实践的过程中逐渐形成和发展的。不同时代、阶级、民族和地域的人，通常拥有不同的审美观；同一环境下的个体与个体之间，由于文化修养和个性特征等方面的差异，也会出现审美的多样性。

我们常说，美能引起美感，美如何引起美感呢？形象（事物）和联想是产生美感的基础，但它们不等于美感本身。受美（客体）的影响，美感是一种感性、主观意识的体现，它能引起积极的情感体验，令人愉悦、舒适或是喜爱，从而产生美感。大多数人认为美感就是"好看""愉快"。美感不是享

① 朱光潜. 朱光潜谈美［M］. 上海：华东师范大学出版社，2012：5.
② 朱光潜. 朱光潜谈美［M］. 上海：华东师范大学出版社，2012：1-4.

乐主义，显然简单地认为美感等于令人愉快的，是不完善的。快感也能令人愉悦，但快感不能等同于美感。朱光潜老先生曾在《朱光潜谈美》一书中提出，美感有普遍性，快感没有普遍性。比如引起快感的某种事物，对于另一些人来说可能是没有美感的。美感与实用活动无关，而快感源于对实际要求的满足。而且能引起快感的事物也不一定是美的。

另外更容易产生分歧的说法就认为美感是联想。美感并不是联想本身。人们往往在看到一些事物时会产生联想，联想则会分散美感本身，比如我看到一朵花，联想到美丽的纱裙、漂亮的仙子，这时的美感已经不是花本身了。联想不免带有思考，美感肯定不是联想本身，美感是联想的原因、联想的物质、联想的因素，这些物质、事物的存在和欣赏者主体之间共同构成了美好的感觉。因此，美感起于形象视觉，但不是联想。美感是存在于意象和实际人生之外的。美感也依赖审美者而存在，就像赏花带来的美感体验是依据花和欣赏者主体而存在的，美感是游离在欣赏者主体与物之间的，我们在欣赏时移情于物，物也将美好的特征化为我们所用，此时构筑出的感觉是美好的，美感就是活动的产物。

（二）审美

美存在于客观世界中，美是一种直觉反映，是审美主体的感受与体验。也就是说美需要人去感知、理解和赏识。简单地说"有美也要会欣赏"，这正体现了"审美"的重要性，那审美则是对美的理解和评价。审美是一种主观的感知能力和评价能力。它包括了对美的感知与感受、思考与理解、评价与评论以及分析与判断等，涉及审美者对事物、人、生活或艺术作品等的欣赏、品鉴、评价以及赞美等。审美是一个多元复杂的领域，它从不同的美学视角展开，以探索和理解美的本质、价值和影响。美学的研究早已成为一个跨学科研究，吸引了哲学家、艺术家、文化评论家、心理学家和社会科学家等多领域的学者。

在美学研究中，审美主体指的是进行审美活动的个体，他们通过感官感知、思考和情感体验，参与对艺术作品、自然景观或其他审美对象的主观评价。而审美是多元维度的，它不仅仅是一种个人感受，还涉及文化、历史、哲学等多个领域。通过欣赏艺术、文化和自然，我们可以深入了解人类文明和自然界的发展历程，以及不同文化和社会背景下的价值观。这种多维度的体验和感知方式，可以使我们更加全面地理解美，发现美的无限可能。

审美还是一个复杂而多层次的概念，它涉及对美的感知、欣赏、评价和理解，通常与艺术、文化和美的体验相关。审美不光是一种精神层面的追求，也与我们的生活息息相关。通过审美的眼光，我们可以发现生活中点滴的美好，让平凡的日子焕发出不一样的光彩。同时，审美也能激发我们的创造力，使我们在生活中不断创造出新的美好。

审美是可定义的，但审美的感知过程、感受，尤其是结果是复杂的。因每个人的审美标准和感受会有所不同。不过人们可以通过掌握观察和欣赏技巧、艺术理论学习、批判性思维的特征等正确地获得美，也可以通过发掘良好的个人喜好、风格等技巧获得美，习得审美技巧。美往往以人们熟悉的艺术形式来呈现，就像人们透过欣赏绘画、音乐、雕刻、服饰、美食等多种方式来感受美的存在。一个人的审美观通常受到他所生活的环境的影响。当然，反之人们的审美观也会通过他的日常生活自然而然地表现出来。生活是丰富多彩、与时俱进的，所以审美观也不是一成不变的，它会随着个体的日常生活情境而改变。

换句话说，人们的审美观会随着生活实践的变化而产生变化。就像一个艺术家在不同阶段创作的作品，当他年轻时，可能受到都市生活和摩登文化的影响，创作出现代主义风格的艺术品。然而，随着他年龄的增长和生活经历的积累，他的审美观可能会发生变化，开始创作受自然界和传统文化启发的作品。在这个过程中，他的审美观随着生活经历的变化而演进，作品反映了他的日常生活状况和情感体验。

在美学研究中，审美被认为是一个主观的、个体化的体验，同时也是一个跨文化和跨历史的现象。审美主体的主观性和多样性使审美成为一个多层次、多维度的领域，其中个体的主观感受和理解在审美活动中起着至关重要的作用。因此，审美主体的活动在美学研究中占据着核心地位，有助于个体深入理解美的本质以及艺术、文化和自然界中的美的体验。审美是一种无限的可能性，它能够激发我们的创造力，丰富我们的精神世界。通过培养审美能力，我们可以更好地认识和理解世界，发现生活中点滴的美好。让我们用审美的眼光去探索世界的无限可能，让美成为我们生活的重要部分。

审美能力的培养是社会主义新时代的要求，审美能力是一种不可或缺的能力，也是人类文明的体现。在长时间生产劳作中，人们对美的表达体现了时代特征。衣服的创作风格不但能反映人类创作的目的，还能反映社会生产力的状况。比如，宽大舒适的衣袖款式的兴起标志着丰衣足食，劳动人民不可能每天歌舞水袖。在古代中国，胡服和唐装是两种截然不同的服装审美。胡服通常包括宽大的袍子和宽松的裤子，适合骑射和骑马作战。这种宽松的设计反映了当时社会的生产力状况，战斗和骑射在生活中占有重要地位。此外，胡服的审美也与丰富的纹饰和装饰有关，这反映了当时社会的文化繁荣和审美偏好。相比之下，唐装是另一种审美风格，它的特点是华丽的绣花和精致的图案。这种审美风格反映了唐代社会的繁荣和文化发展。唐装的设计注重身材线条，突出了女性的曲线美，这在当时的社会背景下也表现出女性地位的提高和文化的繁荣。随着社会生产力的不断发展，审美观念也随之改变。在现代社会，紧身牛仔裤和 T 恤等服装成为时尚，这反映了工业化和现代科技的发展。这种审美强调了实用性和舒适性，符合现代都市生活的需求。因此，衣服的审美不仅仅是个人口味，还深受时代和社会生产力的影响。不同时期和不同文化中的审美观念反映了人们对生产和生活方式的不同需求，以及他们对美的理解。这些审美变化是文化、历史和社会演进的见证，也是审美研究的重要部分。

二、审美体验

审美体验是人类对于美的事物所产生的主观感受和情感体验，强调基于感受、基于欣赏。审美体验一般表现为直觉反映，美的事物能唤起人们的情感体验。以往的审美体验通常包含在艺术教育中，但审美体验不仅仅是对艺术、文化、自然景观、美学作品等外界事物的简单喜好或厌恶。它体现的是一种独特的心理过程，涉及感知、认知、情感和价值观等多个方面深入思考、感悟并受影响的过程。审美体验有别于生理活动、道德关系和纯粹的认知活动，它的形成是借助形象而激发的情感。审美体验可以发生在各个领域，如绘画、音乐、电影、文学、建筑以及自然风光等。蒙德里安的抽象绘画《红、蓝、黄构图》（Composition with Red，Blue，and Yellow）以简洁的直线和纯净的色块构成，色彩的运用非常简洁，只有红、蓝、黄三种基本颜色，而且是纯净的色块，没有过多的渐变或混合。这种简单的配色方案，平静而有序，展现出一种平静而强烈的视觉效果。几何形状简单的平衡给人以一种秩序感和和谐感，表现出蒙德里安对艺术元素的精确掌握。蒙德里安试图通过纯粹的形状和颜色来传达他对艺术和生活本质的理解，作品试图鼓励观赏者去感受抽象的力量和形式的纯粹性。让观赏者感受到一种极简主义的美。审美体验不一定都是开心的，悲壮也是一种体验。

人的审美体验通常会随着生活实践的变化而逐渐改变。个体的经历、文化环境、价值观和情感状态会对审美产生深刻影响。随着年龄的增长，经验的不断积累，人们可能会更深刻地理解艺术作品，或者发现新的审美趣味。同时，社会和文化的变革也会塑造人们的审美观。因此，审美体验是一个动态的、不断演变的过程，与个体的成长、学习和生活经历息息相关，反映了人们在不同阶段所处的社会文化和情境。这种变化丰富了人们对美的理解，以及使人们体验到艺术的多样性，为人们带去更广泛、更深入、更丰富的审美体验。

人们在审美时会得到很多体验。审美是一个涵盖多个方面的综合体验过程，它涉及对感知、情感、认知和文化等不同方面的感受。通过审美体验，人们能够更深入地理解世界，感受到美的存在。在欣赏艺术作品和自然中的美时，我们体会到惬意和舒适。美好的体验感又反向丰富了我们的生活，启发了创造力。人们通过审美体验不但能体会艺术带来的美的享受，还能产生情感共鸣。当人们沉浸在绘画作品时，绘画作品那美的特质为我们能提供独特的视觉冲击。和谐的色彩搭配、优雅的线条构成等，这些美学元素能够给人带来愉悦和享受。绘画作品通过色彩、线条和形状等元素向世人传达出作者的情感和思想，观者可以从中感受到作者所表达的情感，并与之产生共鸣。

审美体验不光是情感体验，还具有社会意义和功能性。审美体验能承担文化交流的作用。不同地区、不同文化背景下的绘画作品展示了各种不同的审美观念和艺术风格，人们可以通过欣赏这些作品来了解和体验不同文化的审美特点，促进跨文化交流和理解。

审美体验使人反思，给人启发。当人们在艺术创作或艺术活动中体验到美，会对自我产生启发，这里的美是多种多样的，可以是对环境的敬畏之心、大自然生命之贵、社会和谐之美、乐于助人之善。比如，一幅绘画作品往往蕴含着深层次的意义和象征，观者在欣赏时可能会被引导去思考作品背后所蕴含的主题、社会问题或个人经历等，从而得到一种反思和启发。这时美的体验就发挥了启示他人的作用。

日常中，我们接触到的最普遍的审美体验，通常指的是在赏析艺术、美学作品、文化文明或自然景观时产生的情感体验，或者说是主观感受。这种体验不仅涉及对物体、作品或景观外观的感知，还包括与之相关的情感、思考和认知过程。审美体验的特征主要包括以下内容：

（1）审美体验有主观性。因为每个人对美的看法、感知和感受都有所不同。审美体验是个体的主观体验。个体的文化背景、价值观、经验信仰和情感状态都会对审美观点和审美体验产生重要影响。人们根据自己的经历、文化背景、情感状态和个人偏好来评价、欣赏美。

（2）审美体验伴随感知。感知是审美体验的核心，审美从感官开始，人们对外界的感受通过感官（如视觉、听觉、触觉）来完成。比如，我们可以通过感官系统来感知和体验美学作品。感知过程可以对包括形状、颜色、声音、质地、触感或其他感官刺激元素的感知。

（3）审美体验伴随情感。审美体验通常可以感知观众产生的情感反应，如愉悦、兴奋、震撼、感动、赞赏或愤怒等。人们在面对艺术作品时会产生各种情感反应，这些情感可以是积极的，如能够唤起愉悦感，提供满足感。这些情感也可以是消极的，如带给人们冷漠的失落感。

（4）审美体验是思考的。审美体验也与思考和认知过程相关，它不仅仅是情感的表达，还包括思考和理解。人们常常会思考作品的内涵、主题、技巧、形式和背后的意义，试图更深刻地理解其背后的意义或表达。

（5）审美体验具有时空性。审美体验是变化的，受到时间、经历和文化影响。一个人的审美观点和品位可能会随着生活经历和知识的积累而改变。审美体验通常发生在特定的时间和空间内，如艺术品的展示环境、音乐的演奏现场或自然景观的存在地点等都会影响审美体验。

（6）审美体验具有多样性。不同文化、时代和个体可能对不同类型的美有不同的看法。这种多样性丰富了审美领域，使之更具丰富性和复杂性。

总之，审美体验涉及对美的主观感知、情感反应、思考和理解。审美体验是一种丰富的主观感受，是个体化的、感知与情感相结合的过程，涉及感知、情感、思考和认知等多个层面。审美体验的特征因个体和具体情境而异，这使之成为文化和个人差异的重要表现。审美体验是多元的，因为它受到个体差异、文化因素和时空变迁的影响。这使得美成为一个多维和丰富的领域，值得深入探讨和理解。

三、审美教育

审美教育一词源于德文，曾译为美感教育，简称美育。1735 年，鲍姆嘉通在其博士论文《关于诗的哲学默想录》中，提出要建立一门研究感性认知的科学——美学。① 在鲍姆嘉通提出美学这一概念的同时，开始探索审美教育的重要性。他认为，审美教育不仅可以丰富个体的感性认知，更能提升个体的审美能力和创造力。这种教育不仅仅是对美的欣赏，更是对美的创造和表达。从远古时期发展到今日，不难看出"审美"除了特别关注视觉、艺术、外观和美以外，还强调作为艺术和美的基础的主体感觉活动，并由此把艺术和美与社会、文化等相联系。

审美教育的行为几乎伴随着人类文明的产生而产生，就像原始人朴素的装饰美相传，原始狩猎舞蹈的教学等。在我国审美理论的产生要滞后很多，中国古代的审美教育主要依赖于道家、儒家、佛家禅宗等不同哲学地相互碰撞，在"天人合一"的哲学思想上形成了"中和论"美学观。随着美学和审美教育理论的不断发展，人们开始尝试将这种教育理念应用到实际的教育实践中。在现代社会中，审美教育已经成为教育体系中不可或缺的一部分。它涵盖了艺术、音乐、文学、戏剧等多个领域，旨在培养学生的审美情感、审美能力和创造力。审美教育不仅有助于提高学生的文化素养，还能促进他们的个性发展和全面成长。

随着社会发展，目前，我国的审美教育也发展成了一种基于美的理念的

---

① 鲍姆嘉通. 美学［M］. 简明等译，北京：文化艺术出版社，1987：169.

情感教育，通过培养学生认识美、理解美、欣赏美和创造美的能力来实现以美育人的目标。审美教育把人们的审美能力与人文素养融为一项综合性情感的教育活动。审美教育的主要目标是培养有艺术欣赏水平与创新能力的全面发展的人才。审美教育通常会被认为是"认识美、感受美、欣赏和创造美的教育"，这种理解会将审美引向对对象世界的理解，这未免偏颇，也不能凸显对主体（人）的关注。正如席勒所言："美既是对象，同时又是我们人格的一种状态。"① 这句话也强调了审美不只是研究对象，还要关注人的素养，保护和发展人的感性。随着社会发展，目前，我国的审美教育也发展成了一种基于美的理念的情感教育，审美教育把人们的审美能力与人文素养融为一项综合性的情感教育活动，力求通过培养学生认识美、理解美、欣赏美和创造美的能力来实现以美育人的目标。今天我们的审美教育目标与德育有重叠之处，在同为国家培养全面发展的社会主义建设者和接班人面前，审美教育为更好地促进高校立德树人教育工作的开展奠定了必要性和可行性。审美教育和德育相互补充，如果将中国的传统书法作为审美教育课程的范例，那么，人们在书法教育中，不仅提高了书写水平，培养了对书法、汉字之美的感知，还有对我国文字文化的热爱与传承、自信与尊重。此时的审美也承担了德性、品质、人文素养的培养功能，德育亦有此目标，两种教育在培养真、善、美综合素养方面和人才的道德修养与价值观方面有着共通之处。但从学科类别视角看，德育属于教育学，侧重意识形态的引导和道德规范的传授。审美目前属于美学范畴，通过艺术、文化和美学等途径，培养学生审美能力，使他们在精神层面上得到丰富和提升。尽管两者存在一定的差异，但它们在培养社会主义建设者和接班人的过程中，具有相互补充、协同作用的关系。共同促进、提升学生的精神境界，使其具备更高层次的审美追求和人生体验。此外，两者在教育知识理论体系与内容基础上有较大的区别。尽管

① 杜卫. 美育论［M］. 北京：教育科学出版社，2000：54.

两者在教育目标上存在一定的差异,但它们在培养社会主义建设者和接班人的过程中,具有相互补充和协同作用的关系。

人的审美是可以被教育的。人们的审美观念和品位可以通过教育、学习和文化经验来塑造和改进。审美不是固定的,而是受到外部环境和内部发展的影响。通过学习和培养不同的艺术形式、文化、历史和审美观念,一个人可以逐渐培养出更加丰富、深刻的审美视野,提高其欣赏和理解艺术的能力。如果一个人从小受到音乐教育,学会了欣赏不同类型的音乐,了解音乐理论,熟悉不同的音乐家和不同时代的音乐作品,那么这种音乐教育可以极大地影响他的审美品位,使他更容易辨别不同的音乐风格,欣赏复杂的音乐作品,以及更深入地理解音乐中的情感表达。如果一个人从小受到绘画教育,学习了艺术史、不同的绘画流派和技巧,那么他的审美观念会逐渐丰富起来。通过学习,他能够更好地理解绘画中的细节、构图、色彩选择和主题,从而可以深入欣赏艺术作品。总之,通过教育、学习和不断地艺术沉浸,一个人的审美可以得到丰富和改进。这强调了文化和教育在塑造个体审美观念中的关键作用,以及审美是一个发展和变化的过程。

审美教育有章可循。尤其是审美能力的培养和发展是有方法和策略的。

第一,提供多样化的艺术和文化体验。提供机会让人们接触不同类型的艺术作品,包括音乐、绘画、文学、建筑、戏剧、电影等。参观艺术展览、音乐会、剧院和博物馆,阅读文学作品,观看电影和舞台表演,多观察、欣赏和体验各种艺术形式,通过接触不同类型的艺术作品,可以逐渐培养人们对美的敏感度,有助于人们丰富自己的审美经验。

如音乐作为众多艺术形式的一种,属于人们熟悉的听觉类艺术形式。它能够通过声音的组合和节奏来传达情感和意义。当我们聆听一首音乐作品时,我们会被其中的旋律、和声、节奏或者歌词所打动。当人们听到贝多芬的《命运交响曲》时,在音乐中可以感受到对抗困境、挣扎与奋斗的精神,同时也透露出对未来美好前景的期盼。在某些乐章中，音乐变得柔和而深沉，给人一种沉思和反思的感觉。这些部分让人们有机会停下来，思考生活的意义和个人命运的起伏。曲调充满了激情和动力，让人们感受到贝多芬内心深处的激情与冲动。即便是不懂音律之人，通常也能感受到音乐中充满了紧张、激烈、悲壮、希望等情绪。又如电影是一种多感官艺术形式，能带来不一样的艺术体验，更加丰富多彩，从视觉方面大大增强了体验感。因此，提供多样化的艺术体验促进审美教育，不但能实现审美能力的提升，还能立体人们的精神世界。

第二，拓展艺术的渊源和文化背景。描述不同时期艺术发展历程和文化、历史和背景有助于人们理解作品的起源、发展和影响。如学习研究不同时代和地区的艺术运动，以及艺术家的生平和思想，从而更好地理解作品背后的故事。帮助人们理解不同风格、不同流派的艺术作品，并从中汲取灵感。

用艺术作品对人们进行教育时，人们除了对画作形式和结构的独特处理进行赞赏，还可以通过作品背景与艺术家（思想）交流，与时代背景，甚至与早年的社会对话交流、发表感想。这种审美体验不仅仅是对画作（图像）本身的喜爱，更是从狭隘的审美体验上升到了"大美"的浸润。当你看到蒙德里安的《红、蓝、黄构图》（图1-5）时，也许你是喜欢的，便会主动探究更多的内容。假如你不喜欢这幅作品，也很难理解，但为何作品有如此高的地位以及艺术家有如比大成就，人的好奇之心被激发，这时同样可以去了解时代背景、作家情况以及作品意义等，从而达到审美教育的意义。

第三，锻炼多维的思考方式。培养人们体验批判性、比较性、反向性、跨学科等不同的思考方式。如人们可以提出问题或质疑，对作品的目的、主

图 1-5　蒙德里安的《红、蓝、黄构图》①

题、情感表达等提出不同的看法。通过深入思考和批判性地分析作品，人们可以更好地理解其背后的意图和技巧。再如，将不同或类似的艺术作品进行比较，从要素构图、色彩运用、表现手法和效果等分析它们之间的异同点。这种思考方式有助于人们深入理解各种艺术风格和流派的特点，以及它们对艺术发展的影响。

第四，要培养创造性表达能力。创造性表达帮助人们以创新和独特的方式表达自己的思想、情感和想法，能够推动审美力的提升。通过创造性表达，促进人们想象力、观察力、思考能力以及表达和沟通能力。例如：人们在文学创作过程中，需运用创造性表达能力来构思故事情节、塑造人物形象、描绘场景等。这种创造性表达不仅要求人们具备丰富的想象力和观察力，知识储备能力和丰富的经验，还需要不断锻炼自己的语言能力；只有这样才能在表达中运用自如，创造出更加有说服力和感染力的言辞。创造性表达能力不仅仅是语言的表达，更是思维的体现，我们应该不断扩大自己的知识面和视野。创造性的表达能力可以让学生更好地理解和体验艺术作品，同

---

①　1930 年，蒙德里安的世界著名油画，"新造型主义"的代表作之一，规格是 45×45，厘米。

时也能激发他们的创造力和想象力，这些能力在培养审美力方面起着重要作用。

第五，使用现代技术。现代技术如互联网和数字媒体等为审美教育提供了新的工具。如在线艺术资源，人们可以轻松访问世界各地的艺术作品，了解不同文化的审美观点，还可以引导学生浏览在线艺术画廊、博物馆网站，观看音乐演出或电影，并了解不同文化的审美表达。人们可以借助虚拟艺术参观，许多博物馆和艺术机构提供的虚拟艺术参观和通过计算机或移动设备欣赏名画和艺术品。现代化艺术资源为大家提供了探索艺术历史和文化的机会，而无需实际前往博物馆。审美教育培养审美能力需要时间和耐心。人们在学习过程中不断积累经验、积累知识、批判性思考和进行审美实践，逐渐提高自己的审美能力，更深刻地理解和欣赏世界中的美。审美教育激发人们的好奇心、想象力和创造力，使其成为更有见识和细致入微的观察者和参与者。

第六，融会贯通地运用审美技巧。在审美教育过程中，许多审美的原则与规律是相通的。人们体验美的方式千差万别，如绘画、音乐、舞蹈、文学及其他艺术形式，施教者总结的方法、技巧、路径等也各有特色。然而，这些看似不同的艺术形式都能引发观者的美感体验、情感共鸣，从而激发观者的兴趣。

审美教育过程中的许多原则具有相通性，它们不仅能够提升人们的审美能力和艺术鉴赏水平，还能够帮助我们更好地理解人生哲理和宇宙万物的美妙之处。因此，我们应该在审美教育过程中注重培养学生对这些共通原则的认识和理解。如平衡之美是一种普遍存在于艺术中的美感。在美术中，它通常体现为画面的构图和元素的分布，使得观众能够感受到一种视觉上的舒适和稳定。而在音乐领域，平衡之美则体现在旋律、和声、节奏等多个方面，使听众在音乐中感受到和谐与美感。对比之美同样是审美教育过程中不可或缺的一个重要原则。在绘画中，通过对亮度明暗、色彩深浅、线条曲直等元素的对比，可以突出画面的主题和层次感。在音乐中，对比之美则体现在高低音、快慢节奏、强弱力度等方面，使音乐更加丰富多变。同样，在文学作品中，通过对比可以强调人物性格的差异、情节的起伏变化等，增强作品的吸引力和感染力。这种对比之美不仅体现在艺术作品中，它贯穿于人生道理、宇宙万物之中。在人生中，我们经历的欢乐与悲伤、成功与失败，是对比，它们相互衬托，使我们更加深刻地理解生活的真谛。而在宇宙万物中，山川的峻峭与平原的广袤，星辰的璀璨与黑洞的神秘，都体现了对比之美的无限魅力。对比之美不仅让我们感受到世界的多样性，也激发我们去探索未知、追求真理的勇气和智慧。

审美因内容的不同，方法、技巧、原则等也会有所不同，但必有共通之处，如美感（丑恶）的获得体验，审美过程中能引发人们的情感体验、共鸣和愉悦，引起人们的兴趣元素。一些形式美的法则，如对比与调和，不同元素之间的差异，增强作品的视觉冲击力和吸引力。重复与节奏，在作品中重复相似的元素、制造规律，创造出一种有序和连贯感。重点与焦点，通过突出某个元素或区域，可以吸引观者的注意力，并传达出特定的信息或情感。比例与尺度的运用，使得艺术作品中的元素在大小上保持适当的比例关系，以确保整体的协调和谐。不同之处则与美的载体特性有关，如美术作品讲究平衡之美，其他艺术作品中的元素也应该讲究和谐之美，平衡分布，使人在体验时没有过多的重量或压力感。

审美教育在实施中仍面临着诸多挑战。如何在教育实践中有效融入审美教育，如何培养学生的审美情感和创造力，以及如何评估审美教育的效果等问题，仍然需要我们去深入研究和探索。

第二章

美学与美育

第一节　美学

美学是哲学的一门分支，是研究美、艺术、审美体验和审美价值理论的学科。美学探讨了人类对关于美的本质、含义、感知及审美等问题的认识、判断、使用过程。如美的起源、美的原则、审美体验、审美价值，以及美与其他哲学概念之间的关系。美学研究不仅仅局限于艺术领域，它也适用于自然界中的美，如风景、自然现象和身体美。美学是一个跨学科的领域，它与哲学、文学、艺术史、心理学、文化研究等领域有着密切的关联。

要探究美学的溯源和发展，那么探究先前哲人著名的美学思想就十分重要。自古希腊以来，美的本质问题就是美学界最深奥的难题。柏拉图的模仿说，孔子的尽善尽美，孟子"充实谓之美"的美学观点，黑格尔（Hegel）的理念论，等等。古今中外许多哲人、学者、艺术家都给出了不同的答案。人们对美学的探讨，对美学的应用与借鉴吸引我们继续去发现美。通过美学的研究，人们可以更深入地理解美、获得审美体验以及了解美学发展对今天的影响与启发。

一、西方古代美学

谈到美学、西方美学、古代美学等，古希腊有人们无法忽视的成就，它就像美学史上一颗璀璨的明珠。希腊古典美以"和谐美"为特征，温克尔曼（1717—1768年）认为希腊古典美是"高贵的单纯和静穆的伟大"①，这是美学史上最经典的概括。黑格尔将其归纳为古典型的雕塑美，即"内容和完全适合内容的形式达到独立完整的统一，因而形成一种自由的整体"②。鲍桑葵（1848—1923年）对古希腊美学的评价也是"和谐、庄严、恬静"。众多学者将古希腊古典美概括为一种和谐的美，一种形式上的静态美。这种观点绝大部分的贡献源于代表性艺术形式——雕塑，另外诗与戏剧也起到了很大的作用。

在今天探究美学的溯源和发展，探究先前哲人著名的美学思想十分重要。沿着历史线你会发现对于美的探索一直是世界范围的问题。柏拉图是古希腊最著名的哲学家与美学家。其关于哲学与美学的理论是西方美学发展的重要源头之一。

（一）柏拉图的美学核心基于他自己的理念论（idealism），即真正的现实存在于理念（或形式）中，他认为"美的本质"在于某种"理式"，而感知世界中的具体事物只是这些理念的不完美映射。所有感知世界中的事物都是"理念"或"形式"的模糊反映，而"理念"或"形式"则是永恒不变的。感知世界里具体事物只是这些理念的不完美副本，而真正的美是存在于理念中的。这意味着美不是仅限于感知世界中的外部形象，而是超越感知的、永恒和完美的理念。美的本质在于这些永恒的理念，而非感知世界中

---

① 李醒尘. 西方美学史［M］. 北京：北京大学出版社，1994：69.
② 黑格尔. 美学：第2卷［M］. 朱光潜，译. 北京：商务印书馆，1979：157.

的事物。这对美学产生了深刻的影响，因为它提供了一种更高级的、哲学的美学观念，强调美的超越性和永恒性。柏拉图继承了苏格拉底的效用说（datrine of effectiveness）"美就是有用的"，但指出，有用的效果可好可坏，效果坏，还不能算是美，必须把"美就是有用的"修正为"美就是有益的"。在理想国中教育的目标是培养对城邦有益的公民。教育应该使个体具备技能和知识，以便为城邦的繁荣和发展做出贡献。这一观点将教育与城邦的实际需求联系在一起，重视教育的社会功能。当时柏拉图构想了一个理想的城邦，其中不同阶层的人承担不同的社会角色。城邦的统治者是哲人守护者，他们接受了严格的教育，以确保他们具备智慧和德行，从而能够领导城邦。柏拉图的育心说（doctrine of anamnesis）认为知识并不是新学的，而是灵魂内在的记忆，教育的任务是唤醒灵魂中早已存在的知识。这一观点影响了他的教育方法，强调了思考和内在发现的重要性。柏拉图以善为上（the primacy of the good）认为美要服从于善，善是客观的，也是积善于世的诱因，人的灵魂具有认识理念的能力。另外，柏拉图的理性至上论（primacy of reason）决定了他认为美的理性大于快感。

（二）亚里士多德的美学思想深受古希腊哲学传统的影响，他也是古希腊美学思想的集大成者。亚里士多德强调艺术的目的是模仿生活、模仿自然、反映现实。艺术通过模仿来实现对人类情感和经验的理解，以达到净化情感和启发观众的目的。艺术能反映生活的内在规律，亦能揭示现实生活的内在规律。此外，亚里士多德也强调了"审美享受"的概念，即人们通过对艺术作品的欣赏和体验来获得美的愉悦。正如亚里士多德的名言"我们无法通过智力去影响别人，情感却能做到这一点"。他的美学思想深刻影响了他后来的艺术理论和文学创作，为理解美和艺术的本质提供了坚实的基础。他认为美是一种秩序、对称和和谐的表现，与伦理道德紧密相连。"黄金中点"概念的提出，诠释了美德、审美享受都位于极端行为的中间位置，过度或不足都不是美。此观点类似中国《论语·先进》中的中庸思想"过犹不及"。

亚里士多德在《诗学》中的论述体现了他对戏剧和诗歌的表现力、方法、效果给予了高度重视，以及对悲剧的高度肯定——"陶冶说"的产生。这是西方美学史上第一次全面而系统地论述了悲剧。他将诗歌分为叙事诗和戏剧，探讨了叙事结构和戏剧的要素，认为叙事诗强调叙述，而戏剧则通过角色、对话和情节的展示来表达情感。他竭力推崇《俄狄浦斯王》里主人公那令人悲悯的情怀，主人公自始至终都在逃避天定杀父娶母的命运，但最后还是没有逃脱。为了避免天神降灾于城邦而刺瞎自己的眼睛，放逐沙漠。悲剧在创作上借助情节、内容与动作，一样可以达到成为经典的效果，流传至今并感染他人。"模仿说"的认知论与"陶冶说"的感染论成为后世艺术教育的两种重要模式。亚里士多德认为，艺术的目的在于表现出人类的情感和思想，通过形式和材料来表达艺术家的想法和情感。艺术的功能在于引起人们的情感共鸣，激发人类的想象力和创造力。亚里士多德的美学思想是古希腊美学与美育思想当中重要的理论资源，对西方艺术和文化产生了深远的影响，成为古典美学的基石之一。

（三）贺拉斯（公元前 65 年—公元前 8 年）是古罗马文学中备受尊敬的诗人，他的成就主要体现在他的诗歌作品。贺拉斯的美学思想在《诗论》中得以体现。他强调了诗歌的优雅和艺术性，将其视为一种修辞的艺术，以及提出了一系列关于诗歌创作的原则，如诗歌创作的清晰性、适度、和谐以及目的性。说明诗歌应该具备美的品质，并通过精致的言辞和形式来打动读者。人们能通过阅读和欣赏诗歌来得到心灵的愉悦和满足感，这是贺拉斯的审美享受观念。贺拉斯这些思想为后来文学理论和创作中的美学观点提供了坚实的基础，强调诗歌的作用不仅在于表达思想，还在于创造美感和审美体验。

贺拉斯的"寓教于乐"思想强调了将教育和启发融入娱乐和文化创作

中，肯定文化和艺术作品的教育潜力。"诗歌不仅应当娱乐，还应当教育"，通过吸引人们的兴趣与乐趣，来传达重要的道德和教育信息，以达到更有效地教育和道德教化的目的。这一理念反映了他对诗歌道德和教化功能的关注，对今天的教育有重要启示作用。美学与道德、社会意义联系在一起，为艺术家和文化创作者提供了一个有益的方向，促进他们能够通过创作、表现为社会做出积极的贡献。

（四）德尼·狄德罗（1713—1784 年），18 世纪法国启蒙思想家和文学评论家，他的美学观念深受启蒙运动的理性主义和个人表达自由的影响。自然和真实性成为他的主张，他强调艺术应该模仿自然，反映真实生活中的情感和人类经验。他认为，艺术家的任务是捕捉现实的本质，而不是逃避它。同时也主张艺术家应当有创造性的自由，不受传统或权威的束缚。他赞扬了个性的表达和创新的价值，认为艺术家应该大胆探索新领域，并表达自己独特的观点。狄德罗认为艺术的目的是唤起观众的情感和感知，其应当具有情感的力量，以引发观众的共鸣和思考，这种观点强调了审美体验的重要性。狄德罗将文学视为一种社会工具，文学和艺术可以用来传达道德和社会改革的信息，可以启发人们思考社会问题并推动变革。

（五）德国古典美学，兴起于 18 世纪末至 19 世纪初，是由康德、歌德、席勒、费希特、谢林和黑格尔等哲学家和文学家共同构建的美学思潮。这一时期的思想成果，奠定了德国古典美学的核心理念。德国古典美学的发展与德国古典哲学保持了同步，它被视为西方古典美学的总结与终结。

在美学思想方面，康德强调美的主观性与客观性的统一，他认为美是主观情感与客观审美标准的融合，为后续的美学理论奠定了坚实基础。歌德主张艺术为表达自由的方式，关注自由与审美的关联。他主张通过艺术，人们能够自由地表达内心情感与思想，这一观点，将美育与个体自由联系在一起，对艺术的社会作用产生了深远影响。席勒强调艺术的教育功能，认为艺术能够提升人的道德与文化水平，这对美育理论的发展产生了重要影响，将美学与教育紧密联系在一起。费希特强调审美体验的重要性，认为美的体验能够带来内心的满足和心灵的升华，这一观点深刻影响了美学理论，强调了审美的重要性。黑格尔则主张美与道德的关系，认为美是道德的表现和体现，这一观点强化了艺术的社会责任和影响。

然而，德国古典美学及思想毕竟是古典时期的精神产物。自 19 世纪以后，尤其是 20 世纪，社会、经济、哲学等方面发生了剧变，美学也因此出现了向美育转向的部分。尽管如此，德国古典美学的影响依然深远，它为美学和美育理论奠定了坚实基础，强调了审美体验的价值，以及艺术对人的教育和道德作用。德国古典美学对现代美育理论和实践产生了积极影响，推动了艺术教育的发展。

在中国，美学研究受到包括德国古典美学在内的欧洲美学思想的启示，并在一定程度上影响了中国美学的发展。

二、西方现代美学

20 世纪以来，西方现代美学呈现出多元变化的发展轨迹，呈现出"非理性转向""心理学转向""语言论转向""文化研究转向"等。① 在美学研究向其他方面转向的过程中，有一种转向虽没有过多强调，但它却真实地存在，就是美学的"美育转向"。美育对美学的借鉴，在现代美学，特别是西方现代美学中，成为一个较为热门的话题。这并不是一个偶然现象，而是由社会根源和美学的特征所决定的。

18 世纪德国哲学家鲍姆嘉通是最早创立美学学科的理论家，有"美学之父"之称。鲍姆嘉通继承了莱布尼茨与沃尔夫的"感性认知"，提出了"感

---

① 曾繁仁. 西方现代"美育转向"与 21 世纪中国美育发展［J］. 学术月刊，2002（5）：8-10.

性学"（aesthetics）的概念，并将其系统地化成西方的一门新的学科，并将它命名为"aesthetics"，在理论中将美学称之为"知觉的科学或感性学"，为感性教育开辟了新领域。他主张"美的认识的本质的理论"，"论证了感性认识对理性认识而言有独立性"，可谓是美学史上的一大贡献。黑格尔则认为"美是理念的感性显现"，其美学理论始终在追问美的对象的"根"与"本"的关系。后来康德在《判断力批判》中提出了"为什么审美判断是普遍的和必然的？美的判断是一种普遍性的判断"，即美不仅仅是主观的个人情感，也是客观的事实。美应该具有通用性，不仅适用于个体，还应该具有共享性，人们通过判断和感知美来实现对世界的理解。这一观点反映了他对美的普遍性原则的强调，即美不仅仅是个人的情感体验，也是一种具有客观性的现象。康德强调审美经验中的普遍性和客观性，这一观点影响了后来的美学理论。黑格尔、康德是西方经典美学建构的两大主要理论体系。西方现代美学领域涌现了许多不同的流派和学派，审美是一种普遍的认知活动。形式主义流派主要代表人物克洛夫斯基（1893—1984 年）、克莱因，其关注艺术作品的形式、结构和元素，强调纯粹的视觉体验。克洛夫斯基强调"显著性"（significant form）的概念，认为艺术作品的形式中存在一种特殊的美。克莱因认为绘画应该追求自身的独立性和纯粹性，避免受外部内容的干扰。

象征主义关注语言、符号的象征作用。这一流派强调了意义的建构和解读，认为艺术作品是一种符号系统，观众需要解码其象征性意义，索绪尔、斯特劳斯是其代表人物。斯特劳斯的美学思想主要集中在他的文化人类学理论中，而不是传统的美学领域。强调寻找文化和社会现象背后的普遍结构和模式。在美学领域，他的结构主义观点影响了人们对艺术和符号的理解。他认为，各种文化现象和作品都可以通过分析它们的结构来理解，包括艺术作品。

解构主义是另一美学流派，代表人物以巴特、德里达为主，解构主义强调文本和语言的结构，认为艺术作品是符号系统，观众需要分析其结构和符号的关系来理解作品的含义。

19 世纪后期德国哲学家海德格尔（1889—1976 年）明确提出"美就是真理显现的光辉"。海德格尔的思想强调存在、人类存在的方式，以及与世界和自然的关系，这意味着古典美学本体论和美感知识论的融合与升华。其观点和概念对美学的哲学和审美理论产生了影响，这个思想依然是极为宝贵的，促使人们重新思考艺术、审美体验和人类与自然的关系。该思想被认为是存在主义哲学的重要代表之一。

综合看"形式"为美之源，是西方美学的一大传统，也是最本质的东西。在美的艺术中最本质的东西是形式，这一理论最早出自康德的总结。西方美学主要是在根本的美学问题及其解释上，展示了全人类的共同思想以及生命体验——人类为什么追求美。西方美学提出的根本问题都是全人类的一般性问题，也是美学的本源性问题，它们构成了美学作为一门学科普遍意义和价值存在的根据。迄今为止的理论证明，只有作为哲学的一个分支学科，美学才能取得它的合法性。①

从学科性质来说，美学是哲学的分支学科，而不是艺术学的一个分支学科。没有哲学的基础，美学研究就不具有科学性。西方经典美学家提出的美学问题及其回答，构成了全部西方美学的理论内核和话语指向。

尽管西方美学学术体系有缺陷、弊端，但西方对美学的界定和大量的著述等学术积累使其成为人类研究美学的基础资源。生活在现代文明之中，完全超越西方学术体系进行独立的美学研究，貌似不现实。西方学术体系基于本身的优越性，已经成为当下的世界性学术体系。现代文明从根本上影响了我们的语言、生活经验甚至思维方式。因此，众多的美学研究在西方美学的

---

① 章启群 . 美学与中国美学：范式，问题和史料：一个论纲或断想［J］. 文艺争鸣，2015（8）：99-106.

范式之内进行与实践是必然的。那么我们对中国美学理论进行思考时，可基于此提出新的问题，并论证这些问题，进而产生新的理论体系。研究美学与其他科学（自然科学：数学、物理等）有着相通的本质，即便美学的特征难以描述得像数学一样精准，也不容易被全人类统一理解。美学作为哲学的分支学科，研究其性质应该同哲学学科特征一致。我们对美的研究不能放在具体行业中，如时装、美容、园艺、绘画或自然界中的自然现象等具体的事物中。依据康德理论，美学应该是一种先验批判，没有美学理论，美的生活依然存在。

三、中国美学思想

随着历史的推移，古代中国美学思想不断发展演变。古代中国美学思想的主要成就可以追溯到先秦时代，其中儒家、道家、墨家等学派都对美的概念进行了探讨。儒家注重审美与道德的关联，强调文学的教化作用；道家则追求自然之美，强调情感与自然的和谐；墨家强调公平、公正的审美标准，提出了"公是公非，公然是矣"的观点。这些早期思想家为中国美学思想奠定了基础。

汉代时期，儒家美学思想得到了进一步的弘扬，强调诗歌、绘画等艺术形式的教化作用，提倡礼教、仁爱等道德观念。同时，道家美学思想也逐渐与道教相结合，提倡内修养、外治世，追求个体的精神自由与宇宙的和谐。

唐代时期，中国美学思想进入了繁荣发展的阶段。儒家、道家、佛教等多元思想交融，形成了具有时代特色的美学观念。诗歌、绘画、音乐、舞蹈等艺术形式均呈现出前所未有的繁荣。人们对美的追求不仅仅局限于道德教化，更注重艺术形式的创新与审美体验。此时，文人墨客热衷于创作，美的概念得到了更为广泛的传播和深入的研究。

宋代时期，美学思想更加注重文人雅士的情趣与品味。书法、绘画、诗词等艺术成为文人士大夫的修养之道，进而推动了艺术创作和审美理论的发展。此时，对意境、气韵、格调等概念的探讨逐渐成为美学研究的核心。此外，宋代美学思想还强调艺术的个性化与独立精神，使得艺术创作呈现出丰富多样的面貌。

明清时期，美学思想逐渐世俗化、平民化。小说、戏曲等世俗文学艺术得到了极大的发展，为普通百姓所喜爱。与此同时，文人雅士的美学观念也逐渐融入了日常生活，如茶艺、园林、工艺等。这一时期，美学思想更加关注人性、情感和日常生活，体现了广泛的群众性和民族性。

总之，古代中国美学思想经历了从先秦时期的奠基，到汉代、唐代的繁荣发展，再到宋代的意境追求，以及明清时期的世俗化、平民化。在这一历史进程中，美学思想不断丰富、完善，形成了具有中国特色的美学体系。这一体系不仅对我国文学、艺术、教育等领域产生了深远的影响，同时也对世界美学发展产生了积极的推动作用。

从中国古代美学研究来看，推进中国美学知识、学科体系的建设，在方法论上就是要把中国古代美学研究与美学基础理论研究结合起来，自觉追问中国古代美学思想资源的美学基础理论意义，而这在事实上也成为中国美学界的思想自觉。在此探索过程中，中国古代美学的"感情"范畴就是一个被美学界讨论的重要范畴之一。由于美学是一个知识体系，涉及美本质论、美感论、审美形态论、美育等方方面面，而"感情"范畴的美学理论意义无疑是涉及、关联美感论或审美活动经验论这一层面。① 孔子的"知之者不如好之者，好之者不如乐之者"②，"知""好""乐"的三个学习层次，既强调了兴趣与热爱在学习过程中的重要性，又反映了儒家对人才培养重在综合素

---

① 方英敏，程颖. 中国古代美学"感情"范畴的重构与美感论知识体系的完善 [J].
云南师范大学学报（哲学社会科学版），2023，55（5）：72-81.
② 郑玄，刘宝楠. 论语正义 [M]. 上海：上海书店，1986：126.

养，即以诗书礼易乐的综合教育来塑造全面发展的个体。孟子所倡导的"充实谓之美"美学观点，意味着个体通过不懈的自我追求，将内在的仁义等美好本性融入全人格之中，并通过外在的表现形式，即成为美的人。这一美学命题发展了孔子关于美与善内在一致性的观点，对后世学者产生了深远的影响。自马克思主义传入中国后，中国学者从辩证唯物主义和历史唯物主义的角度，对美学进行了多角度的深入探讨。马克思主义认为，美是人类本质力量在劳动过程中的客观化展现，是在认识与改造世界的过程中所彰显的内在力量。这一观点我们提供了一个新的视角，去审视和理解美的本质与意义。

探讨中国美学的发展历程，旨在突出重要的思想家和学派，以及其对现代美学的影响。李泽厚（1915—1997 年），中国美学成就方面的杰出人物之一。他是中国著名的美学家和文化学者，是中国美学领域的杰出代表之一。他在美学理论研究、文化美学、现代美学研究以及美学教育方面做出了很大成就，对后续美学理论的研究产生了深远的影响。李泽厚倡导一种批判性的美学思考，强调审美的主观性和客观性的统一；强调审美的复杂性和多维性，也在审美主客观的历史和社会性，以及美的内在和外在结构方面做出了探讨。他的美学理论中还包括对审美经验、审美对象和审美情感的深入探讨，帮助人们更好地理解美的本质和审美感受的机制。李泽厚指出了文化因素在美学中的重要性，认为文化是美的根源之一，并关注文化与美的关系。他研究中国传统文化的美学内涵，在《文化的境界》等著作中探讨了文化与美的关联，促进了文化美学的发展。李泽厚在中国的美学教育方面也做出了杰出贡献。他曾担任北京大学文化美学研究所的所长，并为培养一代又一代的美学学者和研究者提供了重要的指导和启发。①

1978 年改革开放之后的美学思想主要来自两方面，一方面是对中国传统美学思想的重新发掘和整理，另一方面是对西方现代美学理论的引进和借

---

① 李泽厚. 美的历程 [M]. 北京：文物出版社，1981.

鉴。在改革开放之前，由于历史和政治方面的原因，中国美学思想的发展受到了一定的限制。虽说改革开放阶段中国美学思想主要来源于中国古代美学传统和马克思主义美学，但这并不意味着其他美学思想完全没有影响。实际上，各种美学思想在中国历史上都有所交流和融合，共同构成了中国美学的多元面貌。然而，随着改革开放的推进，中国美学界开始逐渐打破束缚，积极引进和借鉴西方现代美学理论，同时深入挖掘和整理中国传统美学思想，形成了更为丰富和多元的美学格局。

20 世纪 90 年代之后，中国的美学经历了反思与发展的时期，受到市场经济体制确立和改革开放深化的影响，西方后现代主义文化思潮对我们国家的冲击很大。这一时期，国际学术交流大规模展开，许多的国外美学经典著作被广泛地翻译传播。这些变革使实践美学逐渐失去了在政治和文化批判领域的独特地位。通过深入批判实践美学，美学领域达成了共识，即超越主客二分，强调审美的超越性和自由性。学术界重新思考如何解决人们在现实中的生存问题，美学领域进入了全面发展的时期。

进入 21 世纪以后，随着现代化的迅猛发展，中国涌现出一系列新的美学流派，包括生命美学、生存美学、体验美学、超越美学、否定美学以及和合美学。在这些流派中，后现代主义美学作为一股强大的趋势，在审美意识理论、审美符号理论和审美文化理论等方面进行了富有创意的构建。这一发展表明，在中国，生活世界逐渐替代了政治运动，大众文学取代了高雅艺术，美学思想也经历了从一元化到多元化的演变。这一演进过程可被视为中国在走向现代化的重要历史条件下，美学思想发生的重要转型。

如果我们要研究"美学"，纯粹承袭中国古典的学术研究是不可取的，需要将西方的美学体系作为基础，与中国古典的学术路径相融。能研究古典又能探究当代人文科学中的美学，从逻辑和理论上是可行的。首先，美学是情感科学，其次，各国的文化思想不同，而且用于描写、沟通的言语很难完全准确翻译。例如，汉语中的"意境""万象""气韵""神韵"等意会大于言传的词汇，翻译的语义上会出现间隔和空隙，难以翻译出完全一样的效果，信息传达上就会造成差距。尽管如此，追求人类理解的统一性，仍然是各民族、学派一直努力的目标。

反观中国，目前学术界所有关于美学基本原理和导论性质的话语，都属于对西方学术的延伸。不言而喻，像"实践美学"这样的马克思主义美学思想和理论，在根本上也是西方学术的延伸。至今中国学术界也没有出现原创性美学理论体系。[①] 美学与中国美学的关系，是美学的普遍性与中国美学的特殊性之间的关系。可以说在逻辑的层面，美学是普遍的；而在经验层面（即具体的审美经验和美感形态层面），中国美学则是具体的、特殊的。通过对美学问题的彻底追问显现出两个层次的差异。现代美学是研究美、审美和艺术的学科，涵盖一系列的思想、理论和实践。中国美学作为哲学一个独特的分支，具有深厚的文化传统基础，其发展历程充满了特点。本书将追溯中国美学的历史，更好地理解其核心思想和重要发展阶段，为我们建立中国美学体系打好基础。

第二节　美育

在美育的大舞台上，西方的辰德、席勒、叔本华、尼采和中国的孔、孟、朱熹、蔡元培、朱光潜等，他们的美育理念、理论犹如璀璨的星辰，引领着美学的发展方向。

---

① 章启群. 美学与中国美学：范式、问题和史料：一个论纲或断想［J］. 文艺争鸣，2015（8）：99.

一、美育基础

1795 年，德国诗人与美学家席勒在《美育书简》中提出美育，他是第一位提出"美育"概念，并系统论述美育理论的理论家。因此，席勒也被后人称作"美育之父"。席勒认为，美育是通过审美经验来提高人的道德和精神素质的过程。

在西方现代美学领域，康德与席勒的美育理念具有重要意义。尤其是康德，他在哲学体系中强调美学的功能，赋予其培养道德高尚个体的价值论特征，从而开启美学从认识论向价值论转变的历程。康德与席勒为西方现代美学的深远变革奠定了基础。

随后，叔本华和尼采的理论进一步凸显出现代性特征，彻底颠覆了西方理性主义传统中生活艺术化的观念，将审美艺术提升至更为重要的地位。这种美学核心观点本质上是一种广义的美学，贯穿整个西方思想历程，可视为一种人生美学。例如，可将弗洛伊德的升华理论视为一种美育思想，通过艺术和审美方式提升个体的本能，将精神升华至更高境界。西方马克思主义代表人物马尔库塞强调社会改造，将艺术视为一种变革社会和文化的工具，视为一种生产力。

杜威的实用主义从科学主义角度关注美学，提出艺术生活化理论，将艺术视为一种经验，并通过经验打破艺术与生活之间的界限。他认为审美经验是生活经验的一部分，美好瞬间构成理想的美。这种理论强调美学作为一种丰富的生活体验，以不同方式平衡个体与环境关系，反映了现代工业社会大众文化逐渐发展的实际情况。

中国古代美育思想的核心是"中和论"，其建立在"天人合一"基础之上。"中和论"美育观强调了"中"和"和"的重要性。"中"为适度，如朱熹所言"中者，不偏不倚，无过不及之名"，意为避免极端。而"和"强调的是不同事物之间的和谐，而不是统一或一致，正如孔子所说的"君子和而不同，小人同而不和"。中国美育学科的奠基人蔡元培先生曾经说过"美育之目的，在陶冶活泼、敏锐之性灵，养成高尚纯洁之人格"①。一直以来人们对美育的本质不断进行探究，但看法并非完全一致。曾繁仁曾在《试论美育的本质》一文中提到三种观点。一种是从属论：美育从属于德育、智育、体育。一种是形象教育论：美育是一种形象教育。一种是情感教育论：美育是情感教育。②

今天，我国美育又称美感教育，其职责在于使被教育者懂得如何审美。美育的施教通过审美教学与美感教学相结合，培养人们认识美、体验美、感受美、欣赏美和创造美的能力。使受教者具有美的素养、美的品格、美的情操和美的理想等。在我看来美育不是从属，它不是某种教育（如德育、智育）的从属，它有独立的范畴，从今天的发展要求看，我认为美育是审美和创造美的教育。美育使受教育者能够正确地感知美，包括感知美的规律与机制，去发现美，会鉴赏美、理解美，最终能够掌握创造美的技巧和能力，实现美的创造。

美育，作为一种涵盖感性与情感教育的"人的教育"③，在"立德树人"方面发挥着独特且不可替代的作用。作为新时代培养德、智、体、美、劳全面发展的社会主义建设者和接班人的重要着力点，美育与侧重科学知识传播的专业课程有所不同，它以知识理论传授为奠基，以心灵浸润为目标。

新一代社会主义建设者，作为祖国的未来，他们将积极投身社会主义事业并为其发展做出贡献。因此，新时代社会主义建设者应当成为具备综合素质的接班人。他们不仅需要具备扎实的知识基础，还需具备高尚道德、健康

① 高平叔.蔡元培教育文选［M］.北京：人民教育出版社，1980：195.
② 曾繁仁.试论美育的本质［J］.文史哲，1985（1）：53-60.
③ 曾繁仁.美育十五讲［M］.北京：北京大学出版社，2020：4.

体魄、审美品位和劳动能力。"立德树人"作为中国教育的核心任务，旨在培养具有道德修养、文化素养、纪律意识以及创新创业精神的人才。美育在这一任务中扮演着关键角色，通过培养审美情感和道德情感，使学生更能深刻理解社会主义核心价值观，从而提升他们的品德修养，为社会主义建设贡献力量。"立德树人"是中国教育的核心使命，也是美育培养的核心，旨在培养德智体美劳全面发展的人才。美育，作为全面素质教育的一部分，在实现德才兼备、全面发展目标中发挥着独特且不可替代的作用。美育通过艺术、文化和体育等领域的教育，为学生提供了机会，培养他们的审美情感、道德品质，并使他们更好地领会社会主义核心价值观，从而为社会主义建设者和接班人的培养提供关键支持。因此，美育正是培养德智体美劳全面发展的人才的重要组成。在培养人才的过程中，浸润着受教育者。美育有助于培养具备社会主义核心价值观的人，这些人在实践中能够践行社会主义理念，推动国家的全面发展。

早期人们对"美育"的认知普遍聚焦于"艺术教育"，倾向"形式美育"的教育，理论层次并不完善。在基础教育过程中，以音乐美术为根基，相对独立；而高等教育中，"美育"主要只出现在对艺术专才的培养过程中，即"美育"专属于设计、建筑、美术、艺术学类专业特有的技能。而今天，有更多的人对美育进行更深入的探讨，认为美育有使学生成为全面发展的人才的功效，没有美育的教育是干涸、没有生命的。美育培养了学生的审美能力和创造力，同时健全了其人格，受到美育教育学生会在解决问题和面对挑战时，拥有更多独特而富有创意的思路。

而新时代真正意义上的美育并非狭隘的形式美的教育，它是全面发展观念下的一种感性的人的教育，集"审美教育""人文素养教育""价值教育"于一体的，将美学原则渗透于各科教学后形成的能立德树人的教育。相对于早期的形式美育，如今的美育也有人称之为"实质美育"。其追求美育的精

神实质，达到人人都能体会人生美学趣味和被温润心灵。但美育实践从
"形式主义美育"走向实质美育仍需继续革命。通过美育理论帮助众人理
解、欣赏不同艺术文化，获得开放性的思维，提高综合素质，也是一个漫长
的过程。

二、美育"学科"

美育并非一门新兴教育形式，早在 18 世纪后期美学学科出现明显的
"美育转向"，由审美启蒙转向"审美补缺"①，但人们对美育的认知有限。
从 2015 年国务院办公厅印发《关于全面加强和改进学校美育工作的意见》
（国办发〔2015〕71 号）算起，约十年历程。作为一项专门研究，我国美育
理论仍相对薄弱。狭义的美育指艺术审美教育、形式审美和批评与鉴赏。而
广义的美育，则多指基于美学的原则渗入审美能力、审美观念以及创造美的
教育，这对个体来说是一种生命成长的教育。由于美育近年来的发展是与其
他学科紧密联系的，如心理学、教育学、社会学和艺术学等。因此，我们若
对美育进行学科探讨，也应考虑其交叉、综合等特殊性。如今，在美育属于
什么学科的问题上仍然有较大的争议，视角的不同则由于侧重不同，以下分
析几种主要的学科划分思考。曾繁仁先生所著的《美育十五讲》中认为美育
属于教育学，是教育学的一个分支。但也有其他强有力的声音，一是美学属
于艺术学；二是美学属于美学；三是美学属于美学和人文等的交叉学科；另
外还有观点认为美学是凌驾于所有学科之上的独立学科领域。

（一）美育属于艺术学。1994 年，《美国艺术教育国家标准》中提到艺
术教育有益于学生，因为它能够培养完整的人，并认为没有艺术的教育是不
完整的教育。② 这是美育属于艺术学的说辞。美育在很大程度上与艺术紧密

---

① 曾繁仁 . 美育十五讲［M］. 北京：北京大学出版社，2020：41.
② 王伟 . 当代美国艺术教育研究［M］. 郑州：河南人民出版社，2004：3-4.

相关，通常涉及对艺术作品的欣赏、创作和理解。艺术学涵盖了绘画、音乐、舞蹈、戏剧、电影等各个艺术门类，而美育正是通过这些艺术媒介来培养个体的审美能力、审美素养、创新能力和批判性思维。从这一视角可将美育视为艺术学的一部分。

（二）美育属于美学。两千多年以来，人们对美学的探究大多是从哲学的思辨视角出发，美学不仅是对美的本质、规律和审美经验的探讨、思辨，还研究人与世界之间的审美关系，它不仅关注自然界和社会领域中美的一般规律与原则，还涉及认识论和哲学的基本问题。美育作为培养个体审美能力的教育活动，美学为美育提供了美的理论支撑和方法指导，使得美育能够更加系统和科学地进行，自然与美学有着密切的关系。美学是人类审美活动的概括和总结，而美育则是人类运用审美原理在教育方面的一种实践活动的概括和总结。美育的实施需要依赖美学的理论指导，通过美学的视角来审视和理解美的本质和规律。因此，美育作为美学在教育实践中的应用，自然属于美学的范畴。

（三）美育属于交叉学科。美育是美学和人文学科的交叉学科，这个观点比较接近当今人们对美育的理解。美育是对人的教育，涉及人的审美、价值观和精神层面的教育，这一点与人文学科的人文主义精神相吻合。从历史发展看，美育确实伴随着人文教育的发展，解放人类、解放精神。席勒在《美育书简》中提到："要使感性的人成为理性的人，除了首先使他成为审美的人，没有其他的途径。"这说明人文教育中包含审美，而美育的重点又是审美教育。中国儒家的教育观我们是认可的，《论语·泰伯篇》中也有"兴于诗，立于礼，成于乐"的论述，孔子认为人的修养应从学习诗歌开始，诗歌可以激发人的意志，促使个体向善求仁。以礼仪为自立的基础，礼仪使人实现自立，而音乐则可以熏陶人的性情，让人懂得如何与他人相处，使人达到最高境界的人格修养。对人的培养运用多种艺术形式实施乐教，这正是今天综合各科的培养形式，多方面共同培养人才，是如今美育属于交叉学科良好的证明。

（四）美育属于独立学科，美学育学。20世纪之后，人们普遍注重素质教育，而素质教育并非一种具体的专业教育，而是渗透在各个学科中的一种精神。美育的功能也正如此，美育是审美教育、情感教育和人格教育，作为凌驾于众科学之上的感性学科，这是由美育的目的决定的。若高校将美育作为一门独立的学科，视其为精神文化的象征，美育会对学生的素质养成起到至关重要的作用。美育这门学科肩负着陶冶情操、启迪智慧、促进人们全面发展等的作用。美育课程是美育学科中培养全人类的重要途径，学生通过美育艺术课程获得美的体验。美育作为学科出现，很明显的现象就是在学校的培养方案里，要设置美育课程体系。开发美育的艺术课，如美育美术、美育音乐、美育传统文化等教学课程，向学生传授审美基础知识和基本技能，提高大学生审美能力，陶冶高尚的情操，提高学生观察、想象、创造等能力，还要培养良好的品德、意志，增强爱国主义精神。美育的交叉性、综合性，使其恰好能够建立自己的学科体系，又分散于各个学科进行实践。因此，美育学科的实现既能借助其他学科，也应该拥有自己独立的学科范式。这样在与其他学科，如法学、农学、生物学、历史学、物理学、文学等多个学科进行有机融合时，才会目标明确，不迷失自我。通过跨学科教学，美育有助于拓展学生的知识面，促使他们从多个角度去理解和解决问题，这属于美育学科的交叉与独立性。

三、美育的实施

美育是一门实践性很强的学科，因此，只有建立美育的理论与实践指导才能很好地完成美育的实施。

自中华人民共和国成立以后，我国教育界对美育的态度、地位、内容就有众多争议。理论上很多学者都认为美育更侧重于德育，而且在真正的实施中常用德育、智育、艺术代替美育。早在 1957 年，毛泽东同志就提出德智体全面发展。1978 年，中国的改革开放对教育产生了深远的影响，改革开放加强了对教育体制的改革，推动了教育资源的合理配置，也为高等教育提供了更大的发展空间，为中国教育带来了新的机遇和挑战，总之，是促进了教育事业的快速发展。同时，也为美育的多元化发展提供了机遇，学校美育得到了新的关注。音体美艺术教育得到了极大的推广、科学的进步，为艺术教学的实施提供了便利。后来党和政府进一步发展、总结，又一次逐步提出培养德智体美劳全面发展的社会主义事业建设者和接班人的教育方针。1999 年，中共中央、国务院在《关于深化教育改革全面推进素质教育的决定》中对全面推进素质教育进行了战略部署，明确提出要全面贯彻党的教育方针，以提高国民素质为根本宗旨，以培养学生的创新精神和实践能力为重点，造就有理想、有道德、有文化、有纪律的德智体美等全面发展的社会主义事业建设者和接班人。此时，美育第一次被写入了国家教育方针①。

2000 年以前，美育的实施并不理想。不管是在学前教育、初等教育、中等教育，还是高等教育的一线实施中，基本没有完整、明确的美育概念。在我国教育中虽然没有专门的美育教育，但是有类似能达到美育目标的教育课程，如品德、美术、劳动、社会和体育等。那时我们主张的是素质教育下的"德智体美劳"全面发展。即便后来将美育写入国家教育方针，但教育转变需要时间。从当时一线教学的实际情况看，实施的艺术、德育课程并没有很好的发展。那时，城市里的学校教育虽然是有艺术课程的，以美术、音乐、劳动（手工、体力劳动）为主。学校也有思想品德类课程和少量的社会实践活动，以劳动为主。思想品德课程主要以法律道德教育为主，到了非义务教育阶段，思想品德对应的就是政治。但这些课在学生、教师的心目中皆没有

---

① 丁晓昌，张凌浩. 高校美育教程［M］. 上海：上海交通大学出版社，2023：序言.

得到足够的重视，很容易就被主课取代。城市学校教育如此，乡镇更是艺术审美、德育课程缺失的重地（师资匮乏为主）。

昔日美育于美术、音乐、思想品德课程中悄然萌发。在一个二线城市的40至50人的普通初中班级中，平均最多有一人修习艺术或体育。据记载，2000年全国艺术考生数量为3.2万人①，占高考总人数375万的比重不足0.86%。然而，这标志着艺考热潮的来临，此后报名人数逐年攀升。艺术领域从美术、音乐扩展至舞蹈、表演、编导等多方面。早期学习艺术的学生多因热爱、特长或学校推荐，非义务教育阶段则是因为有一部分人为了解决升学问题。直至2023年，全国艺考报名人数创下历史新高。据不完全统计，全国各大艺术院校共收到140多万份报名表，音乐、美术、表演、舞蹈等四个专业再次成为热门。

自2010年起，艺术考试难度加大，仅有专业功底扎实者方能入选。这一现象侧面反映出艺术普及程度提高，专业水平整体上升，学习艺术的人数日益增多，同时艺术压力也不断加大。最终，只有具备真正艺术才能者才能投身艺术行业，而非仅因文化课成绩不佳而借助艺术升学的学生。实际上，自我国高等教育招生制度迈向多元化以来，艺术类考试备受关注。近期数据（2020—2023年高考艺术考生情况）再次证实，"艺考热"尚未出现下滑趋势。王国维最早大量引入美术概念，并将美术与信仰并置，彰显其个人价值取向。近20年来，学校艺术教育成为美育实践的重要途径。

在我国德智体美劳全面发展的教育中，"德"置于首位，因为"德"是社会性的。相比之下，"智"和"体"更多地表现为个人特质，它们是在个体自我属性的基础上融入社会的。个体在进入社会的过程中，必须借助"德"的力量来驱动。否则，即使一个人的身体素质出众，智慧过人，没有"德"的作用，那只能是自我的。而且身体越好、智慧越高，其对社会的危

---

① 2000年参加艺术类高考人数［EB/OL］. 360回答，2022-12-15.

害也就越大。或许有人会对此观点提出疑问，他们认为"德"是从属于政治的，强调"德"在社会中的首要地位就是过分强调政治的重要性，忽视了社会人才的作用。我们必须明确一点，一个优秀人才自身必须具备"德"的品质，而且，人才与"德"的关系是相互依存、以"德"为基准的。在这个基础上，美育的作用也得以凸显。美育不仅通过艺术培养个体的修养，还强调了情感和道德在美育过程中的重要性。我们必须明白，一个人才本身，必须具备"德"的因素。何况人才和"德"于社会的关系是以"德"而定。美育不光借助艺术对修养进行养成，而且肯定了美育中情、德的作用。

四、美育的功能

单纯的经济发展不能称之为民族的伟大复兴，人文素质的提高也是健全伟大民族的重要内容。在今天的社会中，我们依然可以看到严重的环境污染、心理疾病、诚信缺失、不良道德与犯罪、低俗娱乐、垃圾信息传播等问题，这些都是人们无健全人格、精神营养缺乏的表现。只有人类素质提高，国家才能走向真正的伟大复兴。美育承担着以美育人、以美化人的功能，它不仅可以作为广大民族的信仰指导，帮助人类实现健康的人生，还能补救我国现代化快速进程中人文精神缺失的问题，有助于提升人们的审美、加强精神文明建设、促进情感协调等。

（一）美育能培养个体的审美力

审美力，是人们感悟、欣赏与判断美的能力，而非对外在事物的浅层感知，它是一种心灵的深度对话。通过提升审美力，个体又能学会欣赏艺术作品、音乐、自然风光等，从而强化敏锐的审美感知力和鉴赏力。以此，良性的审美循环，使得个体得以深化对美的理解。这种能力的培养不仅有助于个体更好地欣赏生活中的美好，在日常生活中发现美的踪迹，也能提升个体的文化素养和审美品位。在美育的滋养下，人们得以领略深邃的审美之境，体验不同的美的艺术形式和境界，感受到它们所传递的情感和思想。审美力在审美体验中发挥着举足轻重的作用，主要体现在审美敏感性和审美创造力两大方面。审美敏感性是对美的敏锐感知，艺术、文学、音乐等形式的教育会唤醒个体对美的敏感度。这种敏感性使个体能更深刻地感受、理解美。个体对美的理解不仅限于艺术作品，更延伸至日常生活中的美好细节。例如，通过研习绘画、音乐或文学，人们能够培养对色彩、音律、文字的敏感度，从而更深入地领略艺术作品或文学作品中的美。

（二）美育激发创造美的动力

这种创造力的培养不仅有助于个体在艺术领域的发展，也能促进个体在其他领域的创新和探索。美育不仅培养我们的审美素养、想象力，更是激发个体创造美的动力源泉。通过各种艺术创作活动，学生可以发挥自己的想象力和创造力，将自己的想法和感受表达出来，创造出独特的艺术作品。

只有个体能够理解美，才能点燃心灵深处的创造之火。通过学习与创作，人们不仅能够培养独特的审美观念，更能以想象力和创新力展现内心的思想和情感。当然，我们的审美教育并非仅侧重欣赏他人的作品，更多的是鼓励个体创造属于自己的艺术或文学表达。比如，人们在绘画与创作的实践中，不仅能够提升个人的审美标准，更能以独特的艺术风格和丰富的想象力创作出别具一格的艺术品。

首先，美育为个体提供了丰富的艺术体验，体验加强了个体的审美能力和素养。在欣赏和创作艺术作品的过程中，个体学会细致地分辨色彩、形状、线条和质感，这大幅提升了其对美的敏感性。这种审美素养的积累使我们更加深入地理解和感知美的存在，从而激发出对美的追求和创造动力。

其次，美育有助于个体的丰富想象力的养成。通过参与绘画、雕塑、音乐等创造性艺术活动，个体得以自由地发挥想象力，表达内心的情感和观念。这种想象力的培养不仅使个体更具创造性，还激发了其对美的独特追求。它促使个体寻找新颖、独特的表达方式，从而驱动个体创造出更多的美。

在精神文明情感方面，美育教育是人类向往"自由"的实践过程，德国古典主义多方学派曾经对"美是自由"进行辩论，如果说这一观点能建立在客观事实的基础上，那美就是人们追求自由的动力。人们很可能会为了理想化的生活而奋斗，为创造更美好的生活而行动。美育在激发创造力方面具有至关重要的作用。通过提供丰富的艺术体验和创作机会，为个体提供了追求和创造美的动力。

（三）美育促进审美体验

美育致力于提供各种形式的艺术体验，使个体能够深入参与并感受艺术的魅力。美育在激发个体的审美体验中发挥着至关重要的作用，美育不仅能够影响个体对美的认知，还能够激发更为深刻的审美体验。审美力对于激发审美体验起到了推动的作用。通过艺术欣赏和参与，个体可以获得更深层次、更丰富的审美体验，从而培养其对美更深层次的理解和感受。

一个拥有丰富审美能力的个体，往往能够在平凡的事物中发现美的存在，从而在日常生活中获得更为丰富的审美体验。比如，在日常的自然景观中，一位具备高度审美力的人往往容易发现微妙的光影变化、斑驳的光照效果散落在纹理独特的植物叶上，从而在平凡的自然中领略到美的深度。

美育还有助于拓宽个体的文化视野，促进个体获得非视觉美的体验。比如，当我们通过学习艺术史、音乐史等艺术时，能够了解不同历史时期、地区的艺术风格，进而增加对世界文化多样性的认识。美育在激发审美体验的时候，也为提升生活品质、丰富心灵体验做出了贡献。当个体欣赏到不同文化中的艺术瑰宝时，作品带来的文化特色和精髓对观众是一种启发，我们可以学会从不同角度观察、理解世界。

（四）美育发挥情感协调的中介作用

美育有情感调节的功能，美育促使人与物、人与人之间的互动更加和谐。一方面，美育作为一种情感中介，促进个体与他人之间的情感沟通与共鸣，有助于建立更加丰富和积极的人际关系。情感是人们内心世界的核心，而美育正是打开这个内心世界的钥匙。通过艺术作品的表达与体验，个体能够更好地理解自己的情感，并将其恰当地表达出来。

另一方面，在艺术作品的欣赏和创作过程中，人们被积极引导去理解和表达情感，实质上是一种压力的释放，从而达到情感的协调和调适。从更广泛的角度看，在社会活动中，美育有助于培养人的审美情感。通过对艺术作品的欣赏和分析，人们学会感知美、品味艺术，进而培养对美的独特情感。当人们通过绘画表达内心情感时，他们选择利用色彩、线条等元素来传递情感，这种表达方式使情感更加直观且丰富。此外，欣赏戏剧或音乐会时，人们可能会被作品中的情感表达深深打动，进而对艺术家的创作产生共鸣。这种审美情感的培养不仅使个体对于美的存在更加敏感，也提升了他们对生活的积极态度。

美育在身心层面发挥着积极作用。通过参与艺术活动，学生可以培养动手能力、协调能力和体魄，促使身体健康发展。例如，学生通过绘画、雕塑等艺术创作，不仅可以锻炼手眼协调能力，还有助于提高专注力和耐心，对身心健康产生正面影响。

（五）美育具有综合教育的功能

美育作为一种全面的教育方式，具有综合教育的功能，能促使人们在身心、认知、智力、情感、创造力等多个层面得到全面发展。如美育通过艺术、文化等元素的融入，对人们的素养产生深远影响，使得个体在德智体美等全面发展的基础上更加和谐、均衡地成长。

美育的综合教育功能，体现在它能够横跨多个学科和领域，促进不同专业的个体实现全面发展。比如美育通过艺术、文化等元素的融入，对个体的身心发展、生活态度等都有影响，横跨不同学科，让受教的个体可以学会如何与他人合作、如何尊重他人、如何理解多元文化等。美育对态度的培养，就是一种综合教育的体现，态度是一种世界观，是价值观、行为等的综合表现。

美育不仅关注知识的传递，更注重人们全面素质的培养。首先，美育教育有助于提高人们的审美能力，使他们对美的事物有更深刻的理解和感知。其次，美育教育可以培养人们的创新精神和创造力，使他们在面对问题时能找到独特的解决办法。最后，美育教育还能提升人们的文化素养，增强他们对文化传统的尊重和传承。

此外，美育教育对于社会风气的形成也具有积极的影响。一个充满艺术气息的社会，往往更加和谐、包容、文明。美育教育可以通过培养人们的审美情趣，提升他们的道德修养，从而促进社会风气的良性发展。与此同时，美育教育还有助于提升人们的心理健康，使他们在面对生活压力时能够保持乐观、积极的心态。

美育在我国教育体系中占有举足轻重的地位。它既关注个体全面发展，又注重社会风气的健康发展，还关乎人们的心理健康。在我国教育改革的进程中，美育教育应当得到更多的重视和支持，以充分发挥其在提高人们素质、促进社会和谐发展方面的作用。只有这样，我们才能培养出更多具有综合素质、富有创新精神和人文关怀的下一代，为我国的发展注入源源不断的活力。

五、西方现代美育发展

前文我们已经讨论过西方现代美学多元、多变的发展轨迹，了解了西方古代美学、现代美学的大致发展进程，以及主要的代表人物和他的思想贡献。有学者在 Web of Science 检索了近 50 年来有关美育的研究文献，通过战略图表和数据流的方式分析了国际高校美育在不同时间段（1949—2020 年）

的研究课题及其演变状况、动态演变路径，探究国际高校美育研究中的演变模式。如认为自 1971 年以来，国际学术界对高校美育的研究呈现平稳增长的趋势，研究团队、领域、主题内容都逐渐完善，并形成了六条较为稳定的演化路径"艺术→美学→审美→美育""身份→学生""情感→认知→美育""信念→审美判断→判断""困境→影响→解决方法""创新→价值"。①

本节基于美学的理解，结合西方现代美育教育的实施情况、研究结论等探究西方美育发展，主要从西方的教育、美育实践以及艺术成就方面探讨美育的发展与变化，从而审视西方现代美育的发展。伴随着德国古典美学的发展，西方近代美育思潮已经达到了高峰。西方近代社会在各个方面都迅速地发展，美育在这一时期也得到了快速的发展，涌现出众多重视艺术教育的教育大家，如约翰·杜威（John Dewey）、维克多·罗恩菲德（Vitor Lowenfeld）、霍华德·加德纳（Howard Gardner）、鲁道夫·阿恩海姆（Rudolf Arnheim）等。他们对艺术教育和美育的本质做了科学的认识，美育的范围较古代扩大了。

杜威，美国著名哲学家、教育家、心理学家，实用主义的集大成者。芝加哥学派是他和学生组成的实用主义的重要学派。1931 年，杜威在哈佛作了一系列关于"艺术哲学"的演讲，其核心观点就是现今已被人们熟知的"艺术即经验"，即恢复艺术与经验的关系，把艺术与美感经验联系起来。② 把高高在上的艺术理性拉回现实的生活实践当中，这就是西方当代美学所说的"经验转向"，该理念成为当代最具美国特点的美学理论体系。随后，杜威又将其美学思想编撰成书，《艺术即经验》于 1934 年出版。该书主要阐述了实用主义美学思想，书中还大胆的突破传统审美的主客二分法，用经验作为主

---

① 尤达. 近 50 年来国际高校美育研究热点的演化路径探析［J］. 高校后勤研究，2021（7）：71-75.
② 杜威. 艺术即经验［M］. 高建平，译. 北京：商务印书馆，2005：46.

体与客体的合一，感性和理性的二合一；认为审美的获得在经验形成的过程中。而杜威的经验又同充满现实自然主义的实践观紧密相连。杜威甚至用实验的方法来求证经验，同其他哲学美学研究有着极大的反差，对后人的艺术思考产生了很大的影响。

在西方，真正提出"美育"概念的人是近代德国浪漫主义诗人和剧作家席勒。他将美育视为实现社会改革与人性自由的唯一途径，主张借助审美教育达成上述目标，并将美育视为一门深具研究价值的理论。席勒著名的著作《美育书简》，被誉为西方"第一部美育宣言书"，该书在当年引起了巨大反响，重新聚焦了人们的视线。席勒在书中强调了美育的重要性，认为美育能够引导"感性的人"培养理性，"理性的人"培养情感，使人从自然状态走向道德状态，塑造人的完善人格和优美的心灵，进而实现人类自由与社会进步，这一理念在当时具有重大意义。席勒将审美教育与社会改造紧密联系，拓宽了审美教育研究视野。他从人性自由的高度，深入探讨审美教育的实质与功能，为审美教育理论的深化做出重要贡献。

罗恩菲德是美国当代著名的美术教育家、心理学家。他的《创造与心智的成长》是第二次世界大战以后最具影响力的艺术教育方面的教科书。该书有关创造力培养与人格的艺术教育思想，在西方教育界有着广泛而深远的影响，直至今日，其对我国的艺术教育思想依然有重要的启示。① 罗恩菲尔德在书中强调了创造力和心智成长的重要性。他认为，创造力和心智的发展是通过参与者的投入和勤奋来实现的，而不是仅仅依赖外部的力量。因此，学生的创造力和心智能力要在实践中获得，教育应致力于支持学生的成长过程。另外，罗恩菲尔德深入探讨了艺术教育对教育系统乃至社会的贡献，并明确地将培养"身心健全的人"作为艺术教育的重要任务，他从美感教育高

---

① 　曾繁仁. 美育十五讲［M］. 北京：北京大学出版社，2020：235.

度具体论述了艺术教育对"人格提升"的作用与过程。①

在《美育书简》的推动下，西方美育逐渐成熟。随着社会的文明进步与经济发展，人们对美育的重要性有了更深刻的认识，推动美育发展逐渐步入鼎盛。此时期的美育由传统向现代过渡，社会地位也发生了显著变化。相较于传统的美育观念（育人），现代美育已提升至关系社会发展的大局高度。从美育的社会作用来看，它的影响力和作用力已远远超出了艺术教育的范畴，渗透到了社会生活的各个层面，传统美育仅被视为克服资本主义社会"异化"现象的途径之一，而现代其在经济社会发展中的重要作用，即艺术将在物质改造与文化改造中成为一种生产力。②

20世纪以来，尤其在受到工业文明的影响之后，西方现代社会变化巨大，尤其是经济与制造业。当然工业革命的蓬勃兴起对艺术教育提出了更高的要求。众所周知的包豪斯学校，它的工艺与艺术相结合的设计理念就证明了这一点。尽管工艺为主的实用设计理念被人们所推崇，但艺术也必须以十分重要的内容融入教学，包豪斯艺术教育采用的是双轨教学制，技术与艺术相结合的教育理念，在包豪斯体现得淋漓尽致。

同时，在西方教育学者的推动下，西方学校美育主要体现在"通识教育"（liberal arts education）上，通识教育于19世纪兴起，实际上"通识教育"的核心是"自由教育"，也是当时乃至后续的主流教育模式。"自由教育"源于亚里士多德追求的"心智"完善与德性完善，与"专业人才"培养相比，实际上"心智"教育满足一种培养自由教养的育人宗旨。西方现代教育，人们对科学、专业教育需求的认可度很高。相比之下，学校的人文、通识教育被削弱很多。

---

① 罗恩菲尔德. 创造与心智的成长［M］. 王德育，译. 长沙：湖南美术出版社，1993：392-393.

② ［美］马尔库塞. 理性和革命：黑格尔和社会理论的兴起［M］. 程志民译. 上海人民出版社，2007.

西方社会长期以来在通才与专才、人文与实用人才的培养上存在争议。很多大学越来越追求理想，追求高精尖科研等，对学生个人情怀的发展关注度相对要弱。人文教育对人类的责任感、尊严和信念具有深远影响，若一所大学丧失了人文教育，便犹如失去了灵魂。自由教育作为古典人文教育的代表，在古代教育中涵盖语法、逻辑、算术、天文、艺术、音乐等领域，随着时代变迁，教学内容虽有所调整，但唯独只有美术、艺术等一直存在。如今，美育已成为高校通识教育不可或缺的组成部分。

六、中国现代美育

美育是一个现代性教育观念。美育观念产生于工业化进程中，文化逐渐背离自然，人类社会发展愈发倾向于理性对感性的压制现象。

中国现代美育则进一步继承与发扬前人的"礼乐教化"①。我国现代美育的"第一页"得从 20 世纪初说起，1911 年，辛亥革命推翻了封建制度，结束了中国 2000 多年的封建统治，建立了中华民国。目前，王国维和蔡元培等学者被认为是我国第一代美育学家，他们为我国现代美育的发展奠定了基础。他们将康德的理论与本土传统的文化教育相结合，赋予了美育本土化的意涵，开启了中国美育新篇章。

蔡元培先生从 1912 年开始直至逝世，一直致力于推动我国美育事业的发展，几十年的时间里一直在倡导美育，他不仅发表了《以宗教代美育》《华法教会之意趣》《对于新教育之意见》等大量文章，还在文章和演讲中强调美育重要性。他认为美育是培养国民素质、提升国家文明程度的关键措施。作为教育总长的蔡元培先生主张将美育纳入国家教育方针②，成为国家意识，

① 许莉华. 试论朱光潜《谈美》中美感与快感的问题 [J]. 今古文创，2023（35）：44-48.
② 蔡元培. 教育部总长蔡元培对于新教育之意见 [J]. 东方杂志，1912，8（10）：7-11.

才能成为实施的根本途径，让广大人民群众受益于美育的熏陶。时至今日，这些思想仍然有重要的价值。蔡元培先生还积极投身于美育实践，拓展性地开展了一系列美育实施工作，为我国美育事业的繁荣作出了巨大贡献。蔡元培先生出生在封建社会，走的是科举之路，27 岁授翰林院编修，但他早年参加反清帝制的斗争，坚持"教育救国"之路，后来辞官南下，先后在浙江等地兴办学校。在他将近 40 岁的时候，到德国留学。也就是这个时候，他对美学产生了浓厚的兴趣。其间，康德与席勒的美学理论对蔡元培先生的影响很大。1912 年，蔡元培先生任国民临时政府的教育总长，后辞职赴德国、法国等地留学。1917 年就任北京大学校长。在 1929 年就任中央研究院院长一职，直至与世长辞。蔡元培先生以其威望与其在教育界的重要地位对美育的倡导与美育事业的推动起到了难以估量的作用，为当时的学校美育建设、制度建立方面做出了实质性贡献。

蔡元培先生生在封建社会，走的是科举之路，27 岁授翰林院编修，但他早年参加反清朝帝制的斗争，坚持"教育救国"之路，后来辞官南下，先后在浙江等地兴办学校。在他将近 40 岁的时候，到德国留学。也就是这个时候他对美学产生了浓厚的兴趣，其间，康德对其思想影响很大。1912 年，蔡元培任国民临时政府的教育总长，民国初年主持制定了中国近代高等教育的第一个法令——《大学令》。① 后辞职赴德国、法国等地留学。1917 年任北京大学校长。蔡老先生曾担任中华民国国民政府委员兼监察院院长、中华民国首任教育总长，以其当时的政治地位为当时的学校建设、制度建立方面做出了实质性贡献。

蔡元培先生确立了"美育"一词，是中国近代美育的倡导者和奠基人。蔡元培先生极力倡导人道主义，同时又受到了西方自由、平等、博爱的精神

---

① 1月 11 日：中国近代著名的教育家和思想家蔡元培诞辰［EB/OL］. 新华社，2007-01-11.

影响。1917 年 4 月 8 日，蔡元培在北京神州学会的演讲中倡导"以美育代宗教"①，"惟世界观与美育，则为彼所不道，而鄙人尤所注重。"② 呼吁民主科学的美育可以取代一切"孔教"与宗教，并强调美育要以人民的要求为标准。清朝时期"忠君、尊孔、尚公、尚武、尚实"的教育宗旨已经不符合新时代的要求，狭隘且无法以人民为基础。从历史发展的角度谈论了宗教无可遏制的衰败、落后历程。他认为美术是一种脱离了宗教的艺术形式，指出"美育代宗教是发展趋势"，以及美育的重要性。这个观点也得到了王国维、冯友兰、朱光潜、丰子恺等一批学者的认可。蔡元培先生首次将美育列入国民教育方针，③ 他从"德、智、体、美与世界观"五个方面提出了新国民教育方针，并分别进行性质界定和人才培养的探讨，将观点融入新国民教育方针。从教育学的角度蔡元培先生认为人民的道德文明和审美文明都与美育有关联。④ 从"共和国时代，教育家得立于人民之地位以定标准，乃得有超逸政治之教育"⑤ 的言论也能看出，他认为美育的加入是时代发展的要求。

再看中国现代美育的另一位奠基者王国维。王国维先生是中国现代著名的史学家、国学大师、文字学家、哲学家和美学家等，他也是中国现代美育的第一个倡导者，以著名的"心育论"，即培养"完全之人"成为中国美育研究的先驱。王国维认为意志与身体同样重要。意志与其他品格共同构成"心育"，心育是与智育、德育与美育并重的育人内容。《论教育之宗旨》一文中，王国维倡导心育，开创性地提出了与中国古代传统的"礼乐"教育、"审美境界"和"天地境界"等理论不同的观点。王国维认为教育的使命、教育宗旨是培养"完全之人物"，能培养出具有精神之力、身体、智力、意

---

① 金雅. 中国现代美学家文丛：蔡元培卷［M］. 杭州：浙江大学出版社，2009：93.
② 金雅. 中国现代美学家文丛：蔡元培卷［M］. 杭州：浙江大学出版社，2009：20.
③ 曾繁仁. 美育十五讲［M］. 北京：北京大学出版社，2020：296.
④ 曾繁仁. 美育十五讲［M］. 北京：北京大学出版社，2020：73.
⑤ 曾繁仁. 美育十五讲［M］. 北京：北京大学出版社，2020：23.

志与情感等综合能力的人。而完全之人必备真善美之三种品格，这正对应今天的德（意志）、智（知识）、美（情感）全面发展。王国维在美育的具体实施方面给出建议，始终将美育与社会实践要紧密联系在一起，更强调了美育的社会功能及其对当世的有效性，主张审美活动无论是在智育、德育还是其他教育过程中都十分重要，这种美育思想有着很强的现代性价值和实践意义。

美育，最大的作用就是"无用"。晚清风云变幻之际，与蔡元培相比王国维的美育贡献主要在于美育理论层面的提升。王国维对美育的研究与论著则主要集中在1903—1907年这5年间。他分别从教育学、哲学—美学、伦理学、心理学四个角度出发，对美育内涵、学科主体、方法与重要性等进行了多方位的诠释，阐发了美育的许多重要学理。

辛亥革命之后中国思想解放。尽管许多教育理念借鉴了西方国家的思想，但这同样是文化进步的体现。除了辛亥革命，还有新文化运动（20世纪初）时期，中华民族资本主义经济发展出现了一个"黄金时代"，中国的教育事业发展也迎来了一次转折，被称为现代化教育的序幕。中国一些先进知识分子发起反对封建主义的思想解放运动，其基本口号是拥护"德先生"和"赛先生"，也就是提倡"民主和科学"。"赛先生"所代表的科学精神也对美育产生了影响。新文化运动的领导者们认为科学是推动社会进步的另一种重要力量，应该在教育中得到重视。在这种思想的影响下，美育开始注重科学方法和理性思考，引入了一些科学工具和手段来辅助教学。例如，在绘画教学中引入透视学和色彩学等科学知识，使教学更加系统化和科学化。在1920年代，教育部颁布了多项推动学校美育发展的政策，包括设立艺术课程、推广艺术教育等。这些政策旨在培养学生的审美素养，增强其民族自豪感和文化自信。

新文化运动的倡导者以进化论观点和个性解放思想为主要武器，猛烈抨击以孔子为代表的"往圣先贤"，大力提倡新道德、反对旧道德，提倡新文学、反对旧文学。同时，当时的中国政府开始强调美育在学生教育中的地位。辛亥革命后，中国的教育普及率明显提高。革命领袖们创立了一系列新式学校，如南洋公学、黄埔军校、北京大学等。他们倡导科学、民主、实用的教育，强调思想自由，尊重学生的人格和发展，也会采用现代人文主义的教育理念提出全面塑造和发展的思想。

实际上，我们都知道自1911年辛亥革命以来，中国教育经历了曲折的发展历程。尤其在长期以实用、功利态度看待艺术与审美的年代里，这"无用"之美被国人所忽视。因其"朝夕营营，逐一己之利害"，导致民众普遍缺乏审美。从辛亥革命到新中国成立以前，我国处于战争危难之中，美育的维系都很艰难，拓展就更加不易了。直到新中国成立以后，我国正式提出了"德智体全面发展"的教育方针。在执行美育方面，一些具有艺术和美学专业的高校成为培养美育人才的重要基地。例如，中央美术学院、中国美术学院和上海音乐学院等高校开设了各种艺术专业课程，为学生提供了深入学习艺术的平台。这些高校注重培养学生的审美素养和艺术技能，同时也开展了对艺术教育的科学研究，以及社会服务活动，为推动中国美育的发展做出了重要贡献。

在1949年至1978年期间，中国在美育教育实践中取得了一些显著成果。尽管受特定政治和社会环境的影响，但教育工作者和艺术家们仍然努力在美育领域进行创新和尝试。高校成为美育教育的重要实践场所，许多高校的艺术系（音乐系、美术系等）开始培养专业艺术人才。这些院系不仅为学生提供了专业的艺术课程，还组织各种艺术活动和展览，为学生提供了实践和展示才华的平台。综合性大学也开设了美学和艺术理论课程，旨在提高学生的审美素养和文化修养。

简而言之，中国现代美育取得了一些具体的实践成果。高校、中小学和艺术家们都在实践中进行了尝试和创新，为推动中国美育教育的发展做出了重要贡献。这些艺术实践不仅培养了大量的艺术人才，还有助于提高国民的审美素养和文化素质，促进中国文化的传承和发展。

七、中国新时期美育

从 1978 年开始，我国进入新时期，这是一个非常重要的特殊时期。这一年，十一届三中全会的召开，实现了新中国成立以来党的伟大转折，引领我国进入了改革开放和社会主义现代化建设的新纪元。与此同时，我国也经历了从计划经济到市场经济的迅速转变，标志着大规模现代化建设的新起点。改革开放的政策激发了社会、经济、文化等多方面的深刻变革，对教育和美育产生了深远的影响。在这种时代巨变之下，美育经历了转型，逐渐转向以感性教育和情感教育为核心的人性化教育模式。这一理念在社会上得到了广泛的认同和推崇。随着国家经济的蓬勃发展和社会的不断进步，我们国家对美育的重视程度与日俱增。美育已经纳入了国家中长期教育改革和发展规划，成为我国教育事业中不可或缺的一部分。

在新时期，美育得到了快速发展，从素质教育过渡到美育，之所以能有显著的成就。主要因为美育得益于国家政策的支持，教育部门对美育师资队伍的培训和课程设置的重视，以及家长对孩子素质能力培养的重视程度提高，等等。

首先，国家政策的支持极大地促进了美育的发展。我国推出了一系列政策措施，重视美育教育，教育部门也不断出台政策及革新实施方案。1999年，中共中央、国务院《关于深化教育改革全面推进素质教育的决定》中正式将美育写入教育方针，成为指导我国教育事业的重要理念。[1] 这对美育理论的发展有极其重要的促进作用，也是现代化教育的标志之一。国家希望未

---

① 曾繁仁. 美育十五讲 [M]. 北京：北京大学出版社，2020：388.

来艺术教育逐渐成为人们日常生活的一部分。

其次，教育部门加大了对美育师资队伍的培训力度，提高了教师的专业素养和教育能力。教师是教育工作的最终实施者，直接影响教育教学质量和学生的成长成才。美育实施则需要建立一支合格的美育师资队伍，以提高美育教学质量。国家对美育师资的培养、建设成效明显。全国义务教育阶段美育教师人数由 2008 年的 43.41 万人增加到 2018 年的 71.7 万人，10 年来平均增速为 5.1%。党的十八大以来，美育学科教师每年平均增幅达 8.7%。① 国务院办公厅《关于全面加强和改进新时代学校美育工作的意见》明确提出了关于美育的目标："到 2022 年，学校美育取得突破性进展，美育课程全面开齐开足，教育教学改革成效显著，资源配置不断优化，评价体系逐步健全，管理机制更加完善，育人成效显著增强，学生审美和人文素养明显提升。""到 2035 年，基本形成全覆盖、多样化、高质量的具有中国特色的现代化学校美育体系"②。要实现上述目标，培养、培训大批合格的美育教师是当务之急。美育课程在学校的教学中受到了更多的关注和重视。学校增加了美术、音乐和舞蹈等艺术课程的开设，为学生提供了更多的学习机会。

此外，家长的影响力不容忽视。他们对孩子素质与能力的培养越来越重视，盼望子女能出类拔萃、成就非凡的愿望愈发强烈，更加期待孩子能够得到全面的发展。因此，他们对于孩子学习的支持力度也极大增强。

另外，各级政府也大力支持美育事业的发展，为学校特色活动的开展提供平台。国家财政方面对美育、艺术课程的实现提供了设施和资源，为学生提供了更多的艺术活动和展览机会。多方共同营造了美育教育环境，有效地

---

① 对十三届全国人大二次会议第 8032 号建议的答复［EB/OL］. 中华人民共和国教育部官网，2019-09-02.

② 中共中央办公厅、国务院办公厅印发《关于全面加强和改进新时代学校体育工作的意见》和《关于全面加强和改进新时代学校美育工作的意见》［EB/OL］. 中华人民共和国政府网，2020-10-15.

提高了学生的艺术修养、审美能力和综合素质。

在社会大众中提倡素质教育、艺术浸润以及全面美育，对他们是一种积极影响和激励。随着人们生活水平的提高，他们有了更多的时间和精力来欣赏和参与艺术。越来越多的群众开始关注和参与到艺术创作中，从而涌现出众多优秀的艺术家和艺术作品。这些艺术家和作品不仅丰富了中华文化的内涵，还为其传承和发展做出了重要的贡献。同时，我国社会也具备了足够的条件和能力来支持学生、艺术家以及普通群众共同参与美育。当前，中国新时期的美育事业正呈现出良好的发展态势。未来的美育事业将会取得更大的发展，为提升全民素质和文化建设做出更大的贡献。

自党的十八大以来，我国进入了中国特色社会主义新时代，实现了大规模、大范围的工业化。在国家良好的发展环境下，教育事业得到了很好发展。教育改革呈现全面发力、多点突破、蹄疾步稳、纵深推进的新局面。国家加快推进教育现代化，以推进教育治理体系和治理能力现代化为总目标，深化教育领域综合改革，全面推进依法治教。同时，我国全面加强和改进美育工作，坚持以美育人、以文化人，努力提升群众的审美水平和人文素养。在过去的 10 年里，我国美育工作发生了显著的变化，学校教育为人们创造了更多欣赏美的机会。艺术创作者的艺术修养与观众的审美能力明显提升，二者相辅相成。广大文艺工作者通过作品表现美、创作美、引领美，帮助个体实现审美提升、愉悦情感、净化心灵，为全民美育提供了丰厚的艺术滋养。2021 年，为庆祝中国共产党成立 100 周年，推出了《伟大征程》文艺演出。这场演出综合运用多种艺术手法，浪漫地呈现了中国共产党百年来的伟大征程。夜幕下的奥林匹克中心区流光溢彩、美轮美奂，喜庆的中国结灯饰、醒目的庆祝活动标识、多彩的盘龙式花柱，这些艺术元素充分展现了华诞的喜庆，表达着对中国共产党的祝福。

演出分为"浴火前行""风雨无阻""激流勇进""锦绣前程"四个篇

章。篇章之间写实融于写意之中，写意升华于写实之中，浪漫、生动、鲜明地展现中国共产党百年来带领中国人民进行革命、建设、改革的壮美画卷。整个文艺演出站在历次音乐舞蹈史诗的肩膀之上，节目由原来的"载歌载舞"上升至"寓情于境"，串联成一个完整的、有秩序的宏大主题——"党和人民命运相连、生死相依"。

具体的节目也充满了极强的艺术性。例如，《党的女儿》重新编排的经典民族歌剧，聚焦英雄故事，将女性意识的觉醒和信仰的忠贞作为叙事的重点，诉说着党和革命英雄们的故事，致力于构建具有鲜明女性色彩的美学风格，为奋斗中的中华儿女传递希望与力量，将信仰之美、崇高之美和女性之美深深铭刻在时代的丰碑上。情景合唱与舞蹈节目《战旗美如画》让许多观众红了眼眶。传统艺术与数字技术的完美结合，将英雄模范人物表达得更加有神，数字媒体艺术形式受到新时代年轻人的喜爱。

此外，很多原创歌剧形式的艺术作品，如《长征》《青春之歌》以及《冼星海》舞剧原创作品等，用艺术的表现形式传达了个人与时代、人民与国家紧密相连的故事。这些作品用音乐与舞蹈的色彩渲染人物情感，以润物细无声的方式深刻地影响观众，让观众在作品中感受到美、体验到美。在庆祝中国共产党成立 100 周年的盛大庆典中，很多作品通过不同艺术形式，向观众展现了党百年征程的壮丽画卷。这些作品体现了艺术作为独特载体的深刻意义，弘扬了信仰之美和人文情怀，激起了观赏者热烈壮丽的审美共情。

今天，教育的根本任务是落实立德树人，我们将以美育德为目标。为实现这一目标，高校需要加强公共美育课程建设，但这一过程任重道远。目前，公共艺术课程已成为高校美育工作的重要载体。从实际调研情况看，虽然不少高校在课时量、课程开设等方面已经展开审美教育，但仍存在不足。主要表现在对鉴赏美、感受美、表现美、创造美的培养力不足，还处于探索、成长阶段。此外，公共艺术等美育课程设置亟待完善，评价体系"重技轻道"。美育内涵不清、美育方案不完善、师资紧缺等问题导致美育实践出现"功利化""片面化""偷换概念"等现象，与初衷不符。因此，高校还需要进一步完善公共美育艺术课程，如重塑公共艺术课程目标、重构公共艺术课程体系、创新公共艺术课程的实践内容以及改进美育课程的评价方式。

第三章

高校美育理论

通过前面的研究，我们认为美育教育在本质上是一种人的教育。本书基于美育的基本理论、西方美育的发展历程、我国美育的发展现状以及当代高校对美育的要求，系统地探讨了中国高校的美育教育理论。我们试图明确高校应具备何种美育理论，以及美育如何适应新时代的发展需求。同时，我们深入挖掘了美育在高等教育建设中所发挥的重要作用。

第一节　高校美育背景

"纵观人类历史，教育兴则国家兴，教育强则国家强。世界强国无一不是教育强国，教育始终是强国兴起的关键因素。"① 这是习近平总书记 2023 年 5 月 29 日在二十届中央政治局第五次集体学习时的讲话。

一、背景

2013 年 11 月，党的十八届三中全会明确提出"改进美育教学，提高学生审美和人文素养。"2018 年 9 月 10 日，习近平总书记在全国教育大会上对

---

① 习近平. 扎实推动教育强国建 [J]. 求是，2023（18）：1.

学校美育工作提出明确要求："要全面加强和改进学校美育，坚持以美育人、以文化人，提高学生审美和人文素养。"① 落实这一重要工作，得下大力气改进美育工作，并使之成为推动学交美育高质量发展的基础环节。2018 年，美育工作取得突破性进展，美育资源配置逐步优化，管理机制进一步完善，各级各类学校开齐开足美育课程。在 2019 年 4 月的教育部《关于切实加强新时代高等学校美育工作的意见》中，要求高校进一步全面深化美育综合改革，整合美育资源，形成充满活力、多方协作、开放高效的高校美育工作新格局。② 到 2020 年，我国美育教育应初步形成大中小幼美育相互衔接、课堂教学和课外活动相互结合、普及教育与专业教育相互促进、学校美育和社会家庭美育相互联系的具有中国特色的现代化美育体系。由此背景也催生了《关于全面加强和改进新时代学校美育工作的意见》（以下简称《意见》）的出台（2020 年 10 月 15 日，由中共中央办公厅、国务院办公厅印发），以提高学生审美和人文素养为目标、弘扬中华美育精神，以美育人、以美化人、以美培元，把美育纳入各级各类学校人才培养全过程。③ 该《意见》的出台，引发了全社会的强烈反响。它是中华人民共和国成立以来中共中央办公厅、国务院办公厅首次联合印发有关的美育文件，表明党和国家对学校美育工作给予了前所未有的重视。《意见》推出学校美育评价改革的系列举措，特别是要求"探索将艺术类科目纳入中考改革试点，纳入高中阶段学校考试招生录取计分科目"（以下简称为"美育进中考"）。2022 年 8 月教育部举行的"学校美育发展这 10 年"线上交流活动中，与会者一致认为，新时代学校美育进入了改

---

① 坚持中国特色社会主义发展道路培养德智体美劳全面发展的社会主义建设者和接班人［N］. 人民日报，2018-09-11（1）.

② 教育部关于切实加强新时代高等学校美育工作的意见［EB/OL］. 中华人民共和国教育部政府门户网站，2019-04-02.

③ 中共中央办公厅国务院办公厅印发《关于全面加强和改进新时代学校体育工作的意见》和《关于全面加强和改进新时代学校美育工作的意见》［EB/OL］. 中华人民共和国政府网，2020-10-15.

革快车道与发展黄金期。党的二十大精神要求我们要传承中华优秀传统文化，不断提升国家文化软实力和中华文化影响力。2022 年 11 月，教育部办公厅关于印发《高等学校公共艺术课程指导纲要》的通知（以下简称《纲要》），明确公共艺术课程是我国高等教育课程体系的重要组成部分，是学校艺术教育工作的中心环节，是实施美育的主要途径，对提高学生的审美和人文素养，培养创新精神和实践能力，塑造健全人格，具有不可替代的价值和作用。① 《纲要》赋予了学校美育重要使命，为新时代学校美育的改革发展指明了方向。《纲要》具体规定了公共艺术课程的内容，如美学和艺术史论类、艺术鉴赏和评论类、艺术体验和实践类三种类型课程。而且《纲要》还要求高等学校公共艺术课程工作机制中教师人数配比不得低于在校学生总人数的 0.15%。

　　教育是国之大计，我国坚持优先发展教育、科技自立自强、人才强国。教育部介绍，"十三五"末中国高等教育历史性地进入了普及化阶段，达到 54% 以上。到"十四五"末，高等教育毛入学率力争提升到 60%。② 依照公布数据，我国高校教育已经发展到高等教育普及化阶段。国际上通常认为，高等教育毛入学率在 15% 以下时属于精英教育阶段，15%～50% 时为高等教育大众化阶段，50% 以上则进入高等教育普及化阶段。从 1949 年到 2023 年全国普通高校毕业生人数不断创下历史新高。高校人才对祖国的未来至关重要，高学历人才数量增加有效提升了整体国民素质。当前也是国家对教育行业大力支持的时代，美育在高校有充足的开展条件。知识文化的教育方面已经有很多显著成果，2022 年 9 月 27 日，教育部召开"教育这十年"等新闻发布会，报道显示近 10 年来，我国高校获得了一半以上的国家科技三大奖项，累计突破 1000 项。在科学技术、专业基础都有很大进步的今天，高校美

①　教育部办公厅关于印发《高等学校公共艺术课程指导纲要》的通知［EB/OL］. 中华人民共和国教育部，2022-11-26.

②　教育部：到"十四五"末，高等教育毛入学率力争提升到 60%［EB/OL］. 中华人民共和国教育部政府门户网站，2023-03-31.

育教育、人文教育十分必要。同时，教育部指出要深化高等学校美育教育教学改革，加强高等学校公共艺术课程建设，还印发了《高等学校公共艺术课程指导纲要》。

知识文化的教育方面已经有很多显著成果，2022 年 9 月 27 日，教育部召开"教育这十年"等新闻发布会，报道显示近 10 年来，我国高校获得了一半以上的国家科技三大奖项，累计突破 1000 项。在科学技术、专业基础都有很大进步的今天，高校美育教育、人文教育十分必要。同时，教育部指出要深化高等学校美育教育教学改革，加强高等学校公共艺术课程建设，还印发了《高等学校公共艺术课程指导纲要》。

二、现状

回首新中国成立 70 年以来，我国教育发展在世界上取得了巨大的进步和教育的成果，变成了教育的大国。但目前为止，教育事业上也有很多缺陷是不能回避的。例如升学的学生大量外流，这在一定程度上说明了人们对应试教育的教育体制不满足。不少学者的研究表明我们还有很多的毕业生比较缺乏创造力，实际动手和解决问题的能力。很多时候高校毕业生从事着"搬运工""传达员""拷贝员"的工作，没能发挥自我价值。这种现象是为什么呢，是专业教育的问题吗？这恐怕与学生的思维方式与综合能力有很大关系。我们生活在节奏快、社会压力大的环境下，人们常常没有时间去思考。大学生步入社会，面临工作和家庭的各种压力，如果就业压力也比较大，那就更不希望失败，也不敢大胆尝试，就慢慢地习惯了按部就班，更难发挥主观能动性，以至于一些入职不久的毕业生可能无法很好地适应职场需求，感到不如意。

美育方面，也存在一些问题。我国还没有设置相对独立的"美育学"学科，美育教育体系不完善、高校美育教职人员不足，师资能力也无法面面俱到，学校对其培养单一等多方面问题。虽然教育对美育教育的呼吁较早，但实现得少。很多高校没有明确的美育课程理论体系、模式，探索需要时间，导致美育实施受阻。一些高校在早期也提出美育，但不计入学分，导致落实困难。没有支持方式或奖励，美育课程建设无人问津。尤其是偏远地区，因资源困乏，而首先舍弃的便是美育（艺术教育）。

（1）高校美育仍处在探索阶段。美育教育正式起步晚、压力大，被重视程度参差不齐。美育远远不如德育、智育、体育完善。很多高校依然沿用往日通识教育，更名后继续使用，教育内容过于注重理论知识，相对缺乏对实践能力的培养。高校美育不论从教材、课程资源建设、师资配置，还是学校的重视程度等方面，都比较欠缺。目前，在我国高等院校众多教育中，美育显然是一块短板。

（2）美育观念相对滞后。尽管近年来国家在政策与资金投入上不断加强，强调美育的重要性，但实际发展情况却明显不足，美育实施相对表面，很难获得美育精髓，毕竟建立一门学科不容易。

（3）美育课程功利性强，推进有挑战性。若高校不顾学生兴趣，迎合政策盲目开办"艺术班""艺术选修"，容易出现无效美育。目前，大多高校的美育以公选课为主，多采用讲授、阅读美育概念为主，形式单一，学生兴趣低，往往效果弱。在美育教育实践与理论不能完全匹配的情况下，若一味追求美育成果的产出、急于求成，压力都会直接作用在一线教师和学生身上，容易导致教师、学生的不适应，难以快速改变，也容易走急功近利路线。

（4）艺术课程转变需要时间。如美术教育因计入考核与教师工作量，应付性开班、考核和评价过程中，必然存在不科学的美育现象。从前的艺术公选课大多只讲技法、理论，课程形式单一，尤其对于没有艺术功底的学生而言更加枯燥、难懂。教师的美育概念不足，甚至也没有美育观，也会导致很多学生对艺术没有兴趣，甚至根本不重视艺术，主观认为艺术鉴赏就只是看。

（5）大学生自身的认识也影响美育教育的渗透。当代大学生依旧倾向于认为专业课程至关重要，这一观念与过去的主课、副课及升学意识密切相关。在高中升学阶段，教师与学生均承受巨大压力，大家致力于为文化课学习争取更多时间，因此在取舍之间难免出现不重视美育课程的情况。许多人还认为艺术并非每个人都需要掌握的，而专业课程才是关键。这种观念一直影响到高等教育，甚至终身。举个例子，我们有部分大学生在高校里选修课会选择艺术选修，选择的原因大多不是因为热爱，而是因为好拿到学分、压力不大、学校要求等，此时出现了"负面美育""无效美育"。当然因为简单、有趣来选择，也能说明艺术里有大众喜欢和好接受的形式。

美育在实际推进中面临一系列挑战，需要更多的关注和支持，以推动美育事业在高校范围内得到更为全面的发展。

第二节 高校美育概述

高校美育是高等教育体系中的重要组成部分，新时代高校美育要承担起培养有艺术审美能力，审美欣赏、表现和创造能力的全面发展的大学生。

一、高校美育的目标与任务

（一）目标

席勒讲过，美育的目的不是单独地促进某一种心理功能的发展，而是通过在内心中达到审美状态而使各种心理功能达到和谐。美育总目标：以美育人，以美育浸润、健全人格的养成。高校美育的目标正是培养具有审美能力、高尚情操，以及创新能力的接班人。即培养大学生的想象力和创新意识，陶冶大学生的情操，温润其心灵，激发他们的创新创造活力，最终提升大学生的综合人文素养。

新时代高校美育要培养有艺术审美能力，审美欣赏、表现和创造能力，以及具有审美知识结构的全面发展人才，即德智体美劳全面发展的社会主义建设者和接班人。全面加强和改进新时代学校美育工作，旨在培养学生的审美能力、创造力和文化素养，促进大学生的全面发展。具体体现为高校美育以培养大学生树立正确的审美观为目标，拓宽他们的文化视野并增强他们的文化自信，最终提高他们的文化素养和综合素质。

高校美育的目标也包括激发他们的创新思维、创造力和想象力，着重把学生培养成创新型人才，有创新的思维和创新能力，为其未来的创新发展奠定坚实基础。高校借助美育要能促进文化的传承和发展。美育课程要引导学生深入了解和欣赏各类艺术形式和文化传统，激发他们的创新能力，增强其对传统文化的自信心和自豪感。

高校美育的目标还有完善大学生的人格修养，使其具有科学的人生观和价值观，造就一代人格完美的社会主义新人。通过高校美育提升大学生的情商、人际交往能力、心理素质及其他对应能力等，促进学生个人成长和发展，增强他们的综合素质和社会适应能力；为其个人的成长和发展奠定坚实基础。最终，达到大学生综合素质提升的目的。

除此之外，高校美育目标还包括对美育教育体系、课程体系的建设与维护，对美育师资力量的培养。

（二）任务

根据高校美育目标，高校美育要依托学科知识体系，借助艺术、文化等手段完成对大学生的人才培养任务。如自然美、社会美、科技美和艺术美等审美素养的养成。大学生则通过具体的艺术形式，如美学与艺术史论类课程、艺术鉴赏和艺术评论类课程、艺术体验活动和实践类活动等更好地感受、理解、想象和创造社会美、自然美和艺术美，完善审美心理结构，完成高校的学生培养任务。

高校美育也要完成以美育浸润教师的任务，发挥教师职业的美育功能，完成提升全员美育意识和美育素养，塑造人格魅力，涵养美育情怀的育人任务。高校要借助美育浸润学校，打造昂扬向上、文明高雅、充满活力的校园文化。共同营造时时、处处、人人的美育育人环境，这是近几年高校对美育环境改造的任务。

解读《高等学校公共艺术课程指导纲要》《教育部关于全面实施学校美育浸润行动的通知》等内容，高校美育的具体操作目标和内容是构建面向人人的课堂教学和艺术实践活动相结合的公共艺术课程体系，将公共艺术课程纳入各专业本科人才培养方案，学生的公共艺术课程要至少有 2 个学分，才能毕业。根据教育部关于美育教育的最新文件指示：到 2027 年，美育课程教育教学质量全面提升，常态化学生全员艺术展演展示机制基本建立，跨学科优质美育资源体系初步建成，面向师范类专业学生开设美育课程实现全覆盖，艺术学科骨干教师培训全面开展，建设一批学校美育名师工作室，培育一批国家级示范性学生艺术团，涌现一批美育特色鲜明的示范区示范校。再用三到五年时间，优质均衡的美育更加普及，学生审美和人文素养普遍提高，教师美育素养显著提升，学校美育氛围更加浓厚，学校美育工作体制机制更加健全，成效明显增强。通过持续努力，推动形成全覆盖、多样化、高质量的具有中国特色的现代化学校美育体系。①

因此，高校需要确立面向全体大学生的美育教育行动目标。研究课程、设计活动、培养美育教师、构建课程体系、联合资源构建平台，联合一切能把大学生审美提高的内容，寓乐于教。同时思考时代发展特征，把培育和践

---

① 教育部关于全面实施学校美育浸润行动的通知［EB/OL］.中华人民共和国教育部政府门户网站，2023-12-22.

行社会主义核心价值观融入美育全过程，立足地方历史文化资源，继承弘扬中华优秀传统文化，落实立德树人根本任务。通过艺术教育提升大学生的文化素质，培养学生感受美、鉴赏美、表达美、创造美的能力，帮助学生涵养人生品位、升华理想境界、树立正确的审美观。形成自己地区高校大学生的文化素质教育特色，建设本校地方特色与中华民族特色相结合的美学和艺术史论、艺术鉴赏与艺术评论、艺术体验活动与实践等类的课程。

二、高校美育的定位与特征

（一）定位

高校美育的总体定位是以立德树人为根本任务，培养有审美能力、创新性的全面发展的人才。高校通过艺术教育的方式，引导学生发现美、欣赏美、创造美，促进学生的全面发展和创新能力的提升。

高校美育是发展的、受用终身的人的教育，高校美育目前是一门或多门美育课程的综合，未来也可以是美育学科。目前大多数高校将美育课程的属性定为公共必修课。艺术课程被纳入高校人才培养方案，大学生要修满2个学分的公共艺术课程。高校的美育以艺术类综合课程为抓手，建立面向全体大学生的音乐、美术、戏剧、戏曲、舞蹈、影视等艺术教育课。授课对象是大学、大专各专业的学生。同时，高校美育也注重与社会各界的协同合作，充分利用各种资源，共创社会活动、美育平台等，为学生的成长和发展提供更好的支持和服务。

各个高校美育的宗旨定位是一致的，都是培养会审美、有创造力且全面发展的优秀社会主义建设者和接班人。但每个高校办学目标和特色是不尽相同的，高校应根据自己的办学目标、特色有机地定位美育。比如，南方科技大学的目标是培养新时代拔尖创新的人才，在开设美育课程时，要紧紧围绕新时代对拔尖创新人才的要求完善美育细则。当今世界已步入知识经济时代，新的经济形态对人才提出了全面发展的要求。发展每个学生的综合素质，培养具有较高的专业素养和广博的文化修养的高素质人才，是当前高等教育发展的指导思想。美育的建设只靠美育研究者，是远远不够的，就像今天文化的传承只靠文化人是不够的。高校要加强顶层建设，做好高校美育定位，联合专业教师，为高校设计生态化的美育方案。

（二）特征

高校美育作为培养学生全面素养的重要组成部分，始终致力于促进大学生的全面成长。它不仅关注人格的完善，更注重通过感性化的教育方式培养学生的审美能力和艺术素养。在素质教育中，高校美育具有独特的地位和作用。

首先，高校美育具有长效性。美育对大学生的人格塑造具有深远影响，这种影响不局限于大学阶段，而是会伴随他们的一生。高校美育以培养学生健全人格为目标，助力他们追求更高的道德境界。通过富有趣味性的教育活动，大学生们潜移默化地形成了跨越生死、不计利害的道德品质，从而逐步趋向完美的人格。这不仅有助于他们后续的学习与生活，还能培养和提高学生追求人生趣味和理想境界的能力。同时，让学生具备分析和评价艺术作品以及社会上的美好事物的能力，并将审美能力应用到下一阶段的生存竞争中。例如，大学生将按照美的法则建设生活，保持美化环境以及生活的能力和习惯。

其次，高校美育对大学生的影响形式独特。技能塑造性是高校美育的一大特征。我们引入绘画、音乐、舞蹈等多种艺术形式，让大学生全面学习各艺术领域的知识，培养多层面的艺术素养。通过艺术实践和创作，大学生得以在美育课程中培养和发展各种专业技能，让他们的自由创作和想象力得以表达。同时，美育注重培养大学生敏锐的感觉，发展高尚的审美情趣，以及审美的比较和分析能力。当学生掌握了理解和欣赏现实美和艺术美的知识后，他们将进一步培养出对美的热爱之情。同时，艺术技能的掌握也能让大学生自由地发挥创造力，让想象力得以充分展现。

再次，高校美育的目标是明确且重要的，它着重塑造学生的美感，影响他们的三观。美育不仅注重培养学生的敏锐度，还致力于发展他们高尚的审美情趣。通过培养学生对美的比较和分析能力，让学生能够区分真善美与假丑恶。美育还要求学生掌握审美理论、审美想象和联想能力，以及艺术形象等相关知识。当学生具备了理解和欣赏现实美和艺术美的知识与能力，并形成了对美和艺术的热爱，那么美育的目的就达到了。通过美育的培养，学生不仅能够养成爱美的情趣，还能够在艺术修养上取得长足的进步。

最后，高校美育在素质教育中发挥着关键作用。它完美体现了素质教育的宗旨，激励学生的创新能力，促使他们的各种潜能得到平衡发展。美育不仅关注大学生的知识积累，更注重培养他们的艺术素养和审美能力，使其在工作、学习和生活中展现自信、提高表达能力。

高校美育还具有显著的跨学科特性，注重不同艺术形式之间的交叉融合，辐射面广。此外，美育还强调将艺术融入其他学科体系，通过跨学科整合，拓宽学生的文化视野。这有助于学生在传统文化与当代文化之间建立更为全面的联系。这些特点共同构成了高校美育教育独特的课程体系和教学理念，为学生提供了一个多元化、全方位的美育学习平台。

三、高校美育的原则

高校美育从目的上讲应该是对一种纯粹的不夹杂私欲的崇高境界培养，以大学生的发展为目的。全面提升学生的文化理解力、审美感知力，以及艺术表现力和创意实践力等人的核心素养。从大学生个体到集体，从集体到整个社会，最终实现社会和谐。王国维曾批判艺术是"玩物丧志"，无用即有用，无用亦胜于有用，开启了现代文化的感性启蒙的传统。只有通过这种看似迂回的方式，才能使人心真正得到净化，从而外化于行，"无用之用"也使艺术审美的地位得到提高。

美育不仅仅是接受美的教育，更是创造美的教育。高校美育教育过程正是一个共创美的过程。根据中共中央办公厅、国务院办公厅对高校美育的要求，高校美育的特征、特殊地位、使用者们的特点以及时代背景等，概括高校美育的总原则有以下三点：要始终坚持正确方向，坚持面向全体，坚持改革创新。① 高校美育还应注重培养学生的审美判断力和美学素养，使他们在日常生活中能够发现美、欣赏美、传播美。通过丰富多彩的美育活动，如音乐会、艺术展览、戏剧表演等，让学生感受不同艺术形式的美，提高审美品位。同时，引导学生关注社会现象、关注人的精神世界，以美学视角去思考和分析问题，提升他们的社会责任感和人文关怀能力。

坚持以育人为导向，高校美育应坚定弘扬社会主义核心价值观，强化中华优秀传统文化和社会主义先进文化的传承。通过美育的熏陶，我们要引领学生树立正确的历史观、民族观、国家观和文化观，增强他们的文化自信。同时，我们也要帮助学生陶冶高尚情操，塑造美好心灵，使他们在追求美的过程中，不断丰富自己的内心世界，成为具有深厚文化底蕴的优秀人才。

坚持面向从的普适性原则。我们要健全面向全体大学生的学校美育育人机制，确保所有在校学生都能平等获得接受美育的机会。这不仅有助于缩小城乡差距和校际差距，还能让在校大学生都享有接受美育的机会。同时，我们也鼓励学校根据自身特色进行差异化发展，形成"一校一品""一校多品"的美育发展新格局。值得注意的是，美育教育不仅仅是艺术技艺的教育，它面对的人群也不仅仅限于专业的艺术生。因此，高校美育实践不能过于依赖

---

① 中共中央办公厅国务院办公厅印发《关于全面加强和改进新时代学校体育工作的意见》和《关于全面加强和改进新时代学校美育工作的意见》[EB/OL]. 中华人民共和国政府网，2020-10-15.

艺术、过分追求量化和标准化。只有这样，我们才能实现个体生命的和谐、促进社会的发展。

坚持培养大学生创新能力的原则。为了进一步深化高校美育的综合改革，必须坚持德智体美劳五育并举的原则。高校还要加强各学科之间的有机融合，整合现有的美育资源，弥补改革中的发展短板。只有通过全员、全过程、全方位的育人方式，高校才能构建充满活力、多方协作、开放高效的新格局，推动学校美育的持续发展。教师在美育教育方面，要坚持引导学生发挥想象力，通过艺术创作等方式来表达自己对美的理解和感受。同时，教师也要鼓励学生创新，让他们在美的创作中发挥自己的创造力。同时，高校美育还需注重实践环节，让学生在创作过程中体验美的价值。鼓励学生参与各类艺术实践活动，如舞蹈、绘画、摄影等，培养他们的动手能力和创新精神。通过实践，学生可以将理论知识与实际操作相结合，更好地理解和把握美的内涵与外延。

总之，高校美育是一项系统工程，需要我们从多个层面加以推进。始终坚持育人导向，培养具有全面素质和创新能力的优秀人才，使他们在实现中华民族伟大复兴的征程中，成为具有文化自信、审美品位和人文素养的现代人。

四、高校美育的意义与作用

（一）意义

高校美育对人才培养具有重大的意义。全国第三次教育工作文件《关于素质教育的决定》中指出美育有"不可代替"的特殊地位。蔡元培先生就极力倡导以美育代宗教。他在《美学原理》序中提到：爱美之心，人皆有之，"如其能够将这种爱美之心因势而利导之，小之可以怡性悦情，进德养身，大之可以治国平天下。何以见得呢？"说的是人们都有爱美之心，这种爱美之心可以因势利导，小则怡情养性、提升道德，大则治国安天下。"我们试反躬自省，当读画吟诗、搜奇探幽之际，在心头每每感到一种莫可名言的怡适。即此境界，平日那种是非利害的念头，人我差别的执着，都一概泯灭了，心中只有一片光明，一片天机。这样我们还不怡性悦情么？心旷则神逸，心广则体胖，我们还不能养身么？人我之别、利害之念既已泯灭，我们还不能进德吗？人人如此，家家如此，还不能治国平天下吗？"① 说的是在欣赏艺术、吟诗作赋、探索奇异的过程中，我们常常会感受到一种难以言表的愉悦。这种境界能够让我们忘却日常的是非纷扰和利害得失，心中只有一片光明。通过审美活动，我们不仅能够愉悦性情，还能够涵养身心。当人我之别和利害之念消除后，我们就能增进自己的道德修养。蔡元培先生在这里告诉我们，人们通过审美活动可以达到一种自由超越的境界，审美也可以成为主体心灵的依托。因此，蔡元培先生认为审美活动对道德的形成具有促进作用。

　　大学生作为我国的优秀人才储备，其全面发展至关重要。在追求科学知识的同时，对美的教育同样不可或缺。这些年轻的心灵虽然充满活力和潜力，但由于年龄和阅历的限制，他们仍会受到外界环境的种种影响。此时，高校的美育教育便显得尤为重要。它不仅能够激发大学生的审美感知，培养他们形成正确的审美观，还有助于塑造他们积极向上、开放包容的人格特质。这样，大学生们便能更好地适应并塑造多元的社会环境，成为真正全面发展的人才。美育教育的内容丰富多样、包容并蓄，其教育过程充满感情体验，开放且自由。它能拓宽大学生的文化视野，增强他们对中华优秀传统文化的自信和传承意识。因此，我们应该重视高校的美育教育，让更多的大学生从中受益。

---

① 朱自清．生命的韵律：朱自清美学文选［M］．合肥：安徽文艺出版社，2024：代总序．

（二）作用

前面谈到美育能够增长知识、陶冶情操、启迪心灵、开启智慧，对人的综合教育具有重要意义。美育以其特殊的育人方式，培养人的审美能力和创造能力，促进智力、性格发展，提升综合素养，并养成终身学习的态度，最终塑造美好的品格。而高校美育在教育体系中具有独特地位，其作用不可替代。

高校美育在大学生的全面发展中扮演着至关重要的角色。通过独特的教育方式，美育致力于培养大学生的审美观并激发他们的创造力，促进他们在智力、性格等方面的全面发展。同时，美育还有助于提升大学生的综合素质，培养其终身学习的理念，从而塑造出具有健全人格的人才。在美育的引导下，大学生能够正确地感知、理解和鉴赏美，并掌握创造美的技术和能力。美育不仅对大学生个体的发展具有重要意义，同时也对国家和民族的进步起到积极的推动作用。

第一，高校美育促进大学生的审美与创造美的能力。高校美育不仅能够提高个体的艺术修养和审美情趣，还能培养个人对艺术、音乐、文学等领域的欣赏能力，提高他们的艺术审美水平，使其更好地理解和欣赏各种艺术形式，并从中获得情感上的满足。此外，美育还能增强大学生对世间各种美的感知能力，进一步激发他们的想象力、表达能力和创造力。要真正感受美，需要具备一定的感受能力；要领悟美的真谛，则需要较高的领悟能力。美育鼓励创造性思维和创新能力的发展，使人在培养审美能力的过程中提升解决问题的能力，对解决复杂问题和推动社会创新起到关键作用。

第二，高校美育促进大学生德智体美劳的全面发展。美育是实现素质教育不可忽视的路径。高校美育不仅关注审美技能、艺术素养，还致力于对道德品质的培养，通过参与艺术创作、音乐表演、舞蹈、文化活动等使大学生全面发展，影响大学生的道德情感（友情、亲情、同情心等）。高校美育有助于培养大学生的责任感，鼓励其参与社会公益活动，用劳动为社会做出积极贡献。在美育实践中，大学生获得了对事物科学的认知，培养了科学的审美意识和能力，这种能力会转化为创造性思维、创新能力、科研能力和间接的学习能力。因此，高校美育有促进人全面发展、五育并举的功能。

第三，高校美育对大学生的道德品质发展有促进作用。美育与道德发展紧密相连，是实现真善美统一的有效途径。通过设计美育活动，人们能更好地理解社会主义核心价值观，形成具备爱国主义、集体主义、诚信、友善等品质的人。艺术、音乐、文学作品等媒介传递了这些价值观，引导人在日常生活中践行。这有助于塑造高尚的道德品质。美育还能培养同理心和社会情感。人们通过阅读社会现实主题的小说或欣赏其他此种题材的艺术作品，增强道德意识。例如，阅读一部关于社会现实主题的小说可能会让人更关心社会公平和正义，从而增强道德意识。老师可引导学生讨论反映社会问题的艺术作品，促使他们思考社会责任和道德选择。

第四，高校美育能帮助学生培养终身学习的态度。美育在培养终身学习的态度方面发挥着关键作用。美育通过培养好奇心、鼓励探索和实践、提高问题解决能力、强调自主学习和提高综合素质，帮助学生养成终身学习态度。这些能力和态度将使学生在未来的学习和职业发展中更有竞争力。终身学习能力不仅有助于人的全面发展，还有助于他们在不断变化的社会中蓬勃发展，能够跟上时代的脚步。

第五，高校美育有益于促进人的身体健康。美育能净化心灵，释放压力和焦虑。通过参与美育活动，如绘画、音乐、舞蹈等，人们可以有效地释放和缓解压力和焦虑，使心灵得到净化。这些活动有助于人们专注于创作或表演，从而降低生活中的紧张感，促进身心的放松。良好的审美活动能够激发人们的积极情绪，促使他们保持乐观向上的态度，进一步促进身体健康。此外，参与美育活动，如舞蹈和戏剧表演等，能够提高人们的体能、协调能力和身体素质，改善肌肉力量和身体的柔韧性，为身体健康打下坚实的基础。

第六，高校美育激发创新能力。美育激发了学生对艺术的兴趣，培养和发展学生创造现实美和艺术美的才能，最终带动创新。艺术实践、创作和审美体验活动等，能给大学生提出独立见解和创新思维、挑战传统的勇气，培养解决问题的能力，以及激发思考复杂情境的创新潜能。学校可通过组织学生参加各种艺术实践活动，发展他们创造艺术美的才能和兴趣，尤其要注意发展有艺术才能的学生的特长，不能一概而论。

高校美育通过艺术、文化、专业教育提供审美体验，促进创造性思维、审美情感和道德意识的发展。美育是一种全面的教育方式，能提高艺术修养、审美情趣和艺术欣赏能力，提升审美水平和感知能力，激发想象力、表达力和创造力，更好地理解和欣赏艺术形式，获得情感满足。美育以其独特的作用提高学生对人文情怀、精神信仰、文化和创造力的理解，拓宽知识领域，增强社会适应能力，提升艺术作品的欣赏能力。这种教育作用难以被替代，美育对培养全面发展的社会主义建设者和接班人有重要作用。对大学生来说，美育有助于大学生个人发展和未来职业生涯发展，高校应融合美育，让每位学生受益于丰富的教育经验，培养具备多元素质的未来领袖和创新者。

第三节　高校美育的相关概念

《高等学校公共艺术课程指导纲要》对高校教育提出了进一步要求，即便学校美育的发展在近十年中已经取得了格局性变化与历史性突破。高校美育作为继幼儿美育、小学美育、中学美育之后的又一学校教育环节，依然极为必要，它为大学生走向社会成为接班人加上强心剂。

　　高校的涵盖面广泛，我国高校包括大学，指本科院校、专门学院和专科院校，提供专科、本科、研究生等多层次的教育。高校是国家教育体系的关键组成部分，作为实施高等教育的机构，承担着培养专门人才、推进科学研究和服务社会的重任。他们提供各种学科专业的教育和培训，培养学生的学术知识和实践能力。高校的教育质量和科研实力是衡量其价值和地位的重要标准，同时师资队伍的建设也是高校发展的重要支撑。总体而言，我国的高校在培养高素质人才、推动科技创新和促进社会经济发展方面发挥着不可替代的作用。

　　我国的高校美育在高素质全面发展人才培养、推动社会创新等方面发挥着不可替代的作用。美育作为人才培养的重要部分，不仅仅指艺术教育，还包括德智体美劳五育。厘清几点与高校美育相关的概念，美育、高校美育、审美教育、艺术教育、情感教育等十分必要。

一、高校美育

　　高校美育，它作为此前各阶段美育教育的一种延续，是个体在高校阶段、职前教育过程的统称。简而言之，高校美育是一种培养大学生审美观念和能力的教育方式。它通过引导大学生深入理解和欣赏有一定难度、深度的艺术作品、参与审美活动、学习美学理论等方式，帮助大学生建立起对美的敏锐感和创造力，提升大学生的综合素质和人文素养。作为高等教育体系中的重要一环，肩负着培养大学生审美观念与艺术素养的使命。

　　高校美育，它以严谨、稳重、理性的态度，帮助大学生建立起对美的正确认知，进而提升其综合素质。高校美育是培养大学生认识美、爱好美和创造美的能力的教育，也称美感教育，是全面发展教育不可缺少的组成部分。它通过培养大学生认识美、体验美、感受美和创造美的能力，从而使大学生具有美的理想、美的情操、美的品格和美的素养。

当代大学生是高校美育的作用对象。他们普遍善于接纳和拥抱新鲜事物，具有较高的创新精神。面对信息爆炸的环境，当代大学生展现出强烈的求知欲，思维活跃，勇于挑战传统观念。在学习方面，当代大学生具备较高的综合素质，能够快速掌握各种知识和技能。他们注重实践与理论的结合，积极参与各类学术、科研、文化活动，努力提升自身的综合素质和能力。同时，他们积极参与社会实践，关注国家大事，展现出强烈的责任感和使命感。他们重视个人成长与自我价值实现，希望有自由、平等和多元化的学习环境。

当然，大学生也有感到困惑的一面，毕竟年龄尚小，阅历不足，常面临着价值观的冲突和困惑，需要得到适当的引导与帮助。高校美育的对象正是这个充满希望和潜力的群体。他们的特点不仅反映了时代的变迁和社会的发展，更代表了国家的未来与希望。

二、艺术教育

艺术教育是通过教授艺术知识、技能和创作过程，引导学生体验、理解和创造艺术的一种教育形式。它不仅包括文学、艺术活动、舞蹈、音乐、美术、戏剧、影视等传统艺术形式，还涵盖设计、新媒体等现代艺术形式。艺术教育的目的是培养学生的审美感知力、创造力和想象力，提升其文化素养和人文精神。艺术教育是美育的核心内容，培养学生的审美能力和艺术素养。艺术教育不仅注重艺术技能的传授，更强调对艺术作品的理解和鉴赏、艺术作品背后意义对人们的影响，以及人们对艺术创新的探索和实践。艺术教育与美育之间存在密切的联系。美育是培养学生认识美、爱好美和创造美的能力的教育，而艺术教育则是通过具体的艺术形式和活动来实现这一目标。艺术教育是美育的核心内容，因为艺术作为一种独特的文化表达形式，具有强烈的审美价值和艺术感染力，能够深入地影响学生的审美意识和审美能力。

在高校中，艺术教育是实施美育的重要途径之一，艺术教育与美育相互促进。通过开设各种艺术课程和活动，高校的艺术教育能够为大学生提供丰富的艺术体验、实践和创作机会，帮助学生建立审美经验和审美标准，进而提升其审美素养和审美能力。美育的理念也指导着艺术教育的发展方向，促使艺术教育更加注重学生的主体性和创造性。在培养大学生的审美感知力和创造力的同时，艺术教育更注重大学生对艺术作品的理解和鉴赏，以及对其文化背景和社会意义的探究。

高校的艺术教育还具有跨学科的特点。它与文学、历史、哲学等人文学科有着密切的联系，能够促进大学生对其他学科的理解和认识。同时，艺术教育也强调创新和实践，鼓励大学生发挥创造力和想象力，探索新的艺术形式和表达方式。

三、审美教育

审美教育，是美育的核心内容，借助艺术手段和各类美的形式，旨在有目的地熏陶和提升人们的审美素养和创造美的能力，进而推动人格完善和社会文明进步。对于大学生而言，审美教育不仅关乎其审美能力和意识的培养，更与其价值观的塑造息息相关。通过多元化的艺术手段和媒介，审美教育引导大学生探索美的本质，鉴赏各类艺术作品，了解各种文化现象，从而培养其敏锐的审美感知、丰富的情感表达和正确的审美观念。在此过程中，大学生的审美能力和欣赏水平得以提升，进而促进其全面发展。

在新时代背景下，高校的审美教育呈现出多元化、开放性、交互性等特征，并融入了跨学科、技术性和社会责任感等元素。随着社会的多元化发展，审美教育的内容和形式愈发丰富多样，涵盖了设计、时尚、新媒体等多个艺术领域。这为大学生提供了更为广泛的审美体验，促使他们从多角度、多层面认识和理解美。新时代的审美教育注重培养大学生的主动参与和创造能力。鼓励大学生勇于表达自己的审美观点，发挥自主思考和创造的能力，进而提升其审美判断力和鉴赏水平。在教育过程中，师生之间的互动和交流变得尤为重要。教师不再仅仅是知识的传授者，更是引导学生探索和创造美的合作者。这种互动模式有助于培养大学生的沟通能力、团队协作能力以及独立思考能力。

此外，审美教育在大学校园中不再局限于单一的艺术学科，而是与其他学科相互融合，如文学、哲学、心理学、社会学等。这种跨学科的教育方式有助于大学生更全面地了解和掌握相关知识，进一步拓宽其审美视野。随着科技的飞速发展，审美教育也逐步涉及数字化、虚拟现实、人工智能等领域。这些技术为大学生带来了前所未有的审美体验，促使他们更深入地思考美育的价值和意义。同时，审美教育在全球化背景下也呈现出国际化趋势。高校应关注不同文化背景下的审美观念和艺术形式，培养大学生的跨文化交流能力和开放的心态。

综上所述，新时代的审美教育对大学生的成长和社会发展具有深远的影响。通过审美教育，大学生不仅能够提升自身的审美素养和创造能力，还能更好地适应社会发展的需求，帮助其成为具备公民意识和社会责任感的人才。因此，高校和社会各界应进一步重视审美教育的作用，为其提供更广阔的发展空间和更多的资源支持，共同推动审美教育的发展与繁荣。

四、情感教育

情感教育是教育过程中不可或缺的一部分，其目标在于培养大学生的社会性情感，提升他们自我调控情绪的能力，引导他们产生积极的情感体验，从而促进其健全个性的形成。在关注大学生情感、信念和情绪的同时，还需超越个体层面，关注他们彼此之间的关系、情感、态度和价值观等方面。情感教育强调大学生的情感需求和表达，致力于提升他们的情感品质和情感能力，以帮助他们建立积极、稳定和健康的情感状态。许多学者认为美育与情感教育紧密相连。美育引导大学生深入体验和感受作品中的情感内涵与表达方式，进而培养他们的情感共鸣与表达能力，促使他们形成健康、积极和乐观的情感态度。

高校情感教育是指在高等教育过程中，关注大学生的情感需求和情感发展，通过情感教育提高大学生的情感素养和情感能力，促进大学生的全面发展。积极的情感体验，促进大学生身心健康和全面发展，其主要关注情感素养、情感体验、正确的价值观和人生观、心理素质等。

（1）高校对大学生的情感素养的教育。情感素养是指个体在情感方面的素质和能力，主要有情感的认知、表达、调节和管理等方面。高校情感教育能帮助大学生认识自己的情感需求和情感状态，提高他们的情感表达和情感调节能力。

（2）高校情感教育关注大学生的情感体验，重视大学生个体在特定情境下的情感反应和感受。高校通过积极、健康的情感体验，使大学生更好地应对生活中的挑战和压力，增强其心理韧性和适应性，促进学生的身心发展和个人成长。

（3）高校通过情感教育引导学生树立正确的价值观和人生观。积极健康的情感关系使大学生更有社会责任感和道德意识。教育者可以通过良好交流互动平台的建立、亲近感的养成，以及鼓励分享和倾听等策略帮助学生建立积极健康的情感关系，从而帮助大学生进行道德判断和道德行为。

（4）提高学生的心理素质和应对能力也是情感教育重要指标。大学生的心理素质和应对能力是指个体在应对压力、挫折和逆境时所表现出来的心理能力和应对策略。大学生拥有良好的心理素质和应对能力，能帮助他们应对挑战和压力，增强他们的心理韧性和适应性。

情感教育在高等教育中发挥着重要作用，有助于促进大学生的全面发展，提高其心理素质和应对能力。因此，应当重视并加强情感教育在高等教育中的应用和实践。

五、文化素养教育

文化素养是人们在长期的文化教育和熏陶中形成的内在品质，它涵盖了文化知识、思维模式、情感表达、价值观念和行为习惯等多个方面，反映了我们对人类文化的理解和掌握程度。文化素养不仅关乎人们对各类文化知识的掌握，更体现在我们的思维方式和情感表达上。通过深入思考和情感表达，我们能够更好地理解世界和人类社会，形成正确的价值观念并养成正确的行为习惯。

文化素养是个人综合素质的重要组成部分，对于职业发展、人际交往以及个人成长等方面都具有重要意义。文化素养的教育目标在于提升人的综合素质，它涵盖了对各类文化领域的知识、技能和价值观的掌握。在文化素养的教育中，我们不仅要关注科学技术知识，更要重视人文、社科类知识的传授，如哲学、历史、文学、社会学等。这些知识的获取将有助于提升我们的个人气质和整体素质，使我们能够在语言表达、行为举止等方面展现出良好的素养。因此，文化素养的教育应当注重各类知识的均衡发展，以全面提升个人的综合素质。

大学生作为国家未来的栋梁，接受文化素养教育是至关重要的。在全球化的背景下，文化素养教育可以帮助大学生拓宽视野，增进对多元文化的理解和欣赏，这种能力在促进跨文化交流与合作中具有不可替代的作用。通过积累文化知识，大学生能够提升沟通交流能力，使自己在未来的职业生涯中更好地展现个人才华。此外，文化素养教育还有助于大学生的个人成长和发展，通过深入了解各种文化形式，大学生可以培养审美观和批判性思维，更好地理解社会的发展趋势，从而以积极的心态追求自己的目标和梦想。

高校美育在提高学人文素质方面扮演着重要的角色。美育不仅能够培养学生的审美能力、创新思维和人文精神，还是全面提升大学生文化素养的一个路径。审美活动往往蕴含着丰富的文化内涵和审美价值，通过欣赏和分析优秀艺术作品，学生能够获悉文化知识、社会文明等，同时逐渐培养出对美的敏锐感和鉴赏力，提升人文精神。美育教导学生对美的把握，内容常常涉及人性、情感、道德、社会等深层次的主题，学生能够更加深入地理解人类社会的共同价值观和精神追求。这种人文精神不仅有助于学生的个人成长，还能为他们在未来社会中发挥积极作用提供精神支持。目前美育理论涵盖了人文素养、精神文化等培养内容，他们相互渗透，促进人文，共同构成了一个综合性的教育体系。

第四章

高校美育教育体系构建

高校美育体系构建要遵循美育目标、高校目标以及高校教育理念等。一套完整的美育教育体系一般包括课程体系、质评体系、教学模式、教材、师资、实施保障与评价体系等。我国本科、大专院校众多，学校特征、目标、发展等各有差异。高校美育体系的构架是一个具有挑战性、复杂的过程。目前，《高等学校公共艺术课程指导纲要》明确提出构建面向人人的课堂教学和艺术实践活动相结合的公共艺术课程体系。

为顺应时代要求，高等院校要强化美育工作的顶层设计，构建一个完备的美育教育系统：完善课程体系，加强师资队伍建设，深化美育文化建设，打造富有特色的美育实践活动品牌等，从而全面建设和完善高校的美育体系。高校美育体系构建的核心是高校美育课程的构建。高校美育课程要满足新时期发展要求、美育发展目标，循序渐进、容易实现、有终身教育、有启发性等。

第一节 高校美育理念

高校美育，作为一门融审美性、人文性与实践性于一体的艺术课程，承载着深厚的教育使命。它以培养大学生的审美情感、创造性思维和健全人格为核心目标，通过美育教育，培养学生具有正确的审美观念、审美理想和审美技巧，提高学生的审美素养，激发学生的创造力和实践能力，促进学生的全面发展。高校美育借助艺术审美的熏陶，润物无声地滋润着大学生的心灵，使他们成长为具有真善美品质的社会主义新一代，为国家的繁荣发展贡献力量。

高校美育的理念应以学生为中心；始终坚持展现寓教于乐、人文关怀、与时俱进的一面，并坚持全球视野。高校美育应注重跨界融合，将艺术与其他学科领域相结合，产生思维火花碰撞，培养学生的综合素质和跨学科能力。高校美育力求做丰富大学生情感、完善人的自我表达的教育。美育教育内容既要注重传承和弘扬中华优秀传统文化，通过学习传统艺术、民间工艺等，增强学生的民族自豪感和文化自信心，又要走向更加开放、多元、深入的新阶段。

一、以育人为中心的美育

高校美育要以学生为中心，美育教育关注学生的个性、差异，以及情感和需求，强调个性化培养，尊重学生的主体性，激发学生的创造力和想象力。这样的教育方式也有助于培养学生的自主性和创造性，促进学生的全面发展。

以育人为中心的高校美育理念能够更好地满足学生的需求。在教育过程中，根据学生的特点制定个性化的教育计划和方案。高校美育要研究课程设置，改革和创新教学方法，引入更多具有创新性和探索性的课程和实践项目，这样才能更好地激发学生的学习兴趣和动力，增强学生的学习效果，实现以大学生为中心的美育教育理念。

二、火花碰撞的美育

高校美育要注重学科交叉的教育理念，将艺术与其他学科领域相结合，培养学生的综合素质和跨学科能力。"火花碰撞"指的是美育课程的到来与大学生现有的文化、专业知识产生"碰撞"，为跨学科发展提供更多的可能性，让学生有机会在自己的专业领域创新思考。美育课程要具备培养大学生的创造力、激发大学生创造性思维的性质，能帮助大学生在学术和职业生涯中找到新的解决问题的方法和思路。艺术课程的加入是一种新的力量，这种力量容易促进新思维产生。大学生能通过参与绘画、音乐、舞蹈等艺术活动锻炼自己的创造思维，进一步产生学科碰撞、思维交融的火花。

三、情感表达的美育

高校美育有促进大学生的情感发展、训练自我表达能力的一面。美育要坚持引导大学更好地理解情感、感受生活；引导他们表达与沟通，增强他们的情绪管理能力，缓解压力和焦虑，这样有助于他们提高自我认知，更好地融入社会，实现个人与社会的和谐发展。使其在面对压力和焦虑时能够更加从容，丰富大学生的情感，为大学生的全面发展提供了重要支持。

表达自我是一种十分重要的社交能力，良好的社交能力促进人格正常和谐地发展。艺术形式是一种非语言又超越语言的"多媒介"表达方式。艺术实践常常需要团队合作，如合唱团、舞蹈团等。通过参与这些活动，大学生可以学会与他人合作，培养团队合作精神和沟通能力。同时，美育课程、活动为大学生提供了与其他志同道合的人交流和互动的机会。通过参与艺术社团、展览、演出等活动，大学生可以扩大自己的社交圈，结识新朋友，增强社交能力。

四、民族自信的美育

高校美育要始终坚持弘扬民族文化、增强民族自信的教育理念。高校美育作为高等教育的重要组成部分，承担着传承和弘扬民族文化的责任与使命。民族文化是一个民族的精神家园和身份认同的重要标志，高校通过美育教育，让学生深入了解和掌握民族文化的精髓和特点，传承和弘扬民族优秀传统文化。高校通过开设中华优秀传统文化课程，如传统艺术、民间工艺、非物质文化遗产等，渗透这一理念。再将这些课程与现代艺术、文化创意产业等相结合，培养学生的跨学科能力和创新思维。高校还能组织民族文化活动和艺术节，为学生提供展示和交流的平台。在这些活动中，学生可以展示自己的艺术作品和表演，与他人分享对民族文化的理解和感悟，增强对民族文化的认同感和自豪感。

第二节 高校美育课程目标与原则

高校美育课程不仅仅是单纯的艺术技能培养与知识传授，更是培养大学生全面素养与审美情感的重要途径，以培养学生的艺术审美能力、创造性思维和提升人文素养为己任。

教育部印发《全面实施学校美育浸润行动的通知》进一步加强学校美育工作，强化学校美育的育人功能。行动要求以美育浸润学生，全面提升学生文化理解、审美感知、艺术表现、创意实践等核心素养，丰富学生的精神文化生活，让学生身心更加愉悦，活力更加彰显，人格更加健全。以美育浸润教师，发挥教师职业的美育功能，提升全员美育意识和美育素养，塑造人格魅力，涵养美育情怀。以美育浸润学校，打造昂扬向上、文明高雅、充满活力的校园文化，建设时时、处处、人人的美育育人环境。

一、课程总目标

根据国家美育要求、高校自身情况、高校美育目标，共同打造高校美育课程总目标。即要确立面向全体大学生的、提升艺术审美知识与技能、丰富创新思维与人文情感、增强民族文化自信的实践性课程。

课程要把审美能力、创新思维、培育和践行社会主义核心价值观、民族文化理解融入艺术实践的全过程。课程传授学生正确使用审美、艺术鉴赏方法的技巧；提升独立鉴赏艺术作品能力的训练；培养学生独立的艺术思考、善于用艺术表达自我的能力；促进自我表达、自觉传承文化与创新的能力。

（一）传授正确使用审美、鉴赏艺术方法的技巧

艺术鉴赏作为一项高雅活动，需要具备一定的专业素养。要求学生学习艺术的基本原理、鉴赏术语和技巧，了解艺术作品的构成要素和创作过程。同时要培养学生敏锐的观察力，多看、深思、勤学，多欣赏高雅作品，逐步形成发现问题、思考问题、深入理解问题的能力。能正确感受艺术，通过艺术作品，激发个人的情感，有鉴赏作品的能力。

（二）提升独立鉴赏艺术作品能力的训练

通过开展艺术品鉴、艺术交流、艺术体验等活动，感受艺术作品独特的艺术魅力和丰富的思想内涵。阅读专业的艺术理论和评论，了解专家对艺术作品的解读和评价，提升对作品的深度理解和批评能力。课程提供学习与实践的机会，提升独立鉴赏艺术作品的能力。大学生要在艺术体验活动中去发现文化的丰富多彩、感受艺术的魅力，鼓励学生从多元艺术形式中寻找灵感，拓宽审美视野。

（三）培养独立的思考、善于用艺术表达的能力

艺术课程能在品鉴艺术作品时和艺术产生对话，培养独立思考和艺术表

达能力。强调实践，提倡学生通过亲身参与艺术创作，培养对材料、技法的独立理解和运用能力。激发学生的创新思维，鼓励他们突破传统，勇于表达个性和观点。同时，课堂上的讨论和互动也是培养学生独立思考能力的有效方式。促进独立而深刻的艺术思维的形成，为未来的独立思考、创意表达奠定基础。

（四）促进表达自我、自觉传承文化与创新的能力

首先，应鼓励学生参与艺术活动，通过创作和表演表达思想和情感。其次，艺术课程应引导学生了解传统文化，鼓励他们结合现代元素进行创新，培养学生的文化自豪感和创造力。提供多样化艺术资源和机会，让学生在探索中成长。通过实践中的失败与成功，引导学生形成批判性思维，勇于创新。帮助学生发展自我表达、传承文化和创新能力，为个人成长和贡献社会打下基础。

二、课程原则

高校课程实施离不开高校美育原则的指导。高校课程原则的建立要符合国家教育改革总目标的大背景，以美育提升审美素养、陶冶情操、温润心灵、激发创新创造活力为指导，培养德智体美劳全面发展的社会主义建设者和接班人。高校美育课程要面向人人；实施方面要以实践、体验为主导，尊重与关怀每一位受教育者；提升审美素养培养的同时潜移默化温润心灵；关注学生的精神成长和人格塑造；尊重学生审美个性的原则，因材施教；具体现在通识性，实践性，情感性，差异性以及融合与创新性。

（一）通识性原则。美育课程应面向所有学生，确保每个学生都能接受到基本的审美教育。这种教育不局限于艺术专业，而是作为通识教育的一部分，让每个学生都能了解艺术、美学的基本原理和价值。例如，非艺术专业的学生也可以选修美术鉴赏、音乐欣赏等课程，以提升对美的感知和理解。

（二）实践性原则。美育是一种感性的教育，需要学生在实践中体验和创造美。美育课程要强调实践和创作的环节设置。课程的实践原则对美育教育来说很重要，指导课程为学生预设参与实践、获取体验的环节。美育课程实践不仅是一个巩固知识的过程，更是一个促进学生在创造中感受、体验、积极创造美过程。美育课程不停留在理论层面，通过参与艺术创作、表演、欣赏等活动，学生可以更加深入地理解艺术的魅力和价值，创意能力更强。

（三）情感性原则。美育课程要关注学生的情感体验，课程注重为学生提供更多情感交流和体验的机会，让学生在欣赏和创造美的过程中感受到情感的共鸣和升华。如美育艺术课的作品欣赏往往蕴含着丰富的情感，通过美育课程，学生可以学会用艺术的方式表达自己的情感，从而更加深入地理解自己和他人。例如，文学作品赏析可以引导学生感受作品中的情感变化和人物塑造。

（四）差异性原则。美育课程设置要尊重学生的个性差异，允许学生在审美体验和美的创作中展现自己的独特风格。每个学生都有自己的审美偏好和创作方式，美育课程应该鼓励这种多样性，而不是追求统一的标准。另外，因材施教，考虑可能学生本身艺术基础的差异性；美育课程设置要满足通识且留有深度空间，给有基础的学生留有足够成长空间，给基础薄弱的学生做增值性课程设计。

（五）融合与创新性原则。美育课程的建设，在需要跨学科建设的阶段，借助与其他学科相互融合的机会，尽可能地开发全新的交叉课程。美育课程内容要能激发学生的创新精神，鼓励他们在艺术领域进行探索和尝试。通过引导学生关注社会现实、关注时代变迁，美育课程尽可能引导学生发现新的艺术表现方式和创作灵感。例如，可以组织学生参与社会实践项目，将艺术创作与社会问题相结合，创作出具有社会价值的艺术作品。

这些原则共同构成了高校美育课程的教育指导思想，有助于提升高校课程的质量和效果，满足该原则的美育课程能更好地促成体验感好、趣味性强、新鲜个性的美育课程的诞生。

三、课程策略

为实现以上高校美育课程的总目标，高校美育课程应采取一些能让审美、创新能力与人文素质更好融合的教学策略和方法。根据目前高校美育的情况，提供一些比较合理的教学方法及策略。

（1）情境教学法。通过创设生动、真实的艺术情境，引导学生积极参与艺术体验，激发学生的学习兴趣和热情。教师可运用故事、案例、现场考察等手段，让学生在具体情境中感受艺术作品的思想内涵和审美价值。

（2）互动教学法。注重师生互动、生生互动，鼓励学生在课堂上发表观点、进行讨论，培养学生的独立思考和批判性思维。教师要引导学生积极参与课堂讨论，启发学生从不同角度分析艺术作品，提高鉴赏能力。

（3）实践教学法。强调学生的亲身体验，鼓励学生参与艺术创作、表演等活动，提高学生的艺术技能和素养。教师要为学生提供充足的实践机会，关注学生的创作过程，引导学生从实践中收获知识和经验。

（4）个性化教学法。关注学生的个体差异，尊重学生的兴趣和特长，为学生提供个性化的教学内容和方法。教师要善于发现学生的潜能，因材施教，助力学生成长为具有独立鉴赏能力和创新思维的艺术人才。

（5）融合教学法。将美育课程与其他学科相结合，如文学、哲学、历史等，帮助学生全面了解艺术作品的文化背景和内涵。教师要善于跨学科整合教学资源，拓宽学生的知识视野。

虽说这些方法也是我们平时教学中常见的一些手法，但是由于艺术课程的特殊性更加需要灵活地使用这些教育方式，而非单一的考试考查和理论讲述。

第三节　高校美育课程体系

美育课程建构是美育体系构建的核心。根据我国《高等学校公共艺术课程指导纲要》的要求，要加大公共艺术课程建设力度，进一步构建面向人人的课堂教学和艺术实践活动相结合的公共艺术课程体系。高校公共艺术课要以审美和人文素养培养为核心，着力提升文化理解、审美感知、艺术表现、创意实践等核心素养。高校公共课的建设要以创新能力培育为重点，形成"一校一品""一校多品"的艺术教育新局面。

因此，我们在深化教育改革，做好高校美育课程建设时，高校的美育课程首先要满足《纲要》的基本要求，然后再根据学校自身特点、所处区域等建设特色丰富的美育课程。美育课程应包括审美的理论知识传授、技艺技术能力培养、知美创美能力思维的训练等。美育课程素养、精神导向方面要包含健全人格的养成，帮助学生明晰自己的人生目标；端正他们的人生态度，树立正确的人生观、价值观，避免他们受到拜金主义、享乐主义等腐朽思想的侵蚀，正确看待金钱与个人价值的关系。美育课程还要承担起激发创新能力、社会服务意识等作用。

构建高校美育课程体系，一是要构建课程与课程之间的衔接递进关系。高校美育课程体系建设是涉及课程设置、教学方法、评价体系、教师团队建设等方面的系统工程。二是要进行课程设置，构建课程内部的关系。在课程内部建设方面，要确保美育课程的目标明确、内容完善、教学方法创新，并建立科学的评价体系。在课程与课程之间的建设方面，要实现纵向衔接，确保学生在各个学年能够有系统的学习过程；要进行横向整合，促使学生能够涉足多个艺术领域；要为学生提供专业课程支持，以满足不同学生的需求。

同时，通过实践环节的设置，将学生的学习与实际社会需求有机结合，培养具有实际应用能力的专业人才。这一体系的建设旨在提升高校美育课程的质量，培养更全面、有艺术审美、有创造性的全面发展人才。

一、高校美育课程目标

高校美育课程的总目标必须遵循国家美育人才培养的总目标，高校在进行美育课程目标设定时，首先要认清自己的人才培养与办学目标：有些高校的办学目标是培养一流创新人才，有些是培养高素质拔尖创新人才，还有的是培养应用型高级专门人才，各高校间会有所区别。然后，将国家美育人才培养总目标与高校各自的办学目标相融合，设定符合本校的美育课程目标。

以一所应用型高等院校为例，该院校的办学目标是培养应用型高级专门人才。为实现这一办学目标，该高校的培养目标首先要体现高等教育的基本要求，人才培养要达到高等教育本科层次的学业标准；然后培养具备较强的实践能力、能够解决实际问题的应用型的人才，应用型人才培养模式应包含与时俱进的社会实践能力；还要培养具有良好的综合素质的人才。基于此，学校的课程培养目标落到实际形成现实目标，至少包括：（1）所教授的专业知识大多强调实践应用，实践教学部分占比重大；（2）应用型人才的培养注重和企业基层岗位对人才需求的融合，以提升学生将专业知识转变为实践技能的应用水平；（3）应用型人才培养更重视综合素质的提升，如合作理念、创新应用能力、管理能力、灵活应变能力等，这些素质的培养有利于提升学生的社会适应能力。分析高校实际培养情况后，将美育目标与现实目标相融合。美育的总目标是提升个体的审美与人文素养，这也是各类高校美育课程的总目标，该高校也不例外。因此，此应用型高校的美育课程应以全面提高学生的综合审美素养，使学生身心愉悦、人格健全，增强学生社会服务意识与管理协作的创新应用水平为目标。

　　高校众多且各有差异，综上可对高校美育课程提出基本的目标。美育课程建立以审美知识目标、审美能力目标和审美素养目标"三位一体"的目标维度图，如图 4-1 所示。审美知识目标包括审美方法、理论与技能，即培养学生掌握审美的知识、技能等，是对美的发现能力的教育。审美能力目标包括感受力、理解力与创造力的提升，是表达美、创新美的能力的教育。审美素养目标包括审美经验、审美态度及审美价值观的综合素养的教育，即培养有高尚情操的，塑造完美人格。

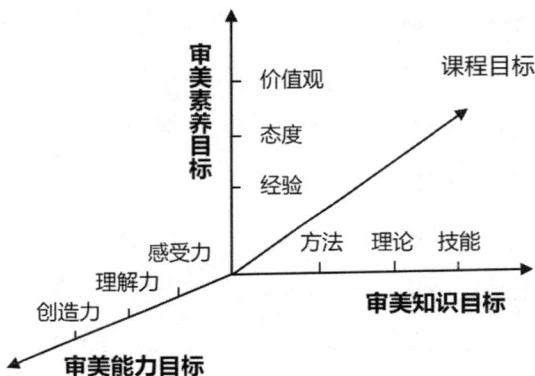

图 4-1　"三位一体"的美育课程目标维度图

　　仍以上文提及的应用型大学为例，他们的美育课程目标是培养出有创造美、高尚情操和服务社会的综合素养。那么其美育课程目标应促成学生社会服务意识、服务思想观念以及服务态度的提升。同时，美育课程目标应包含审美创新、促进地方发展的能力训练，关注大学生创新能力的养成是否足够使高校与地方发展相互促进。为达到该美育课程目标，高校可与地方传统文化特色的美育课程相互配合。即美育课程目标要融合有鲜明地方特色的传统优秀文化，如借助艺术教育实践体验或改进原有艺术选修课实现促进美育课程目标。大学生只有熟悉自己的文化、了解高校所在地才能对其更自信、更热爱，这也有利于促进高校与当地发展的良性循环。

高校美育课程目标的建立除了考虑高校、地方与政策，当然也要结合大学生的群体特性，当前比较合适的美育课程以艺术课作为基础，有艺术修养课、绘画、摄影、文学精读等。下面基于"三维一体"课程目标维度图分析《大学音乐：声乐》美育课程，该美育课程面向全体学生，其课程目标与内容如下。

（1）课程审美知识与技能目标。课程基础知识与技能目标包括对声乐理论、知识技能的掌握，还包括与声乐相关的历史、文化、名人与特色等。设置"了解""掌握""初步具备"等不同难度的声乐知识"梯度"。

（2）课程审美能力目标。其重点是体验过程性学习，体验音乐，充分聆听，鼓励学生独立发表感受，启发想象，培养学生"模仿"与"探索"新事物的能力。强调做中学、学中做与反思三个环节。在学习中感受音乐美，学生通过课程学习获得唱歌方法与再学习的能力，为学生提供良性循环的学习内容。培养学生解决唱歌过程中遇到问题的能力，提升赏鉴、创新思维、批判性思维等能力。

（3）课程审美素养目标。素养的形成过程分认同、体会、内化三个层次。该目标是通过音乐为大学生树立正确的审美观念和审美态度，达到审美素养提升的目标。声乐课的目的是培养学生对音乐过程或学习结果的体验以及体验后的倾向、感想以及思想观念的判断。通过音乐的特殊体验为情感、态度、价值观带去的变化，如使学生感到积极快乐的、感叹祖国大好河山的、体会异国风情的、思乡之情的等主观体验目标的建立。

音乐艺术课程目标不但包含基础知识的学习，还可以提高大学生艺术审美能力、演唱能力；还有编排、表演创造力等课程，提高了团队合作能力。表4-1是面向全体学生的《美育课程：声乐》课程目标详情，声乐课程中共要完成三级美育内容，分别是"唱歌""欣赏""创编/表演"。

表 4-1 高校美育之声乐课程目标设置

内容	课程目标	效果
唱歌	能记住 N 首以上歌、曲并完整演唱； 掌握简单的声乐技巧、简单的乐理知识	知识习得 艺术技能
欣赏	了解与音乐相关的人物、故事、背景与意义； 养成喜欢关注音乐的习惯； 学会表达欣赏音乐的情感； 会理解音乐，并保护自我音乐体验感受	文化素养 热爱生活 技能体验 自我表达
创编/表演	主动唱歌、愿意唱歌、能大胆自信地开口唱歌； 能够独立与他人合作，共同设计演唱； 开放式、趣味性背景下的自由发挥	建立自信 协作能力 创新能力

二、高校美育课程结构

在美育发展的初级阶段，各高校可根据学校实际情况，尤其是师资力量，确定美育课程的种类及开课数量，后续逐步丰富美育课程。高校美育的课程结构，指一系列美育课程的前后顺序、相互关系；也包括一门美育课的内容关系、结构编排顺序等。根据高校美育发展的现状，建议把高校美育课程做阶段化、阶梯式处理，如图 4-2 所示。

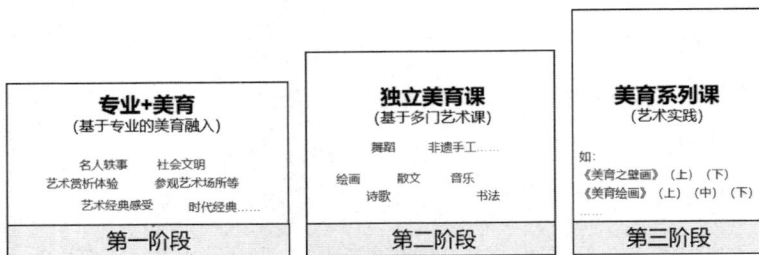

图 4-2 高校美育课程的阶段结构

第一阶段的美育课程在美育目标的指导下，以人文、艺术与专业课相互融合的课程为主。这种模式覆盖的受教育人群广泛，美育内容相对差异较大。

第二阶段的美育课以艺术通识课为主，对审美教育进行普及。着手准备不同种类型、不同系列的艺术公选课作为实施审美教育的载体。第二阶段课程既可以是1门跨越学期的长时课程；也可以是2门或多门课程共同组合。组合课程的教学比较适合由不同艺术教师共同承担。我们都知道术业有专攻，在高校美育面前，需要联合设计教学大纲，协调美育内容、途径与达到的更好的美育效果，共计2~4学分为宜。

第三阶段是美育系列课，也叫美育专业课。该阶段的美育课程是连续且有难度阶梯的。课程在审美教育思想、体验程度、实践内容等深度维度上都要有递进，以《美育水彩》为例，一梯度的水彩（上）是启蒙与渗透课程，即便是无专业基础的学生也可选修。二梯度的水彩（下）是递进水彩或色彩课（实践），鼓励产出与创新，培养全面发展的审美与创新能力。因此，即便在第二阶段也适合不同层级的学生学习。

第二、三阶段美育课程内容多样、结构有梯度。一方面解决了学校美育建设改革路径的压力；另一方面也为不同艺术水平的学生提供了多项的选择机会。高校尽可能地丰富艺术课的类型，第二、三阶段的美育课种类虽然越丰富越好，但实际上这很难做到，毕竟大学课时总量也是有限的。在未来希望高校能有条件为学生开设种类繁多、层次丰富的美育课程，这样既能服务于有兴趣、持续学习的学生，也更大限度地实现艺术教育浸润工作。

就一门美育课程结构来说，它要与高校艺术专业课程有所区别。首先，每门美育艺术课都要包含审美教育和审美素养两个核心部分。其次，美育艺术课程的实施思想是以浸润为主的快乐审美教育，是非艺术专业的技术专业水平教育。再次，美育艺术课程内容结构要采取艺术、文学知识与实践活动相结合的审美体验形式，即使是第一阶段审美教育与专业课相结合时，如在医学课程中融入美术体验，有助于学生更好地绘制医用图像等，为将复杂的医学知识转换成易读的可视化图谱提供基础，为后续创新提供帮助。最后，课程内容由浅入深，提高课程趣味性。

　　理论与实践各占比例因开设的阶段、课程类型不同而有所区别，一般来说第三阶段课程的实践占比偏高。当然，第二阶段独立美育是今后高校的主流，如绘画、声乐、昆曲、水彩画、壁画、剪纸等艺术类美育课是有共性的。该类美育艺术课由艺术鉴赏（美感审美）、艺术基础（技巧知识）、艺术体验（情感精神）三部分内容组成，如下图4-3所示，该图描述了美育艺术类课程的主要结构以及结构内容导向。

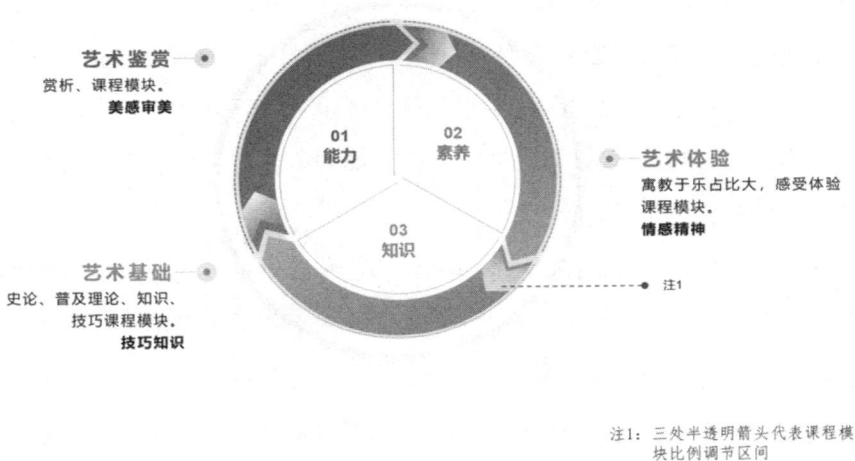

注1：三处半透明箭头代表课程模
块比例调节区间

图4-3　高校美育课程设置

　　依照同样思路、核心模块，根据需要高校美育课程可以设置不同体量，如"一系列""一种""一门"和"一节"或几种体量的组合形式。"一系列美育课"可以是音乐、美术、文学等多种类美育课程的组合。"一种美育课"，重点在深度上，有至少2-3层递进的梯度设计，如按学期编排上、中、下三种不同难度的课程。以美术课程为例子，共分史论、赏析、创作三大类别，如创作又分高、中、低3个水平。这种课程结构满足了不同程度学生的学习需要，有兴趣的学生也能持续地接受审美熏陶。如果暂时还只能开设2个学分的公共艺术选修课，一门课中可直接对某一艺术进行（基本概念、史论、赏析、技巧等）递进式的知识体系安排。按一学期通识课计算，一门美育课可以由4-6门美育微课程构成（可参考本书第五章第四节的美育实践课程创新设计），作为面向人人的美育普及课。而一节美育（微）课则通常是美育学科的某个具体知识点或技能点的教学内容，至少也包含艺术审美与素养人文环节。

三、高校美育课程设置

高校美育课程设置是一个综合性的过程，需要考虑学生兴趣爱好、专业需求、教学资源和教育目标等方面内容。美育课程建设初期以通识课为主，为选修课；条件允许可以采取"1+（1）"的课程设置，"1"为美育必修（多种类型），"（1）"为选修（美育微课系列、美育通识或美育实践系列、跨学科特色课）。

（一）美育必修课程：为了保证每个学生都能接受到基本的美育教育，高校应该设置一些必修的美育课程，如美学原理、艺术概论、音乐欣赏、美术欣赏等美的基本认识课，用于提高他们的审美能力和艺术鉴赏水平。

（二）选修课程：高校可以开设一些美育选修课程，以满足不同学生的兴趣和需求。如音乐、舞蹈、戏剧、美术等。学生可以根据自己的兴趣和特长选择适合自己的课程。

（三）实践课程：美育教育不仅仅是理论学习，除美育课程自带的实践模块以外，还要实践体验。因此，高校应该设置一些专门的实践课程，如艺术创作、音乐演奏、舞蹈表演等。这些课程可以帮助学生将理论知识应用到实践中，提高他们的实际操作能力和艺术表现能力。

（四）跨学科课程：美育教育可以与其他学科相结合，形成跨学科课程。

例如，可以将美育与文学、历史、哲学等学科相结合，开设一些综合性的课程。这些课程可以帮助学生从多个角度理解艺术和文化，拓宽他们的视野和思路。

（五）美育特色课：美育微课堂系列，以主题为单元的美育小课包。美育地方资源系列；如结合"毛泽东故居""张謇博物馆""岳麓书院"等地方资源设计美育实践课等。美育校内外文化活动系列等。例如，校内可以举办音乐会、画展、戏剧演出等活动，让学生亲身感受艺术的魅力，提高他们的艺术修养和审美水平。校外带学生探访历史遗址、参观艺术博物馆、访问艺术院校（艺术学院、艺术系部等）、走进艺术家工作室，多欣赏、多聆听、多交流、多动手。

总之，高校美育课程设置应该根据学生的需求和兴趣、教学资源和教育目标等因素进行综合考虑，形成多样化的课程体系，为学生提供全面的美育教育。

目前，以艺术、文学、传统等为载体（绘画、声乐、昆曲、水彩画、壁画、剪纸等）的美育课程种类众多，又加上每个学校的特色和地方文化不同，各高校师资、资源等也存在差距，美育课程统一度不高。本书无法照顾到各种美育课程设置，本着尽量归纳的原则，设计了图 4-3 内容。下面介绍美育课至少包含的艺术组成。以美育课《大学音乐：声乐》《大学音乐：吉他》等来探讨课程的内部设置。

以《大学声乐》美育课程为例，艺术课程内容的好坏决定了授课效果与影响力。声乐与实践内容是课程设计的核心。从面向人人角度的美育教育课程来说，音乐、美术类的艺术相对来说可行性更高，价值也很明显。高校美育首选声乐，相对于钢琴、古筝、长笛等需要乐器的艺术种类，门槛低，不用购买器材。其次，声乐这种艺术也被大多数人所喜爱，大学生大多从小受过音乐课的熏陶。并且大学生的理解能力比之前更高，因此在音乐方面思想、艺术气息更容易传播。然后，根据大学美育的特征，面向人人需要，更多的是普及、交流与体验。

《大学声乐》的课程内容由"理论与技巧、演唱与欣赏、实践与体验和活动编排与表演"四块组成，如图 4-4 所示。根据美育要求，满足了"认

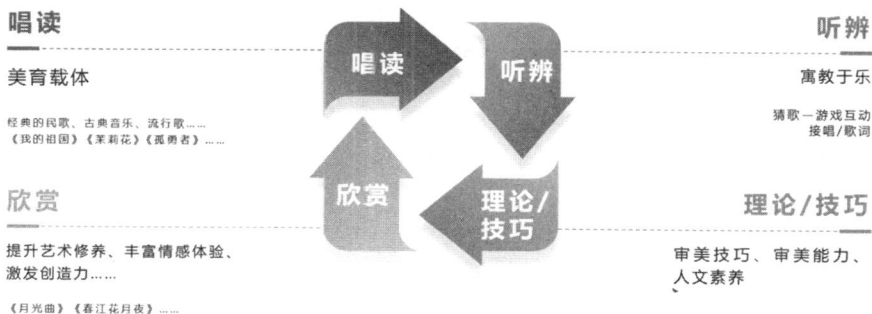

唱读　　　　　　　　　　　　　　　　　　　　　　听辨

美育载体　　　　　　　　　　　　　　　　　　　　寓教于乐

经典的民歌、古典音乐、流行歌……　　　　　　　猜歌—游戏互动
《我的祖国》《茉莉花》《孤勇者》……　　　　　　接唱/歌词

欣赏　　　　　　　　　　　　　　　　　　　　　　理论/技巧

提升艺术修养、丰富情感体验、　　　　　　　　　审美技巧、审美能力、
激发创造力……　　　　　　　　　　　　　　　　人文素养

《月光曲》《春江花月夜》……

图 4-4　高校美育音乐（唱歌）课程内容结构

知、情感、表达和创新"的四种理解声乐学习声乐的过程，是提升艺术审美的重要环节，审美能力的加强学生全面发展的前提条件，人文素质、健全人格的培养所需要的艺术形式要在声乐课程中合适地融入。在音乐艺术实践的环节中，演唱不光是技巧的问题，选歌也很重要。歌曲是"美育"的重要载体，可以选择具有丰富审美内涵和文化价值的歌曲。教师完全可以用音乐为载体拓展音乐的背景知识，如歌词的意义、歌曲表达的情感、创作理由、作者的生平、创作的年代、社会反响、对社会的意义等，这些方面都可以成为美育教育的素材、载体。比如歌由可以是经典的民歌、流行歌、说唱、中外著名的歌剧选段等符合美育课程的目标和理念的歌曲。民族特色能够让学生更好地了解不同民族的文化和历史，增强他们的文化自信心和认同感。引入一些流行的、健康的、具有时代特色的歌曲，通常更贴近学生的生活和情感，能够激发他们的学习兴趣和参与度。同时，在专业教师演唱技巧和表现

力的引导下，学生演唱，共同深入体验和感受音乐的魅力。

四、高校美育课程模式

高等教育体系中，美育课程模式是指高校在美育教学实践中采用的一种有计划的组织形式和实施方式。高校为了实施美育教育而设计的一系列有组织的教学活动结构和策略，通常是教育理念、教学内容、教学方法、评价方式等方面的有机组合。

通常高校美育建设会结合地方特色、历史文化资源，设计具体的学校模式，如"三位一体""三全育人""四美四育""体验—参与式""五环五段"等美育课程教学模式。高校通过设置课程、组织艺术实践活动、融合校园环境、合理汇聚整合资源等，建立属于自己的教学模式。从而实现全方位多途径地培养学生感受美、鉴赏美、表达美、创造美的能力，全面提升大学生的文化素养，帮助学生涵养人生品位、升华理想，最终促进其正确审美观的树立和审美素养的提升。

案例一：某本科高校的"三位一体"美育教育模式（图4-5），在美育课程和美育实践活动方面设置修读学分，构建以"理论"与"实践""校内"与"校外""线上"与"线下"的"三位一体"美育教育模式。为全校不同学科学生，开设系列美育课程，课程内容采用理论与实践体验相结合的授课方式；模式高度整合各类美育资源，校外邀请艺术和设计大师，聘请非物质文化遗产传承人担任兼职教授。线下美育实践特色课程，线上自主开发和引进MOOC课程及网络进阶式课程协同教育。

案例二："三全育人"创新的教育模式（图4-6），通过育人思想改变带动美育教育观念转变。改善美育环境，将美育视野贯穿全员育人、全程育人、全方位育人的重要美育模式。这是落实立德树人根本任务的重要前提，也是"三全育人"发展的重要契机。

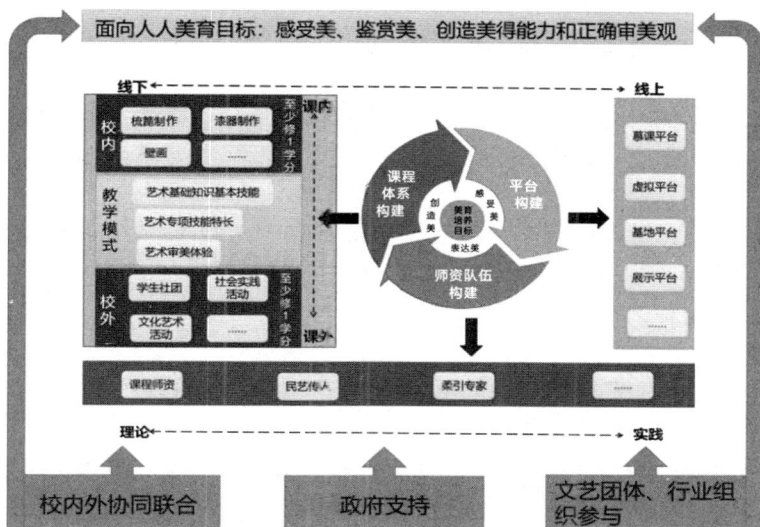

图 4-5 "三位一体"美育模式

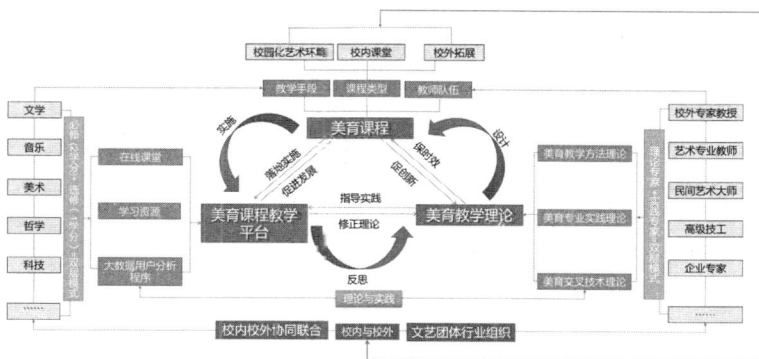

图 4-6 "三全育人"创新的美育模式

案例三:某综合性大学的"艺术与审美"课程采用了跨学科融合的艺术实践模式。在课程设置上,它整合了美术、音乐、舞蹈、戏剧等多个艺术领域与一体化综合艺术课,通过多样化的艺术形式提高学生的审美素养。在教学方法上,除了传统的课堂讲授外,引入工作坊、艺术实践、现场观摩等多种教学方式。比如，在舞蹈模块中，学生可以亲身体验舞蹈创作、表演的乐趣和社团活动表演等。在音乐模块中，学生不仅可以学习音乐理论知识，还有机会参与合唱团的排练和演出。此外，该课程还注重与校外艺术机构的合作，定期组织学生参观艺术展览、观摩专业演出等，拓宽学生的艺术视野和审美经验。

案例四：江苏一本科院校采用"大艺术"教育模式，将音乐、美术、戏剧、舞蹈等多种艺术形式融合在一起，通过跨学科教学的方式，培养学生的创新思维和创造力。

案例五：北京一所大学开设了"美学与文化"等美育课程，通过课堂教学和实践活动，引导学生了解中西方文化传统和艺术形式，提高学生的审美素养和文化素养。

案例六：艺术院校要承担美育的重任，因此，北京一艺术院校采用了"音乐教育"模式，注重音乐教育的普及和提高，不仅开设了针对不同层次学生的音乐课程，还通过音乐会、音乐节等形式，让学生亲身感受音乐的魅力，提高他们的审美能力。

案例七：江苏的一批艺术院校构建"四美四育"美育育人体系，通过涵养"心之美"、弘扬"文之美"、创造"艺之美"、实践"行之美"，培育美的追随者、传承者、创造者和播撒者，形成了富有文化艺术特色的高校思政育人新模式。

高校美育课程模式是一个综合性的概念，它涉及课程的多个方面，不同的课程模式代表不同的课程组织结构和教学过程，反映了美育课程与相关领域间的关系。它还涉及教学方法与手段、教学组织与管理、教学评价与反馈等，本书将在第六章集中讨论高校美育评价现状、高校美育评价需求与高校美育评价内容等部分。

第四节 高校美育师资队伍建设

高校美育师资建设要注重教师的学科知识和教育能力的双重培养。从教育知识内容上讲，美育教育师资应覆盖艺术、人文、自然三大领域。

一、高校美育师生分析

（一）教师

随着高校人才培养目标的综合发展，美育课程已成为不可或缺的组成部分，对美育教师的需求在数量和质量上均呈现逐渐提升的趋势。然而，当前美育教师队伍配置存在严重不足，专职教师数量匮乏，只能聘用校内外兼职教师以满足教学需求，经济压力较大。通常缺乏长期建设规划、人员增补频繁、管理和保障机制不完善、业务能力提升计划不健全等问题，这些都会影响美育教师队伍专业化水平的提升。

美育教师的培养也存在不少问题。首先，美育教师专业性不强。这里所说的"专业性"是指美育教师的美育教育技能，而非教师的艺术修养。从现状看，音乐教育、舞蹈教育和美术教育等专业教师所上的美育课程与艺术专业课内容差别不大。学校缺少对美育教师的培训，专门针对艺术、美育教师的培训太少。很多教师普遍存在对美育的性质、特点以及美育课程教学方法了解不多、认知不深的问题，能够胜任美育课程教学的不多。艺术院校缺少专门为美育教师介绍和研究艺术教育误程、教材、教法的课程，针对高校的就更少了。

其次，人文类、美育类课程设施建设十分薄弱。受专业艺术教育体系影响，人文、艺术的交叉性小，艺术中"史论"课程就是专业的艺术史，几乎没有美学和美育理论课程。人文类课程教师对艺术的理解力不强。艺术教师的文化感又没有人文类课程教师的那么全面，从人文微视角对经典艺术作品的意义解读、对当下艺术文化现象的价值评判等能力要加强。作为美育教师，不仅要知其然，更重要的是要知其所以然。就像一位美术教师除了会画画之外，还要能说出一幅名作的美妙之处，引导学生去体会和领悟，这就需要其具备理论分析和价值评判所需的知识和能力，否则难以胜任"以美育人""以文化人"的美育任务。

最后，由于缺乏学科支撑，美育教师的教育教学和科研水平还不够高，专门从事美育教学和研究的教师较少，部分其他专业教师承担美育压力较大。美育教育是多学科交叉的专业领域，只有建立美育学学科，我国的美育教育才能够得到长足发展。美育学是以美学、艺术学与教育学为主要交叉学科的应用型学科。其知识体系既包括美育的性质和特点、美育的形态与范围、美育的方法论，也包括学生审美核心素养的构成与培养、学生审美发展的阶段性特点，以及实施美育各类主要艺术课程的特点、规律和教学方法。由于美育学属于交叉学科，需要美学、教育学和艺术学等学科的协同合作，所以美育学学科建设更需要得到各方面的大力支持。

美育交叉学科教师的资源需要师资组合。比如高等数学的美育教育，应当把高等数学教师与公共艺术类教师或艺术教师组队，成立美育—高数模块组。就日常教学的各个环节，由数学老师制定教学计划，艺术老师参与设计课程美育环节，对高数课堂上涉及美、美育的要点进行补充。

（二）大学生

高校学生的年龄相仿，只是专业不同，培养方向有所区别，但在对人才培养的性质方面无需区别对待。虽然学生大致有文、理之分，但对美的培养目标是一样的，高校美育都是为了激发他们的创造力和潜力，使大学生为国家的繁荣发展贡献更大的力量。如果要做细分，那就在艺术生和非艺术生之间的艺术课程稍作区别。艺术生的美育教育就融合在专业课程当中，或做不同艺术的交叉培，选修非自己专业的其他艺术美育课程。

1993 年 2 月，中共中央、国务院制定的《中国教育改革和发展纲要》中提出：中小学要从"应试教育"转向全面提高国民素质的轨道，面向全体学生，全面提高学生的思想道德、文化科学、劳动技能和身体心理素质。当代大学生正是素质教育政策下培养出的人才，从小就受到综合培养，一方面，当代大学生中许多人多才多艺，美育的基础就有了，对于高校进一步的美育实施奠定了基础。另一方面，当代大学生以至今后的大学生都是在数字化时代，从小接触广泛信息，但同时有机会接触到的不良信息也很多，因此，加强精神文明建设、以美育人对当代大学生更加重要。

总之，高校美育在实施过程中，应注重学生的个性发展和全面素质教育，强调学生在艺术领域的多元化表现。针对艺术生和非艺术生，可以设置不同层次的美育课程，如绘画、音乐、舞蹈等，使学生在学习本专业的同时，也能接触到丰富的艺术形式，提升审美能力和艺术素养。此外，还可以利用现代科技手段，如数字艺术、虚拟现实等，让学生在美育过程中感受到艺术形式的创新与变革。高校美育应立足于学生的全面素质教育，注重个性化发展和多元化培养。在数字化时代，加强精神文明建设，以美育人，为当代大学生提供具有高尚情操、丰富内涵的美育课程。

二、高校美育师资队伍的建设

美育教师队伍建设是美育教育过程中十分重要的环节，是构建富有审美力、创造力和人文关怀的美育的核心要素。尤其是高水平的美育师资队伍的建立，能推动高校美育教育发展，是培养具有竞争力的人才的重要保障。高质量师资队伍能够更好地引领美育理论与实践的发展潮流，为学生成长提供更为丰富的美育体验。

虽然我国的"艺术师范教育"培养了大批普通艺术教师，但大多都从事中小学艺术教育。由于中国高校教师对学历的门槛要求高，目前，高校主要美育教师大多数由高校教师、从事艺术的教授和高校师范专业教育的人员组成，他们为学校的美育工作提供了重要的支持。由于我国还没有设置相对独立的"美育学"学科，美育教师培养仍然存在不少问题，影响了美育实施的成效。

首先，美育教师不仅需要深厚的专业知识，还应具备跨学科的视野，能够将美育理念融入不同学科的教学实践中。美育教师还要注重的审美知识和教育能力的双重培养。为实现这一目标，高校可通过开展专业发展培训、组织国际学术交流等方式提升教师的学科素养。设立专业发展课程和工作坊，为美育教师提供深入的学科知识和实践技能培训。这样的培训旨在帮助教师更好地理解美育的理论框架，提升他们在实际教学中运用美育教育理念的能力。

其次，师资建设还需注重培养教师的创新意识和改进教学方法。美育的本质是培养学生的创造力和审美情趣，因此教师需要创新教育理念和方法。高校可通过组织教育技术培训、鼓励教师参与艺术创作等方式，激发教师的创新热情，提高其教学水平。

然后，鼓励教师尝试新的美育教学方法和手段，探索符合学生特点的教学方式。例如，可以采用项目式教学法、案例教学法等，引导学生主动参与、思考和实践，培养学生的创新思维和实践能力。美育的本质是培养学生的创造力和审美情感，因此教师需要具备创新的教育理念和方法。只有具备了扎实的理论基础和广泛的视野，美育教师才能更好地引导学生进行审美体验、提高创造力，并在学术领域中取得更为显著的成就。

在高等院校美育建设的初级阶段，建设专兼结合的高校美育的师资队伍尤为重要。理论上高校应成立美育艺术教育中心，培养一定数量的美育专职教师，组建高质量的美育教师队伍。通过顶层设计，统筹优化美育师资，如由教育主管部门合理均衡师资配置结构；加强美育相关教师的学科融合，如通过校校结合、校企联合、校地联合等拓宽美育师资队伍等。

高校美育师资建设是推动美育理论与实践不断创新的重要路径，通过培养具有综合素养和创新精神的教师队伍，可以更好地实现高校美育的目标与使命。高校为更好地建设美育，一般会设立美育研究中心或成立艺术教育中心等，以下为不同状况的高校，提供一些不同方式的师资队伍组建形式。

第一，众师共融。依托校内各学科、专业的师资组建美育队伍。学校以艺术、文学等专业为核心（也可以根据美育内容需求联合各专业的高级名师），培育专职人员，形成一定数量的高水平师资。

第二，专兼结合。建设高水平专职和兼职美育教育师资队伍，即本校专职与其他高校之间联合培养。

第三，校企结合。联合其他行业名家辅助组建师资队伍。相关企业实践师资的加入不但符合应用型的标准，还真正让学生能接触到实践，甚至合作投产，从实践到精神都获取"美"的感受。

第四，综合资源。如通过聘请国际、国内著名专家学者和高校所在当地的艺术家、学者、民间艺人、非物质文化遗产传承人、退休老专家等担任兼职教育者，共同辅助美育教师队伍建设。在保障基本教学与美育基础方面，艺术专业教师发挥着不可或缺的作用。而为了使美育体验更加丰富多彩，我们邀请了专家和民间艺人加入其中，使教学内容得以多方位升华。以某高校为例，其美育师资教学团队是由专业教师、专家、民间艺人、企业人员以及数字资源等多个方面共同构成的。在新时代背景下，他们充分利用网络资源，借助强大的网课平台，汇聚各地优秀师资，共同高质量完成教学任务。

第五，建立美育虚拟实验室，美育数字化服务平台，跨越时空提供便利的服务，美育师资人数极大提升。如数字蜡染体验平台（如图4-7，设计项目来自笔者，谢威图）、城乡美育互助平台（如图4-8，设计项目来自笔者，乔鑫瑜等图）、清代典藏彩绘屏风家具修复虚拟仿真实验室（南京林业大学平台）、东南大学昆曲表演艺术虚拟仿真实验室（图4-9）等。此外，还可以从校外聘请当地的艺术专业人士组成"线上教学"服务平台,建立专兼职教师合作的虚拟教研室等。美育实验室与美育数字化平台的建立,不但能解决人员不足,缓解高校师资压力,还能收集到大学生的使用情况数据,从而让美育师资能更好地研究问题,改进美育教育质量。

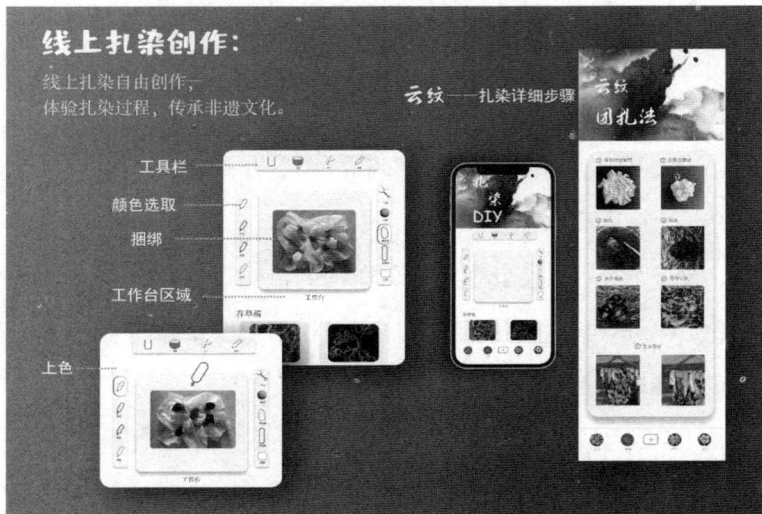

图4-7 数字蜡染体验平台 谢威 孙莉

图4-8 城乡美育互助平台 乔鑫瑜 孙莉

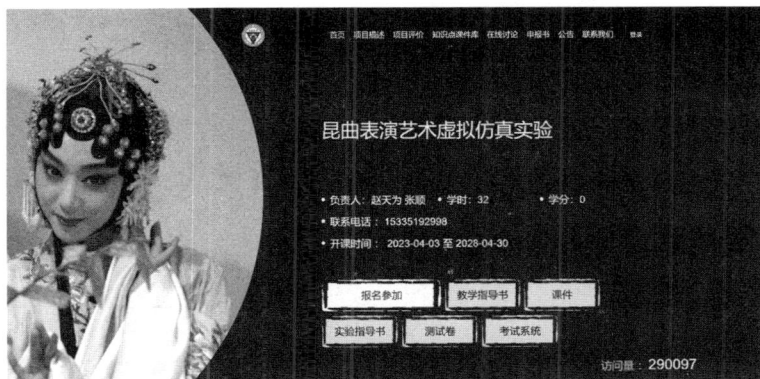

图 4-9　东南大学昆曲表演艺术虚拟仿真实验室　赵天为

高水平的美育师资队伍是推动美育发展、培养具有国际竞争力人才的重要保障。通过不断提升美育师资质量水平，培养具有综合素养和创新精神的教师队伍，能够更好地引领高校美育理论与实践创新发展，为学生成长提供更为丰富的美育体验，更好地实现高校美育的目标与使命。

第五章

高校美育实践探索

《高等学校公共艺术课程指导纲要》明确提出构建面向人人的课堂教学与艺术实践活动相结合的公共艺术课程体系，为高校美育发展指明方向。本书坚持美育浸润、快乐美育的指导思想，在研究高校美育现状、分析美育理论的基础上，探究当代高校美育理论的内涵、目标与内容。本章节力争设计出面向人人、轻松参与的快乐美育实践案例，推动教育实践创新。有趣的美育实践能帮助大学生提升审美素养、促进其全面发展，增强他们的社会凝聚力与文化自信，提升幸福感等。高校美育实践大多依托于艺术实践，艺术专业学生的艺术实践通常包括艺术史、理论的学习，以及创作、表演、展览等实际体验活动。但对于非艺术专业的普通大学生来说，艺术实践的机会通常来自美育课程、校园活动、美术展览、社会实践等。高校美育实践是培养学生审美能力的重要手段，因此，探索高质量、趣味性强高校美育课程实践具有现实意义。

第一节　高校美育课程实践与教学

美育实践泛指围绕美育教育开展的一切相关的教育行为。本节的美育实践主要包括美育课程具体的实践环节与教学内容。高校通常利用课内实践、校内外实践基地、学生社团、文艺竞赛等多种活动、教育形式开展丰富多彩的美育实践活动，增强美育课堂教学效果。

一、高校美育实践概念

我们把围绕高校美育教育开展的所有工作统称为高校美育实践。目前的高校美育实践主要是将审美理论应用于实际的审美教学活动中，为培养学生的审美意识、审美能力和创新思维而进行的全部教育内容。美育实践包括教学实践环节、课程设置与体系建设、教学评估与管理活动、相关课内外活动、校园文化建设、艺术展演以及其他美育活动。高校美育实践是高校教育研究不容忽视的环节。

高校美育课程实践通常指高校美育课程中的具体的综合性的学习活动环节。有两种理解，从广义上讲，它是围绕高校美育课程、教学相关的所有实践活动，是众多用于培养学生的审美意识、审美能力和创新思维课程活动的总和。在现阶段的高校美育中，这些实践包括但不限于美育的艺术欣赏、审美体验、艺术创作、艺术表演、艺术评论，以及与艺术相关的各种社会实践和志愿服务。从狭义上讲，高校美育课程实践是课程中操作与体验的学习部分，即通过实际操作和应用知识来深化学生对课程内容的理解和掌握，以培养学生的实际操作能力、问题解决能力以及综合素养。高校美育课程实践与美育课程理论相对。

美育实践，这种教育方式不同于传统的灌输式教学，更强调学生的主动参与和情感体验，使学习变得更为愉悦和有效。其核心强调学生的主动参与和亲身体验美，不让美的理论留在课堂、留在书本中，在动手、行动中为学生提供感受美、认识美、创造美的机会。如体验一场绘画实践、"30 秒舞蹈"体验、艺术创新实践、跨学科创意设计融合等美育实践。其实，不存在脱离审美实践活动的独立美育课程，艺术审美实践活动是美育课程的主要实施形态。艺术美育本身属于一种自由的形态，适合寓教于乐的方式，使学生在参与中净化心灵，提升精神境界。审美教学环节中纯粹的知识技能传授不是目的，而是借助实践让学生亲身体验和感知美，只有直接感受到艺术的魅力和力量，才能更深入地理解和欣赏美。

二、高校美育实践课程的内容与设置

美育实践课程在高等教育中具有非常重要的意义和作用。通过美育实践，学生可以深入了解艺术的历史、文化和社会背景，培养审美意识、审美能力和创新思维，提高综合素质和人文素养。同时，美育（课程）实践还可以帮助学生拓宽视野，增强跨文化交流能力，培养团队协作能力和领导力，为未来的职业发展打下坚实的基础。因此，高校应该重视美育实践的重要性，加强美育（课程）实践的课程建设和师资队伍建设，为学生提供更多优质的美育资源和实践机会，促进学生的全面发展。高校应该加强对美育课程实践的重视，将其纳入学校的教学计划中。为了更好地推进高校美育课程实践，要从课程内容、课程形式、教学资源准备以及教学设计等多个方面进行深入的探讨。作为美育教师也应该不断提升自己的艺术素养和教学能力，以便更好地引导学生参与美育课程实践。

高校美育实践课程的设置与教学研究是一项重要的工作，通过课程实践能训练学生的审美素养、创造力、文化理解力和艺术技能。关于美育实践课程的内容，本书对高校美育课程做了一些研究，先谈几点美育实践课程设置需要关注的一些问题。

（一）课程目标

美育实践是用于辅助美育课程总目标实现的，实践课要注重审美感受与意识，提高学生的艺术技能，潜移默化地促进学生对实践内容的文化的理解以及鼓励其创造性思维培养。

尤其是美育的课程实践，实践内容要尊重学生基础层次，匹配艺术实践的难度。将课程目标合理的设定在实践环节，最初的美育实践课程最好与大学生自己的专业领域有联系，这样能更好地激发交叉学科的创造力。如学生是学医学的，艺术作品在医学领域也有举足轻重的地位。为了培养这种能力，开设医学美术课程显得尤为重要。通过这一课程，学生可以更深入地欣赏和理解艺术作品，进而提升个人的艺术素养。而艺术素养的提升，有助于学生更精确地表达和传达医学领域的知识与信息。

（二）课程内容

跨学科融合的课程内容设计，这是需要教师深入思考的模块。前面已经讨论过，由于师资等原因，很适合做跨学科融合，跨学科融合的课程内容不仅可以拓宽学生的知识视野，培养他们的创新思维，还有助于学生了解不同文化传统和当代艺术趋势。而课程内容跨学科融合的可行性分析是第一位。在现实中，我们鼓励跨学科课程设计，只有将美育与其他学科相结合，才能更好地促进创新和多元化思维。为了实现这一目标，我们可以选择适当的艺术和文化内容，以便学生能够了解不同文化传统和当代艺术趋势。因此，我们应该积极探索跨学科融合的教学模式，为学生提供更丰富、更全面的教育体验。

首先，跨学科融合能够拓宽学生的知识视野。在传统的教育模式下，学生往往只接触到单一的学科知识，这限制了他们的思维广度。然而，通过将美育与其他学科融合，学生可以接触到更多的知识领域，从而更好地理解世界。例如，将美术与历史学科相融合，可以帮助学生更好地理解不同历史时期的文化背景和艺术特点；将音乐与数学相融合，可以让学生感受到数学在音乐中的重要应用。

其次，跨学科融合能够培养学生的创新思维。在当今社会，创新已经成为推动社会和个人发展的重要动力。通过将美育与其他学科相结合，可以激发学生的创造力，培养他们的创新思维。例如，在科学实验中引入艺术元素，可以帮助学生从不同的角度思考问题；在文学创作中运用数学原理，可以创造出更具创意的作品。

最后，跨学科融合还有助于学生了解不同文化传统和当代艺术趋势。通过学习不同学科的知识，学生可以更深入地了解各种文化背景和艺术风格，从而增强对世界的认知和理解。例如，学习舞蹈可以让学生感受到不同地域的文化特色；学习摄影可以帮助学生了解当代摄影的发展趋势和技巧。

（三）教学形式

美育教学应采用多种教学方法，包括讲座、实地考察、实践工作坊、艺术品赏析、项目式学习、小组讨论等。丰富的教学方法可以帮助学生将理论知识应用到实际创作中。如在绘画技巧、音乐演奏、舞蹈动作、陶艺彩绘等艺术美育类的实践课程中，教学方面更适合"交互式"教学形式，艺术实践活动非常不适合以被动接受知识、说教形式来完成，要提高美育课程中互动、交流教学所占比例。鼓励学生参与实际的艺术创作和表演等活动，至少要通过艺术欣赏"评说"产生交流，交流才能更好地反馈学习情况，促进学生审美鉴赏能力的提升。教师还可以采用"边输入边输出"的教学培养形式，分段安排实践，以此来检验学生对美育课程目标的理解程度。教学互动的方法也可以与时俱进、丰富有趣，如引入现代"抽盲盒"的形式来赏析作品、交流感想。盲盒甚至还可以包含现场求助等娱乐趣味性的设计，帮助非艺术专业同学放松，缓解紧张氛围，轻松氛围中更能锻炼人的胆量，达到寓教于乐的美育效果，帮助学生形成良好的性格。

（四）评价方法

不管是美育的实践还是美育实践的成果，都很难用一种具体标准来衡量的，采用多元化的评价方式有利于提高评价的准确度。多元化的评价方式要求在审美教育评价过程中，结合多种方法、标准和角度，全面、客观地评估被评价对象，不仅仅依赖某一种评价标准和手段。美育涉及的内容广泛，在美育实践中，这种评价方式尤为重要。就像完成一场小型舞台表演，有的人是主演，有的人是助演，没有助演的衬托，主演也无法完成。策划艺术表演的人，也许只是提供了策划，但同样参与了艺术实践活动，此时很难用单一的量化标准衡量。多元化的评价标准更具有全面性、准确性、激励性。多元化评价不仅体现在评判标准上，还可以根据具体需求和场景，选择书面、口头、观察、定性、增量评价等适合的方式来进行评价。

为更好地促进交流互动，教师应鼓励学生参与评价。第一，鼓励学生进行自我评估，促使他们反思自己的学习和创作过程；第二，引导学生相互评估，教师起到先行示范作用，示范点评的过程，这也是审美精髓传达的过程。艺术创作点评很重要，师生均要重视点评。点评时教师既应鼓励学生畅所欲言，也不能想当然点评，尤其在学生对艺术审美认知程度把握不深时；更不能相互吹捧，切记不能互柜贬低，要借助审美知识基础做出客观评价并与抒发自我感受相结合。审美评价要有包容性，充分尊重和理解他人观点，允许多样性的存在。轻松愉悦的互评更有助于学生的思维发散，观点的碰撞有助于创意的活化。

（五）及时反馈

在学生参与美育课程实践时，一定要及时向学生提供反馈。反馈不仅是对学生学习成果的评价，更是对学生学习过程的指导和帮助。学生需要及时了解自己的表现如何，以便他们及时调整自己的学习方向和策略，更高效地进行查缺补漏改进；教师也能有的放矢地帮助他们增进艺术技能和表现水平。但如今高校的很多公共课在最后提交作业后，只能看到分数。其实终极考核的评价反馈也很重要，如同我们高考前对每张试卷的点评一样。大学生很多时候是无法对一门课最后的成绩情况进行了解的。在美育课程实践中，美育侧重体验、感受，尽可能地抓住适当的美育情景，尽量在过程的各个环节都能接收到各方面的反馈。

美育课程的及时反馈，如同其他课程一样，需要有反馈机制的保障，美育课程的反馈应该是全方位的，包括对学生作品的技术性评价、创意性评价以及情感性评价。技术性评价可以帮助学生了解他们在技术运用上的优缺点，创意性评价可以激发他们的创新思维，而情感性评价则能让他们更深入地理解和感受艺术。此外，反馈的形式也应该多样化。除了传统的文字评价外，教师还可以采用口头反馈、面对面交流、集体讨论等方式，让学生从不同角度了解自己的学习状况。

三、高校美育实践课的类型

高校美育课程实践种类很多，通常按艺术内容划分种类。但笔者希望按照美育的目标来划分实践类型，分别为素养导向型、艺术体验型、艺术技能获取型、创意养成型。

第一类是素养导向型。这种类型的实践课程以一个具体的美育素养目标为主导，可将"仁、义、礼、智、信、孝、艺……"作为美育实践主题的一些方向，并通过艺术手段来实现该目标。例如，设计以"环境保护""版权意识""我爱我的家乡""传统美德知多少"等为主题的艺术活动。进行有素养培育目标的"功能美育"实践课的设定。我们可以通过与主题有关的艺术欣赏、艺术创作、展览等形式，一方面服务于大众，宣传"环保理念"；另一方面潜移默化的洗礼了参与者的心灵，从而增强其环保意识，提升其综合素质等。在美育实践课程中，以素养目标为导向，激发大学生对问题的思索，有助于创新服务方案的产生。基于有"人人享受美"理念，以上活动都可以使用"共创、共享"的形式，达到受众更广泛的效果。

第二类是艺术体验型。艺术体验型的实践课程主要以学生的艺术体验和感受为主，通过欣赏、创作和表演等环节来培养学生的艺术素养。例如，艺术鉴赏类、艺术基础等课程，引导学生欣赏各种艺术作品，提高他们的艺术鉴赏能力。艺术基础课，让学生亲身体验各种艺术形式，培养他们的艺术兴趣和爱好。

美育涵盖多种艺术形式，这种美育课程在第四章的课程设置中有提到，即适合设计成多门艺术的联合形式，如美育"八讲"，集几门精品，能使学生很快获得广泛的艺术接触，当然可根据课时，配套艺术实践活动。如"艺术大师课"外加"小试牛刀"，8~16课时一组，含实践，选用艺术中能够单独提取的小模块，如扎染一个手帕，剪一个你爱的人物（我的妈妈）等。每一篇章（一种艺术）都是精品，有趣又没有压力。

第三类是艺术技能获取型。艺术技能获取型的美育课程也是十分必要的，学习艺术、学审美难道不是为了学"会"吗？所以在接触艺术的时候，学生已经在接触知识、技能。大学生通过课程学习，可以掌握一些简单的技艺，提高自己的艺术表现力，例如，绘画、音乐、舞蹈等，就算不是专业的，但也懂得了丑美。

如通过绘画实践课程的学习，学生掌握了点、线、面、构图等绘画语言，提升了自己的绘画技能水平和实践能力。绘画与医学的实践课程设计，即绘制"人体"八大系统：消化系统、呼吸系统、循环系统、内分泌系统、神经系统、运动系统、泌尿系统及生殖系统，从组织胚胎与解剖角度来看，就是细胞、肌肉、骨骼等部分。因此，学生的美育要从理解每一处人体的细节着手，进而理解生命的美与奥妙。艺术能带去非写实的手法，让医学生有另一种表达的方式，今后在与病人交流的时候，形容得更生动，而且绘画能磨炼心志，安神静心，为将来从医的人员提供帮助。

以"摄影"艺术为例，学习艺术的基本摄影手法，并自我策划一场"关爱弱势群体"影展。在策划关爱弱势群体的展览时，学生们就能边学习摄影技巧，边用镜头记录下他们的观察和感受。美育实践锻炼学生掌握摄影技能，包括构图、主体物、色彩、比例等艺术基本知识的同时，也让他们深刻地体会到社会中特殊人群的不易。学生们学习如何运用摄影艺术来表达他们的故事，学习如何捕捉那些揭示人物内心世界的瞬间，通过镜头展现出他们坚韧不拔的品格等，学生拍摄了不同人群的生活状态，用影像展现出社会中特殊人群的困境和挑战，用镜头记录下自己的思考和感悟，用影像唤起更多人的关注和共鸣。

通过这样的学习过程，学生们不仅提高了自己的艺术素养，也增强了社会责任感和人文关怀。在美育实践过程中，学生们逐渐增强了对于弱势群体的理解和关爱。以实践的方式让大学生注意到社会问题，这样的教育方式，不仅让学生们在艺术学习过程中体会到了社会中特殊人群的不易，更让他们在成长过程中，自然地去思考如何用自己的力量去关爱和帮助他人。

第四类是创意养成型。创意养成型的美育实践课，其目标是开发学生的思维，促进学生想象力的发展，鼓励学生发展创造性表达能力，通过创作自己的艺术作品来表达思想和情感。实践课通过设定某一主题，不限定艺术手段，可以是音乐、美术、文学等，引导大学生在实践中创新，发挥自己的创造力。

比如以"花"为主题，从赏花到插花，贯穿文学与艺术之美。用中国的插花艺术作为美育实践的载体，使插花艺术不仅成为可操作、能体验的艺术，更是一个承载着诗意和意境的美好媒介。中国的插花艺术历史悠久，插花主要是在寺庙和皇家园林中使用，被视为一种高雅的艺术形式。随着时间的推移，插花艺术逐渐走进了寻常百姓家，成为一种时尚和文化。除了背景介绍，还可以深入挖掘诗词、画作、典籍中的丰富美育素材，以及生活中常见的故事、素材等作为人文熏陶。"接天莲叶无穷碧，映日荷花别样红""风吹梨花香满园，俏丽花姿舞翩跹"是对自然风光的赏析；"墙角数枝梅，凌寒独自开""幽香扑鼻似清霜，寒韵傲然冷傲芳"表现了如梅花的不怕严寒的坚强精神；"折花逢驿使，寄与陇头人"表达了诗人对千里以外的友人的挂念……

实践课提供文化背景、文学诗词等内容，邀请大学生根据理解进行插花实践，教师在辅导过程中对技艺、艺术等方面加以辅导。以花卉为创作灵感，可促使学生领略花卉之美，从而激发他们对自然、生命和艺术的独到见解。每一个作品可能都是创新的种子。简单的插花体验，看似是实践活动，通过美育教师的设计，可以是很多创意的载体，作品在专业人员的辅导下也许成为美化环境和提升生活品质的时髦摆件、互赠同学老师的礼物……插花实践不仅可以点燃学生对艺术的热情，而且可以使插花艺术成为美的传播者和创造者，为学生提供更为丰富的艺术学习体验。

第二节　高校美育实践途径

高校教育本身就是培养学生成才的重要途径，美育实践路径的融入，使高等教育更有温度、更丰富，也让人才全面发展更具可能性。目前高校美育课堂教育是实现人才教育最有效、最重要的实践途径。高校重视美育实践工作，正不断加强美育教育途径开发，为学生能受到各种渠道的美育奠定坚实的基础。本节围绕教学途径，进行美育的实践渠道的探索。

目前，高校美育除了课堂教育以外，比较常见的实践途径还有校园文化活动、校园艺术节、跨学科交叉课程、公共在线教育、艺术社团活动、艺术展览以及社会实践、志愿服务等校外实践。高校美育实践教育途径会随着时代的发展而增多，当前我们对其的开发，可以通过优化、整合学校各方资源、设计新型模式等途径，促进社会与学校、学校各单位、各部门之间的良性互动，形成开放高效、多方协作、充满活力的美育实践格局。

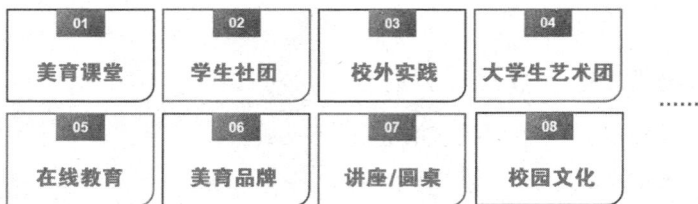

01	02	03	04
美育课堂	学生社团	校外实践	大学生艺术团
05	06	07	08
在线教育	美育品牌	讲座/圆桌	校园文化

图 5-1 美育实践的主要途径

一、美育课程

美育课程的课堂教育是高校美育的核心途径，根据《高等学校公共艺术课程指导纲要》引导，目前为实现高校美育浸润，开设的公共艺术课程至少要 2 学分，公共艺术课堂自然成为学校美育的重要方式。作为美育课程的公共艺术课不仅是知识的传递，更是学生审美情趣、审美素养等的培养过程。在课堂上，专业教师借助艺术课程，如音乐、舞蹈、戏剧、美术、文学等具体艺术形式作为载体培养学生对美的感受力与创造力。美育教师通过美育课堂的引导和讲解，帮助学生深入理解和感受艺术作品的内涵和美，让学生更好地掌握审美活动的技巧并感受审美活动的意义。美育课程的课堂教育形式潜移默化、润物无声地实现了寓乐于教的美育浸润。

美育课程中最重要的依然是课程内容的编排与革新。即便是美育的课堂教育，也应注重理论素养和实践的结合，理实一体的课内知识素养与课内能力素养为宜。如美育课程主要包括艺术作品鉴赏、艺术创作体验、艺术表演参与等环节。在这些环节中，学生可以深入学习和理解艺术理论，提高艺术鉴赏能力。例如，在美术类作品鉴赏环节，学生可以通过分析作品的构图、色彩、寓意等方面，提升自己对美的感知和理解。在艺术创作体验环节，学生可以亲自动手绘画、雕塑、摄影等，锻炼自己的艺术表现力，提升思维创新能力。在课堂上可以设立艺术创作工作坊，为学生提供创作材料和工具，引导学生进行绘画、雕塑、摄影等艺术创作。教师可以在一旁进行指导，帮助学生解决创作中的问题，并鼓励他们发挥自己的创意和想象力。例如，在艺术表演参与环节，学生可以参与戏剧、舞蹈、音乐等的表演，提升自己的审美素养和艺术修养。

美育课堂之外的美育课程部分，我们统称为美育课外实践。课外实践的形式主要有参观艺术展、参观博物馆、美术馆、音乐厅等文化艺术场所；这是一种将艺术经验知识现场化的活动，能让学生亲身感受美的存在，让学生在实践中感受美的力量，提高审美能力。同时，高校美育还应该注重学生的个性发展，尊重学生的选择和创造，鼓励他们发挥自己的特长和才能。

此外，高校教师组织学生参加各种校外实践活动的同时，也可以将美育课堂搬到校园外，搬到实践活动中，美是无处不在的，如基于美术的美育课程实践可以通过写生观察大自然的色彩、变化，感受四时风光等。将美育课程内容与社会实践活动相结合，如文化志愿服务、社会服务等。美育的课外实践课程能让学生更好地在实践中浸润人文素养，感受社会文化背景和艺术魅力，提高自己的审美素养和社会责任感。

二、美育活动

（一）文化活动

高校美育实践可以通过文化活动这一路径来加强。高校大部分的文化活动是为了满足学生精神生活方面的需求，进行的教育、科学、文化知识传播和弘扬等活动。文化活动能促进人类精神文明，我们可以先就文化活动本身进行讨论，探究它作为美育实践为美育教育提供怎样的作用与意义。

就文化活动的内容来说，更注重思想、观念和文化的传承与发展。为探索美育实践而创作的文化活动通常是艺术特色加地方特色。常见的艺术文化活动可以做长期延续性的，就像"艺术社团、艺术讲堂、文化之旅、诗社、各类艺术展览系列活动"等，作为艺术实践的文化活动也有短期的，如"艺术文化节、木版年画展、行云流水书法展、诗歌朗诵、散文朗读、写作比赛"等。这些活动不仅为学生提供了丰富多彩的艺术体验，还有有助于培养他们的审美情趣和创造力。

除此之外，高校美育还经常举办一些"馆—校"联合文化活动，如为了让学生了解历史文化和艺术的发展历程等，组织参观一些文化遗产，参观博物馆、历史古迹等文化活动，这些活动的参观环节通常在校外进行。学生在参与校外的文化活动环节时，通过观察和欣赏历史文物和艺术品，可以培养自己的文化素养和审美情趣，增强对传统文化的尊重和认同。而很多的艺术实践，尤其是摄影、美术、音乐都离不开生活，离不开社会，离不开人与这些文化活动的共鸣。这些活动旨在让学生亲身体验艺术的魅力，培养他们的审美鉴赏能力和创作实践能力。通过参与这些文化类艺术活动，学生能够更好地了解自己的兴趣和才华，培养自信心和表达能力。同时，这些活动也能拓宽学生的文化视野，增强其对多元文化的理解和尊重。

（二）文艺活动

文艺活动作为一项丰富多样的艺术教育实践，力求培养学生的全面素质。大学生通过参与各类文艺活动，不仅能够提升自身的审美能力，更能培养其艺术素养和创作能力，从而全方位提升个人综合素质。此外，文艺活动还能引导学生树立正确的人生观和价值观，促进其身心健康发展，这正是美育教育所期望的结果。

就以前来说，学校也会举办很多文艺活动。只是在今天我们有条件和引导能将校园艺术活动的品质内容提升到更高的境界，使其成为美育教育的重要实践途径。如今文艺活动丰富多彩、种类繁多，为学生提供了丰富的文化体验，营造了浓厚的艺术氛围。学校会举办各种文艺活动，其中一些常见的活动包括音乐比赛和音乐会、舞蹈表演和比赛、戏剧和话剧表演、艺术设计比赛、联欢晚会、主题晚会等。

参加文艺活动对大学生审美能力和情趣、创造力、社交能力、情感培养等都有积极的意义。参与文艺活动能让学生更深入地了解和欣赏艺术作品，提升审美情趣。同时，文艺活动还能激发学生的创造力，使其在艺术领域不断探索和突破。文艺活动让学生接触到不同的文化元素和艺术形式，拓宽其文化视野。在此基础上，学生能够更好地理解和尊重多元文化，增强跨文化交际的能力。

文艺活动往往需要多人合作，这为学生提供了一个锻炼团队合作和交流能力的平台。文艺活动作为一种情感表达方式，让学生学会用艺术作品传达内心情感。同时，这些活动还能促进学生之间的交流与合作，培养学生良好的社交能力。在合作过程中，学生可以学会倾听、理解他人，提高自己的人际交往能力。此外，文艺活动还能促进不同专业、不同背景的学生之间的交流，增进彼此的了解，促进校园和谐氛围的形成。学生可以更好地感受艺术的魅力，培养艺术鉴赏能力。同时，丰富多彩的课余生活也能激发学生的兴趣和潜能，使其在愉快的氛围中成长。

综上所述，文艺活动在提高学生综合素质、丰富校园文化生活、促进交流与合作、展示学生才华等方面具有重要意义和作用。学校应加大对文艺活动的投入和支持，为学生创造更多参与文艺活动的机会，从而培养出更多具有全面素质和艺术修养的人才。

（三）文艺社团

文艺社团是高校美育建设的又一路径，高校应充分发挥学生社团的作用。社团已经在大学的校园中传承很多年，每个大学都有自己的社团。社团作为文艺实践的重要场所，为文艺活动和文化活动提供了很好的平台。打造艺术社团、创新社团形式，鼓励学生成立各类艺术社团，如舞蹈社、戏剧社、美术社等，让学生在课余时间积极参与艺术活动。通过自发组建各种艺术社团，学生可以充分发挥自己的创造力和想象力，展示自己的才华和个性。组建社团又能提高自己的管理、写作和社交等能力。如在音乐社中，学生可以一起演奏音乐、歌唱、创作歌曲等，感受音乐的魅力；在舞蹈社中，学生可以学习各种舞蹈技巧和表演方法，提高自己的舞蹈水平和表现力；在戏剧社中，学生可以排练各种戏剧作品，表演话剧、舞台剧等，培养自己的表演才能和团队协作精神能力。

社团也可以组织各类实践活动，如户外写生、艺术创作、演出等，让学生在实践中不断提高自己的审美能力和创作技巧。同时，社团活动还可以培养学生的团队协作能力和组织能力，为学生未来的发展奠定基础。在高校中，学生社团活动是一项非常重要的校园文化活动。

教师可以参与社团活动，并给予帮助，共创价值，根据美育课程需要甚至可以设置"社团到课堂"的环节，用于丰富课堂教学。通过将社团活动引入课堂教学，教师可以丰富教学内容和形式，激发学生的学习兴趣和积极性。例如，教师可以邀请戏剧社的学生来表演一段话剧，让其他学生感受戏剧的魅力；或者邀请音乐社的学生来演奏一段乐曲，让其他学生欣赏音乐的韵律和节奏。这样的教学方式不仅可以增强学生的学习体验和参与度，还可以促进学生的全面发展。此外，高校美育还应充分利用校园文化资源，举办各类美育活动，丰富学生的校园生活。如举办美育文化节、艺术沙龙、专题讲座等，让学生在潜移默化中接受美的熏陶。同时，鼓励学生参加国内外艺术竞赛，提升学生的艺术实践能力和综合素质。

三、美育公益

艺术实践与社会公益的衔接，是实现美育教育目的的又一重要途径。"艺术实践与社会公益"的有效结合是充分利用社会美育资源的体现，在服务他人的同时，拓宽大学生的美育视野。

一直以来有很多大学生也是参与校外实践活动的，比如做一些公益活动。艺术类的社会公益活动是多种多样的，这些活动不仅具有社会价值，而且对大学生美育建设也有着积极的影响。因此要了解艺术与公益的结合可以打造怎样的实践活动。艺术类的社会公益活动如果按类型划分，大致可以有以下几种形式。

一是艺术教育项目。如为贫困地区的学校提供艺术教育资源，为接受特殊教育的儿童开设艺术治疗课程、音乐助老计划、国际青少年文化艺术交流等。在我国部分地区，尤其是贫困地区的学校，存在着艺术教育资源匮乏的问题。为了改变这种状况，我们启动了艺术教育项目。这些项目包括为贫困地区的学校提供艺术教育资源，如教材、教具等，以保障那里的孩子们能够接受艺术教育。此外，我们还为接受特殊教育的儿童开设艺术治疗课程，通过艺术的方式帮助他们克服心理和生理上的障碍。同时，音乐助老计划为老年人群体提供音乐学习的机会，让他们在晚年生活中感受到音乐的魅力。我们还积极参与国际青少年文化艺术交流，促进中外艺术教育的融合发展。这些都能为大学生提供用艺术造福公益事业的机会。

二是公共艺术项目，如绘画（壁画）项目、街头艺术节等，通过美化公共空间来提升城市的文化氛围。这些项目不仅为艺术家提供了展示才华的平台，还让广大市民能够在日常生活中感受到艺术的魅力。街头艺术节等活动，更是将艺术带入人们的日常生活，让市民成为艺术的主体，提高了城市的文化品质。

三是艺术捐赠活动，如向博物馆、图书馆等文化机构捐赠艺术品或艺术教育材料等。为了支持文化事业的发展，我们鼓励社会各界捐赠艺术品或艺术教育材料。这些捐赠物品会被送往博物馆、图书馆等文化机构，让更多的人能够欣赏到艺术品，感受到艺术的美好。同时，这种捐赠活动也有助于推动艺术教育的发展，让更多的人受益于艺术教育。

参与社会公益活动以艺术服务他人的同时又提升了自我，也为实现社会主义精神文明建设做出了贡献。大学生将所学的艺术知识运用到实践中，同时为社会做出贡献的方式让大学生更加深入地了解社会，培养他们的社会责任感和人文关怀精神。在参与社会公益活动的过程中，大学生可以接触到不同的人群和环境，从而拓宽他们的视野，增强他们对多元文化的理解和尊重等。

在社会公益活动中提升大学生的审美素养。通过参与艺术类的社会公益活动，大学生能够直接接触到优秀的艺术作品并了解其创作过程，从而提升自己的审美素养和艺术鉴赏能力。这种实践经验能够使大学生更加深入地理解艺术作品所蕴含的美学价值和人文精神。

培养大学生的社会责任感。参与艺术类的社会公益活动可以让大学生意识到自己对社会的责任和义务。通过为贫困地区的孩子提供艺术教育资源、为公共空间增添艺术美感等行动，大学生可以亲身参与到社会公益事业中，增强社会责任感和人文关怀精神。

促进大学生的全面发展。参与艺术类的社会公益活动不仅能够提升大学生的审美素养和社会责任感，还能够促进他们的全面发展。这种实践活动能够培养大学生的创造力、团队合作能力和社交技能，同时也有助于提高他们的心理素质和情感智慧。

增强大学生的美育意识。通过参与艺术类的社会公益活动，大学生能够更加深入地了解美育的重要性。这种实践经验能够使大学生意识到美育并不仅仅局限于课堂和校园，而是与整个社会息息相关。这有助于激发大学生对美育的兴趣和热情，培养他们的美育意识和观念。

拓宽大学生的视野。参与艺术类的社会公益活动可以让大学生接触到不同的文化和人群。这种跨文化的交流能够拓宽大学生的视野，增强他们对多元文化的理解和尊重。这有助于培养大学生的全球意识和跨文化交流能力，为未来的国际交流和合作做好准备。

综上所述，艺术类的社会公益活动对大学生美育建设有着积极的影响。通过参与这些活动，不仅可以提高大学生的艺术实践能力、审美素养，增强美育意识并拓宽视野，还能增强社会责任感，促进社会和谐发展，促进人才的全面发展，达到美育教育的最终目的。因此，高校应该鼓励和支持大学生积极参与艺术类的社会公益活动，以促进他们的个人成长和美育建设。

四、美育环境

艺术实践与校园环境建设是相互促进、相辅相成的。美育的重点在培养学生的审美素养和创造力，而艺术实践是实现这一目标的重要途径之一。良好的校园环境能够为学生提供愉悦的学习和生活氛围，有利于学生的身心健康和全面发展，通过艺术实践美化的校园环境，还有利于学生接受艺术熏陶。

艺术实践在校园环境建设中具有不可替代的作用。通过参与艺术实践活动，学生能够亲身感受和实践艺术，提升自己的审美素养和创造力。例如，学生可以参与到校园环境的装饰和美化中，通过绘画、雕塑、摄影等方式创作出具有美感的艺术作品，为校园增添色彩和活力。此外，学生还可以通过参加文艺演出、音乐会等形式展示自己的艺术才华，丰富校园文化生活。

除此之外，校园环境建设也是美育教育的重要组成部分，因此我们要从硬件、软件两个方面共同打造具有艺术氛围的校园环境。

（一）打造校园艺术"硬"环境

一是打造校史馆和"特殊"馆，一些有价值、特殊意义、里程碑事件场馆，作为学校的文化地标。同时将其作为美育教育实践基地，让学生感受学校的创业奋斗发展历史和办学特色、文化脉络等，增强学生对学校的认同感，使学生坚定职业选择，树立正确的价值观、大局观。二是打造各教学单位文化地标。充分发挥学科专业优势，进行校园综合环境设施美化工程。各二级学院还可以打造自己的美育品牌，建立自己的 LOGO 特色，将学院发展和专业特色融入专业之美，坚定学生专业选择、专业追求和专业理想。通过美育品牌的打造，能有效地传递理念、价值观和特色。这有助于塑造积极、专业和有吸引力的形象。高校美育品牌的打造便于美育活动知名度的提高，使其在同类活动中凸显差异性。这使得人们更容易记住并选择与众不同的美育项目，从而在竞争中脱颖而出。

一个优美的校园环境不仅能够提供舒适的学习和生活条件，还能够潜移默化地影响学生的审美观念和创造力。如果高校的各方面条件允许，还可以建设其他文艺场所。学校可以借助校园环境建设，营造出浓郁的艺术氛围。例如，建设艺术展览馆、音乐厅、剧院等文化设施，让学生能够随时接触到优秀的艺术作品和表演；在校园中设置雕塑、壁画等艺术品，激发学生的艺术灵感和创新思维。

（二）打造校园艺术"软"环境

"美育品牌"的打造是构建立体美育的途径之一。除了常规的美育途径，高等院校还可以打造立体化的美育，如打造"美育品牌"，塑造"美育 IP"。"美育品牌"的打造，使美育活动更具吸引力、更规范、更有组织性和延续性，需要树立组织或活动的形象代表，通过打造美育品牌，有效地传递理念、价值观和特色。如"快乐合唱 3+1"是乡村美育公益品牌，以"唱"为核心，进行一系列活动开发。"一村一坊"是高校共青团为服务乡村振兴而共建的美育共享品牌。以"振兴乡村"为主要目标，围绕此目标开展"一村一坊"非遗传统手工艺美育工作室，并将美育活动延伸至乡镇等地，这样的美育途径容易激发学生的兴趣。

目前已经有高校建立了主题鲜明的"美育系列讲堂"，如"美育之国学讲堂"——红色文化;"美育之艺术讲堂"——地域文化;"美育之龙江讲堂"——龙江文化;"美育之矿山讲堂"——矿山文化等,将众多"文化"主题融入校园文化建设,这些讲堂不仅丰富了学生的学习生活,更在无形中培育了学生坚定的理想信念和高尚的道德品质。这一举措对于提高学生的综合素质、培养他们成为具有社会责任感和文化自信的优秀人才具有重要意义。

为了提高学生的艺术素养和审美能力,高校可以与国内外的优秀艺术表演院团、艺术社会组织以及高等学府建立广泛的合作关系。加强与兄弟院校、艺术团、相关部门等的合作,积极组织高雅艺术进校园的活动。同时,以素质教育和创新创业为契机,构建美育服务团体。美育团体影响高校,这样既能缓解高校压力,也能通过以学生为主导的艺术团来带动高校美育建设。让更多同学去感受美、展现美、践行美、创造美。

艺术实践与校园环境建设柜结合,能够共同促进美育教育的发展。从美育教育的视角来看,学生通过亲身参与艺术实践,提高了自己的审美素养和创造力,学生将艺术实践融入校园环境建设过程中也为校园环境建设贡献了自己的力量。良好的校园环境为学生提供了展示自己艺术才华的平台,丰富了他们的课余生活和精神世界,增加了他们的艺术实践信心,校园能够为学生提供一个充满美感、富有创造力和正能量的学习和生活环境,从而促进他们的全面发展。因此,学校应该重视艺术实践与校园环境建设的有机结合,为学生的美育教育创造更好的条件和机会。

五、其他途径

高校美育的实践还有很多其他的途径,比如在线教育。随着互联网技术的发展,高校可以利用在线教育平台开展美育课程。学生可以通过网络欣赏各种艺术作品、参加在线艺术课程、观看在线演出等,实现美育的远程教育。在线教育是一种方便快捷的教育方式，可以让学生随时随地学习，提高学习的效率和自主性。对于高校的美育课程而言，在线教育更是一种革命性的方式。它不仅突破了传统的课堂教学模式，也为学生提供了更广阔的艺术学习空间。学生足不出户便能欣赏到世界各地的艺术作品，感受艺术的魅力。通过在线艺术课程，学生可以学习到各种艺术形式和技巧，提升自己的艺术修养和创作能力。在线演出则可以让学生亲身体验到艺术的现场感和互动性，感受到艺术表演的魅力和震撼。

社会方面，政府、企业和社会各界都应共同努力，加大对美育事业的投入，以推动高校美育工作的全面发展。他们能为高校美育提供充足的资源，如设立专项基金等的财政支持、资助高校的美育项目、对参与美育事业的企业和个人给予税收优惠政策等。当然，美育教育者都不希望这些好的策略变成单向形式，只有通过一代又一代人觉悟的提高才能真正地实现良性循环。此外，社会各界人士也可以通过各种方式支持高校美育事业。他们可以捐赠艺术品，为高校的美育的收藏增添新的元素；设立艺术奖学金，资助贫困家庭的学生接受艺术教育；还可以通过志愿服务等形式，参与到美育教学活动中。

高等教育与基础教育有一个很明显的区别，那就是大学生的家长极少参与高校活动。但高校美育的发展离不开家庭的支持。家长可以作为特邀嘉宾参与到大学生的展演活动中，能了解孩子的大学生活，对孩子和家长都有激励性。此外，艺术教育是一个漫长的审美形成的过程，无法一蹴而就，孩子最早的审美来自家庭审美教育，家庭应与高校共创美育实践途径。

第三节　高校美育调查

在对美育实践的调研中，总结一些重要的经验，启发高校美育教育的发展。我们都知道美育不仅仅是艺术，那文学方面如何进行美育实践呢，如何快速了解美育课程，如何快速获得美育经验？本节会通过调研案例进行分析。

一、高校美育调研

借鉴美育成功的案例，我们可以了解美育课程建设的实践情况和发展趋势，掌握有效的课程设计方法和技巧。成功的案例为美育课程建设提供实际经验和启示；为课程设计提供实际依据，使课程设计更加符合实际情况和需求。通过成功的案例也可以激发我们的创造力和灵感，为美育课程建设提供新的思路和方法，提高我们的课程设计水平，促进美育课程建设的不断发展和完善。通常案例的获取主要有以下途径。

（1）成果借鉴，从高水平成果中汲取营养。北京师范大学在美育实践方面有很多值得借鉴的地方，于天、袁媛老师的《游艺抒怀，陶养性灵——美育视阈下"意在象中——中国古典诗词鉴赏"课程的创造性转化与创新性发展》，王鹏、于安东、甄巍等老师的《弘扬中华美育精神，以国家一流本科课程"中国传世名画鉴赏"为平台线上线下结合的传统中国画教学与社会传播实践》，还有肖向荣、邓宝剑、樊小敏等老师的《以美培元、四维融合——北京师范大学美育体系的构建与实践》。不光是国内的案例，其他国家的一些案例，对高校美育设计也会有启发。如美国 K12 艺术视觉教育体系，将美育放在核心地位，重在发展学生的审美能力和思辨能力，从艺术史、艺术批评、艺术创作和美学素养等方面指导学生的艺术审美和创作实践，认为美育和艺术教育对于发展以社会正义为导向的公民资格、共同生活、有效生存以及民主社会至关重要。

（2）线上学习。除了从其他高校美育的实践成果中汲取力量，还可以学习"大学美育"慕课、"学习强国"平台上的美育课程等线上资源。如首批国家级一流本科线上课程"意在象中——中国古典诗词鉴赏""中国电影经典影片鉴赏""中国民族音乐作品鉴赏""中国传世名画鉴赏"等，学生通过线上能快速涉猎，学习较多的内容。

（3）研读国内外有关高校美育建设的论文，关注最新美育政策文件，发文动向等。我们可以了解到美育建设的最新研究成果，为我国美育建设提供理论支持。同时，与国际接轨，借鉴国外美育建设的成功经验，为我国美育工作提供新思路。

（4）从专业人士那里汲取营养。专业人士的智慧犹如一盏明灯，听取美学、艺术教育等方面的专家的美育报告，参加美育讨论会，与同行交流、分享心得体会等，以交流或学习的形式去对方学校学习成功经验。

（5）参加高校、省、教育部等举办的美育集中培育学习课程等。这些途径都能让你快速接近美育。

不难发现，如今高校优秀的美育成果，离不开文化、艺术本身的底蕴，好的艺术自然能让人闻香而来，经典要传承和发扬与美育要实践正是一种契机。因此加强自身专业建设，才能在创新时有一个非常好的基础，对美育建设有正向的帮助。

高校美育毕竟是服务高校学生的，美育工作者需要从学生那里获得一手信息，这对美育教育改进有很大的帮助。下面从学生访谈中随机共享几位同学的想法，列举他们的部分感想。实录如下。

米米同学本科大三

"校园里突如其来的活动都很有趣，有我从没想过也不会的竹编艺术，但很想体验体验……"

孙同学本科大二

"我的校园一切充满正能量！美育不了解，正能量的活动挺多的，但正能量就是美啊，我本来每天就有很多能量，可以搬砖……"

庄同学高职大三

"专业老师偶尔会有人文教育，跟老师一贯风格有关吧。"

胡同学本科大二

"……学生工作比较忙，艺术活动一般学院、团组织相关部门会有通知，然后我们才会积极准备，有时候参与的人多，有时候也就同学……一般都是给主题的……"

王同学本科大三

"艺术类的活动每学期都会有吧，但没有强制要求，好玩就去……"

覃同学本科大四

"……专业课压力挺大的，可能我比较慢吧，不怎么参加学校活动，但感觉文艺活动也挺多的……（问：那平时做得最多的活动是？）做作业啊……累了喜欢看剧……"

余同学本科大二

"我是团支书啊，这学期我的活动特别多，什么类型都有，校园文明建设、爱国主题教育……艺术课吗？专门的艺术课还没有选修过，不会什么艺术特长。"

谢同学本科大二

"……做实验多，不喜欢艺术课，搞画不好（艺术不一定只有美术哦，谢同学），但我喜欢骑行、滑板，算不算艺术？"（那你肯定不喜欢去美术馆咯）"那不一定，无聊的时候可以去玩……"

蔡同学本科大四

"选修过水彩画，喜欢画画，以前没有学过，刚好以前有个选修机会，就想试试……水彩老师好棒，超有耐心，好像下学期还有。"

宋同学本科大一

"……小时候学过古筝，还考过级，忘得差不多了，没看到有古筝社团啊。"（问：一个新的艺术社团和古筝的如果选，你更愿意选哪个？）"继续古筝吧，最起码不纯小白。"

还有很多围绕"美育"主题的漫谈，当然至今学生对美育本身比较陌生，后续我们有目的地隐去美育字样，使用美育的具体内容、目标、措施等进行问答。得到了不少有效信息，比如学生喜好的类型、现状等，这些将应用在美育实践活动创新当中。

二、高校美育案例

案例在我们教育和学习中扮演着重要的角色，具有多方面的作用和深刻的意义。高校美育案例相比理论文字（文件）更容易启发、引导美育学习人员。当然具体的案例也可能限制了人们对美育文件的创造性理解。这也侧面反映了解读理论文献的重要性。理论与案例的区别，正如我们看原著和看电影的区别，原著好比文件，电影好比案例。读原著可通过文字想象人物的长相与场景；而看电影，画面很直观地展现在你的面前，让你很难有进一步的想象空间，同时也失去了形象再加工、再创造的机会。

一些美育教育开发较好的高交，如清华大学、浙江大学，他们着重打造培养学生审美的艺术教育课程体系和与之相配套的评价体系。也有很多后起之秀，短时间涌现了大量的美育案例，这些都值得学习。我在这里介绍几个进行艺术教育的案例，希望不要限制美育教育工作者的创造力。我们对七八所高校不同专业老师进行访问，发现他们对美育真正的内涵还比较模糊，但都有所闻，也确实更希望听到举列说明。下面选取一些高校美育内容，大家可一起探讨观点。

案例一：南方科技大学

南方科技大学是以理工科专业为重点的高校，2022 年年初，进入国家"双一流"高校建设行列。2019 年举办南方科技大学美育教育研讨会，百名专家学者汇聚南方科技大学 聚焦高校的审美教育工作。探讨世界一流大学的美育建设应有怎样的新趋势、新路径，大会共分"大学美育教育""高水平艺术团及校园文化建设""艺术与科学"3 个分论坛，共同讨论"如何发展大学的美育教育"，很有借鉴意义与价值。近年该校发布了《广东省艺术教育 2020—2021 年发展报告——南方科技大学》和《2022—2023 南方科技大学艺术教育发展年度报告》。从报告中可以看出该校对艺术的投入之大、成果之多。

（1）该校旨在培养具备卓越审美品位和人文艺术修养的创新人才。美育和公共艺术课程需紧密结合新时代对拔尖创新人才的需求，并依据实际情况创新公共艺术课程、教材及校园文化活动。2022—2023 学年开设了 26 门、42 门次、59 个班次的公共艺术通识课，以及 15 门次的本研一体化课程。课程包括《美术鉴赏》《工笔花鸟》《中国声乐作品赏析》《宋代院体花鸟画临习》《教你唱歌》《朗诵艺术》《俄罗斯音乐赏析》等。全年授课总学时为1888学时，选课人数达1436人次，人学时总数为45952学时，覆盖全校33%的本科学生。

（2）该校的艺术模块。学校按照"艺术学理论""音乐与舞蹈学""戏剧与影视学""美术学"与"设计学"艺术类五个一级学科化课程定位。学校对应地将该校艺术课程划分为相应的五大模块。每个模块计划设计以史论类、鉴赏类、基础知识类课程为主，实践类为辅的公共艺术课程，常设课程目标不低于30门。理论常识性的赏析课程与感知体验实践课程大约各占一半。

（3）该校的美育教学内容。学校艺术教育教学内容以各艺术学科的历史、风格流派、创作背景、作品鉴赏、作品分析以及艺术家介绍等基础知识为主，注重培养学生的艺术修养和实践技能。我们鼓励学生积极参与课堂教学活动，通过课程训练逐渐提升他们的艺术修养和实践技能。在教学过程中，我们致力于激发学生的想象力，培养他们的创造力和表现力，以及发现美、感受美、创造美的思维意识。最终，我们旨在提高学生的审美能力，提升他们的综合素质，促进学生全面发展。

（4）该校的美育形式。除了课程，该校还通过各种艺术活动和讲座来实施美育。例如，"一季一品"和"南科大文化艺术节"等活动，这些活动结合了观赏性、艺术性、教育性和参与性。此外，学校定期邀请顶尖艺术家和音乐家来校进行学术讲座、举办艺术展，并开设短期精品艺术课程和大师班等。例如，《赵易山艺术公开课：邀你体验中国民族乐器》和在校内美术馆举办的《何香凝艺术作品展》等。

（5）建立一流艺术团体。以四个顶尖艺术团作为核心力量，同时发展至少12个艺术社团，共同构建校级艺术团体体系。这四个顶尖艺术团分别为学生合唱团、民族管弦乐团、交响乐团和舞蹈团。同步建设的艺术社团包括书画社、戏曲曲艺社、钢琴社、非遗社、设计社、拉丁社、阿卡贝拉社、朗诵社、季风剧社、美术社等。

（6）该校启动了公共艺术课程教材体系建设。教材思想以体现思想性、民族性、创新性、艺术性、时代性，并且充分满足南方科技大学人才培养的需求为原则。教材既能作为课程的核心载体，又能作为教学活动的媒介，也是教师开展教学活动的依据。

案例二：苏州大学

加强艺术团建设，学校东吴艺术团、交响乐团、合唱团受邀参加各级各类大型演出，亮相国家大剧院等舞台，切实发挥示范引领作用。

苏州大学在美育领域取得了显著成果，2021 年，教育部网站发布了《多措并举加强美育教育》① 的文章，详细介绍了该校在美育教育方面的工作与实践。通过构建管理体系、深化教学改革、推进文化传承创新及拓展服务社会空间等多种途径，苏州大学不断提升美育教育的品质与水平。

苏州大学充分挖掘美育思政元素，善用课堂主渠道。借助学校丰富的历史底蕴，创作出交响乐《东吴畅想》、话剧《丁香·丁香》等作品，营造出格调高雅、富有美感、充满活力的校园文化。开设艺术史论、艺术鉴赏、艺术实践等美育课程 120 门，将公共艺术课程与艺术实践纳入人才培养体系，成立艺术教育中心，优化美育课程设计。并且实行"艺术基础知识基本技能+艺术审美体验+艺术专项特长"的教学模式，推动美育评价改革。

苏州大学开发了一批优质慕课，如《江南音乐文化之美》等，通过开展美育实践活动，实现学校、学院、班级三级协同。例如，"梦想开始的地方"新生美育第一课以及"美育温润心灵"等特色品牌活动。

---

① 苏州大学多措并举加强美育教育［EB/OL］．中华人民共和国教育部政府门户网站，2021-01-04．

苏州大学将传承与创新中华优秀传统文化融入美育教育，同时在美育实践中拓展服务社会功能，为社会文化的发展与进步贡献力量。这一举措不仅提升了学生的审美素养与创造力，增强综合素质与竞争力，还弘扬了当地文化。

案例三：清华大学

清华大学办学以来就很重视学生的多样化成长及全面发展。1911 年建校之初，清华学堂章程中就提出了"以培植全才，增进国力为宗旨"的办学方针。① 学校提出的办学方针，有着鲜明的通识教育与美育主张，并将音乐、美术类课程列为通修课程，明确了通识教育和美育在人才培养中的重要意义。

在理论方面贡献比较大，与国际交流合作广泛且深入。近年清华大学确立了价值塑造、能力培养、知识传授"三位一体"的教育理念。学校美育课程建设始终以价值塑造、健全人格、宽厚基础、人文精神为导向，艺术类课程作为主导，采用分层次、多类型、阶梯式的多样化的美育课程。在措施方面也很是丰富，如采取开展国际交流活动、与外国博物馆和美术馆建立联系、聘请外国专家为访问教授、举办国际交流演出项目和会议展览等。

具体来说，清华大学积极开展线上、线下国际交流活动，与63 所国际知名院校签署艺术教育领域的合作协议。学校还与17 家外国博物馆、美术馆和3 家外国驻华使领馆建立联系，并聘请了4 位外国专家为访问教授。这些措施有助于加强中外文化交流和合作，提升清华大学的国际影响力和知名度。此外，清华大学还主办了一系列国际交流演出项目、国际会议及涉外展览，并邀请了28 位外国专家、学者举办线上讲座及授课。这些活动不仅为学生提供了更广阔的视野和更充足的机会，也促进了中外文化艺术的交流和碰撞。

---

① 刘巨德. 向美而行：清华大学美育之路［M］. 北京：清华大学出版社，2021.

2020 年，教育部成立首届全国高校美育教学指导委员会，秘书处设在清华大学。清华大学艺术教育中心主任赵洪担任秘书长，美术学院卢新华担任委员。同年，清华大学艺术博物馆入选第四批国家一级博物馆。清华大学校长邱勇校长倡导成立"向美而行的通识教育"课题组，由刘巨德教授负责并主编了《向美而行——清华大学美育之路》一书。清华大学还启动了"文化艺术大讲堂"活动。

在 2022 年，清华大学还主办了"2022 清华国际艺术与设计教育大会"，以"万物互依"为主题，邀请了 12 位国内外院校校长参加论坛、组织了 7 场高水平学术研讨会、5 个赛道的跨界工作坊，举办了 1 个专题展览、2 场学生论坛。这次大会成了一个重要的学术品牌和口碑，提升了清华大学的国际声望和学术影响力。当然，清华大学在美育教育领域也取得了一些重要的成果。例如，学生艺术团合唱队、交响乐队、军乐队、民乐队选送的 5 个节目在 2022 北京大学生音乐节系列活动中荣获最佳表演奖。此外，陈雷动画作品荣获 SIGGRAPH（计算机图形学会）大会电子剧院 3 个大奖之一的评委会奖，此为中国动画在 SIGGRAPH 电子剧场的首次获奖。美术学院学生团队还荣获"拉各斯：洪水之城 2022 国际建筑竞赛"荣誉奖等。

清华大学在美育教育方面实施了创新举措，加强了中外文化交流与合作，并取得了一系列成果和荣誉。课程建设方面也下足了功夫，《外国工艺美术史及设计史》获思政示范课程称号，《中国工艺美术史》《活版印刷与手工书实践》《服饰赏析》《古诗词与中国音乐文学》《京剧与中国传统文化》《自我启示剧场》入选清华大学优质通识课程建设计划课程。其中《自我启示剧场》被评为通识荣誉课程。这些措施和成果为学校的美育教育提供了有力支撑，也为其他高校提供了一定的借鉴和参考。①

---

① 孙墨青．清华美育说 | 清华大学美育时间线（1911—2021）［EB/OL］．清华大学美术学院，2021-04-28.

三、高校美育启示

实施高校美育的方式多种多样。除了传统的课堂教学外，学校还可以组织各种艺术社团、文艺比赛、高校环境营造、社会实践活动等，让学生有更多机会亲身感受和实践艺术。此外，高校还可以定期组织学生参观艺术展览、观看电影、参加文化活动等，让学生能够更直观地感受艺术的魅力。这些美育实践对建设高校美育教育、高校美育课程建设具有十分重要的借鉴价值。高校美育教育重在课程设置，我们可以根据他人美育实践效果制定、改进我们的高校美育课程。比如我们可以将高校学生的美育课程划分为具体可操作的目标。

（1）高校要有艺术实践课程。深入了解某种艺术形式的特点和规律，能够独立欣赏和评价艺术作品。要让学生充分体验艺术实践，从中获得美学知识和艺术技能的基本知识，扎实了解、体验至少 1 种艺术才能，学会该艺术的基本审美标准。

（2）要有艺术体验课程。进行不一定是个人的艺术才艺展示，参与观赏也可以，毕竟不可能人人都成为艺术家。现实中通过一门课想要大学生学会审美艺术的全貌甚至审美似乎有点难，但让其体验到艺术、体验到美，还是很有可能的。比如，品鉴大师的作品，欣赏具有审美价值的艺术品，参观博物馆、艺术馆；用心策划、参加一场"艺术""慈善""环保公益"等美育社会实践课程；参观、服务有艺术等教育意义的展馆、场所。

（3）要有文学素养课程。除了艺术课程外，可设计多种类型的美育方向供大家选择。同时，多种课程再设置必修与选修两种目标的课程性质。虽然按学分开几个学分的艺术课程，大家都来上，这种课程好普及、容易计算与推广。但是，大学生并不是每个人都需要同一种艺术，而高校师资也有限，好老师难得。这时的老师可以选用德高望重的名师，给学生做人文情怀方面的引导。

（4）准备艺术的进阶课。对于一些学有余力的学生，可以参与艺术长期课、短期课程，如果大学生能热爱某一艺术诚然更好，至少在今后的生活中，艺术不仅能够帮助他们自我调节，也能够与他人交流分享心得等。如果某些大学生确实不喜爱艺术，只爱科学，最好是有其他方式引起他们兴趣，不妨参与一些联合美术馆、艺术馆、博物馆以及手工艺工作室等联合开发的美育、艺术活动，让其在轻松的氛围中体会美。从娱乐的视角出发，体验好一堂艺术课。

（5）开展艺术互助课。不同学院、不同学生之间，甚至不同学校之间开展课程互助，实现资源共享与合理优化。这样反倒能更容易形成更精致、特色的艺术活动。对于学有余力的学生以及艺术素养很好的学生也可以同需要艺术的学生组成互助团队。

为了实现这些目标，一方面，高校需要完善课程设置和教材建设，加强美育教师培训与资源整合，提供良好的美育环境和实施条件。另一方面，加强有效美育活动的开发，有计划地部署温润人心、人人乐于参与的艺术实践活动，组建学校—社区合作机制等。同时，还需要注重学生的个性差异和多元化需求，尊重学生的主体性和创造性，才能真正激发他们的学习兴趣和热情，让他们在美育中得到全面发展和成长。在总体目标的指引下，高校可针对自己学校的特点、学院的特色以及地区文化来设置大学生美育学习。

第四节 高校美育实践创新

美育实践不仅是体验与表达美的活动，更是一种培养综合素养和创造性思维的过程。艺术美育实践的价值和意义在于通过艺术浸润提升学生的创造性思维、审美情趣和团队协作能力。通过实际创作和表演，学生能够将理论知识转化为实际技能，培养独立思考和解决问题的能力。艺术美育实践也有助于拓宽学生的视野，增强对文化多样性的认知，激发创新潜能。

高校美育秉承面向人人的原则，在为大学生带去审美体验目标的同时，培养他们的审美、创造性思维与创新能力。充分借助艺术实践对于个人全面发展的积极作用。平衡当代大学生艺术实践中理论、实践的比例，通过理论知识与实际操作的结合，将美育活动实践变成一种审美与情感教育的专业课。基于美育理论探讨"大学美育怎么做""一线工作者又该如何因地制宜"等当下高校美育最关心的问题。

首先，美育实践、活动肯定不能少，而且活动要升级。高校一直有社团活动、艺术团活动。但原始的艺术社团服务面有限，校园文化等活动，随机性非常大且一次性活动很多，很少有延续性活动，而且校园里的活动时长都很短。而美育微课程实践是很好的美育形式，计入课时，长期且稳定，让学生有深入艺术实践的机会。本章美育实践活动的设计要尽可能地满足上述需求。通过研究发现当前的高校更需要覆盖面积广、人人都能接受、容易复制、能分散学科压力的美育实践课程、活动。笔者希望设计一些以实践为主的美育微课。这既可以作为美育选修课堂的实践环节，也可以单独用来作为全校人人都可以参加的美育基础课程。丰富校园文化的同时，让更多的学生参与其中，扩大美育覆盖面。

美育实践微课主要由三大模块组成，三个模块分别是审美模块、人文模块和实践模块，如图5-2。审美模块以审美感知、美的理解为目的；人文模块主要对人的情感、素养的教育；实践模块主要是审美体验、美的输出，应用与创新能力的表达训练，该部分其实也是综合素养的锻炼，真正地发挥影响大众美育的作用。基于此，笔者设计了几个美育微课程。但高校众多，情况各异，各位读者如有好的想法欢迎探讨。

基于艺术的
审美**技能**训练

审美
模块

美育实践
微课

选定美育**主题**

基于人文的
审美**素养**训练

人文
模块

实践
模块

主题活动

艺术**实践**体验
审美实践活动

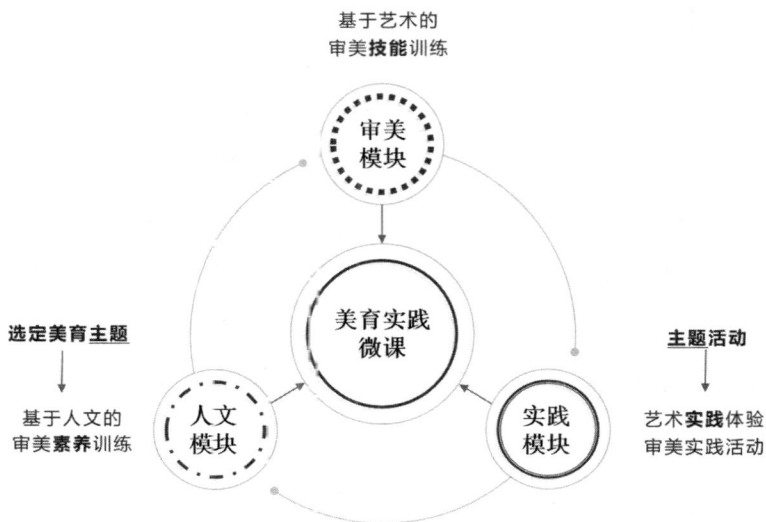

图 5-2 美育微课的构成

一、绘画美育实践

绘画是美术领域中的一个重要分支，是人们用来表达情感、观念和美感的方式之一，也是非常容易被大学生接受的艺术形式。绘画指通过手工或工具在平面上使用颜料、墨水、蜡笔等各种媒介来创作图像的艺术形式。绘画可以包括多种风格和技法，常见的绘画形式包括素描、油画、水彩画、水粉画等。

（一）课程介绍

美育微课程"绘画艺术美育"（环保），是以绘画为媒介进行初级艺术教育的美育课程。它包括理论、实践、评价与共享活动等内容。微课程，也可以作为其他课程的美育实践环节或者系列艺术课中实践活动部分。本次授课对象是非设计、非美术学类的普通本科一年级学生。课程以具体的艺术形式"线描"绘画作为美育的载体，相互促进，实现美育目标。活动课程中有知识部分，也有实践环节，为共同实现审美与创新服务。

"美育之绘画"（环保）课程目标具体分为三方面。

第一，审美目标。理论：讲述点、线、面的相关艺术美的知识，使学生懂得"和谐之美""比例之美""对比之美"等，通过作品赏析构成作品案例展示，观看黄金分割比的经典案例视频，再以一些自然界的物体和形状，如螺旋壳、花朵的排列，展现出黄金分割的规律，对于非艺术专业的学生以引导为主，尽量找生活中常见、熟悉的案例。让学生在今后的生活中学会用艺术语言去欣赏身边的事物。实践：体验线条带来的艺术，为后面美育实践课打基础。

第二，审美素养。学生们通过自己绘制的"环保"主题作品，感受到一次性包装盒危害的严重性；感受到外卖方便的同时，也变成了塑料垃圾的缔造者。共同呼吁学生创造"和谐之美"。但开始绘画课程审美表达训练时不要直接揭示主题，要让学生在美育实践之后，完成了"共创作品"的拼接，大家便会知道自己画的是什么（同学随机拿到作品的 N 分之一，然后做线条训练，并不清楚创作的作品最后会是什么样子）。

第三，美育进校园的活动。我们将"共创作品"在校园内部展览，让更多的人受到绘画作品带来的感染力。同时关注环境保护问题，让更多的学生意识到要减少一次性包装盒对环境带来的不可逆的危害。

（二）课程设置

下面是美育系列课程："绘画：减塑"美育微课，表 5-1 是该美育微课程的具体课程的安排。

表 5-1　"绘亘：减塑"美育微课程设置

	内容	方法	课时
课程目标	1. 线描练习，理解点线面简单的形式美 2. 增强环保意识 3. 作品共享	多媒体备课	
课程内容	1. 感受点、线、面，比例、尺度、和谐之美…… 2. 绘制线条等组合排列，感受线条、面、点的变化等	讲授 直观演示 案例展示	3
课内实践	1. "盲盒"按图绘制（线条、点线面为主的审美训练）	辅导	2
活动实施	1. 共创共享 2. 作品展示活动	展览时间自定	1
授课	1. 揭示环保主题，看相关视频 2. 引导讨论	讲解、讨论	1.5
评价	1. 互评—点评—大众评价	多元评价	0.5
重、难点	1. 对构成理论的理解（比例、尺寸、排列、和谐之美……） 2. 等比例缩放与临摹以线为主的作品		

图 5-3　"共创作品"点评现场

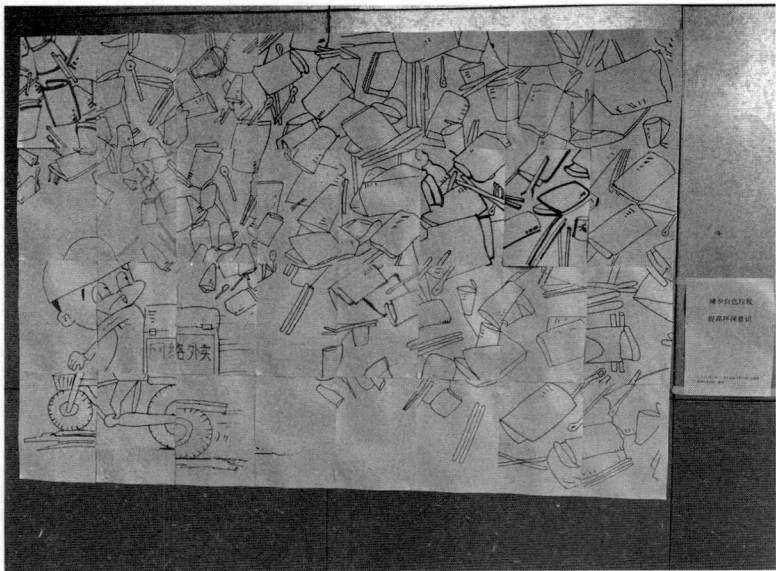

图 5-4 共创作品《减塑》

（三）优点分析

（1）这门课的可复制性高。艺术美育方面，通过改变"共创作品"的难易程度来满足不同绘画水平的学生。"共创作品"的主题可根据美育素养的目标、希望展开的方向来选择。

（2）受益人群广。不光是课堂内的学生可以看到艺术作品，校园中路过的学生同样也可以感受到艺术作品的寓意，将环保意识传达给更多的大学生。

（3）学生兴趣高。学生之所以对该课程在趣味性方面评价较高，一方面是因为对未知画面的期待。另一方面是因为该课程形式新颖。与传统的通识艺术课不同，这里以参与式实践为主，学生们很少体验这种形式的艺术创作。

（4）"共创作品"的绘画形式比较特别。"共创"不但有趣味性，而且能获得比较大尺寸的作品，这一般是一个人很难完成的尺寸，这样更有视觉冲击力，更能达到特殊的感染效果。

（5）艺术技法简单，具有创新空间。而且通过拆解能降低画面的难度，即便是没有艺术功底的普通学生也可以完成较难程度的画面，体现人人美育的原指。最后再将这些画面组合在一起，会呈现出不一般的视觉效果。这些课程能培养个体的创造力、审美意识，同时在创作中大众也可以体验到艺术的乐趣。

（四）课程素材

此处作为素养强化环节，除了引导学生从作品中感受美，鼓励设置跨学科的益于人文素养提升的美育素材。如通过人文、历史、科技等相关素材的解读，再次引发讨论，使学生更深入地理解艺术作品所表达的人文精神和思想，意识到环保问题的严重性。

美育之绘画：环保

随着人口的增长、工业化的发展，人们的生活需求给地球带去了很大的压力。地球上各种能源不断地被消耗，气候不断地变化，综合来看地球的自然资源受到了严重威胁。据调研统计，我国每年的聚酯瓶子需求量高达 300 万吨，相当于消耗了超过 1800 万吨的石油，但这些包装物的再生利用情况却很不理想。戴铁军指出，我国每年生产的包装制品有 80% 在使用后被丢弃，其重量和体积分别占城市生活垃圾的 15% 和 25%，而随着社会经济的进一步发展，包装废弃物还将以每年 10% 的速度增加。这些未经妥善处理的废弃物，很可能对水、土壤、空气造成长期污染。这仅仅是瓶子一种，还有更多其他的包装，更多的"行业垃圾"。

一次性包装盒的广泛使用给我们的资源和环境带来了严重的问题。在快速发展的外卖和快递行业中，大量的一次性包装盒被消耗，导致了大量的塑料垃圾产生。这不仅增加了废弃物的处理难度，还对自然环境造成了巨大压力。塑料包装的生产和处理过程消耗了大量的非可再生资源，同时废弃的塑料难以降解，对土壤和水源造成长期污染。因此，为了保护地球的资源和生态平衡，大家需要积极倡导可持续包装和使用环保材料。就比如高度便捷性和广泛应用的快递服务一样，我们似乎已无法离开快递产业。但快递产生的包装、外包装、运输耗能，带来的后果不堪设想。

保护环境、节约资源迫在眉睫，但人们在欲望的面前往往会忘记环保。我们要环保、可持续等计划的提出，不只是一句口号，一句出现在书上的文字，这应当被每一个人记在心里，并尽其所能、利其所行减少环境污染。

二、摄影美育实践

摄影是一种视觉艺术表现形式，有悠久的历史。它能培养个体的观察力、创造力和审美意识，有助于提高感知能力和情感表达能力。对大学生而言，学习摄影不仅提升了拍照技能水平，也为未来的职业发展创造了更广泛的机会。此外，摄影作为一门艺术形式，满足了个体对创作和表达的兴趣，同时丰富了生活体验，使大学生更深入地感知和记录周围世界。学习摄影有助于拓展审美观念，培养独立思考和创新的能力，为全面发展和未来职业道路打下坚实的基础。

选择摄影作为美育实践微课程的载体，一方面是因为摄影作品中的美学元素、理论非常多,在社会中的实际应用也非常广泛。摄影是很好的美育艺术形式。摄影作品的创作和表达,为大学生提供了独特的美育教育体验。摄影的审美价值和创意过程能够激发学生的艺术兴趣,培养其感知力和艺术鉴赏能力。另一方面是因为相对于其他的艺术形式摄影更容易入门。摄影作为一种媒介,学生能够借助机器来呈现丰富的视觉语言、表达复杂的主题,这对学生来说一种激励。在开始挖掘自己作品的过程中,又进一步丰富了自己的审美体验,锻炼了自己的观察力和表达能力,从而更好地理解和传达情感、观点和创意。

(一)课程介绍

"摄影:自然如画"美育微课,此课以摄影为美育载体,"自然如画"是摄影的主题(通常由美育教师研讨形成培养方案),本次授课对象是非设计、非艺术类的高校普通一、二、三年级本科学生。以下介绍"摄影:自然如画"目标与活动内容:

第一,审美目标。通过学习摄影专业文化背景、艺术理论以及摄影技术等,学会拍简单的摄影作品,并能从中感受作品的美。通过课程学会从摄影作品中感受到多种艺术形式的存在,掌握如何记录和表达现实、创造美感、情感表达以及文化内涵。通过欣赏摄影作品,我们可以开拓视野,激发想象力,体验不同的情感和文化,提升自己的审美水平和文化素养。

第二,审美素养。通过主题摄影能理解人与大自然和谐共生的重要意义,学会敬畏自然、敬畏生命等。大自然是我们生命的源泉,它为我们提供了清新的空气、纯净的水、丰富的食物和美丽的风景。大自然也是我们心灵的寄托,它能够让我们感受到平静、安宁和愉悦。大自然不仅为我们提供了生存所需的基本条件,如食物、水和空气,还给予了我们美的享受和精神的慰藉。因此,我们应该用心去感受大自然的美丽和神奇,用行动去保护大自然的生态平衡和环境质量。只有这样,我们才能够与大自然和谐相处,共同创造一个美好的未来。通过课程的学习学会热爱大自然，进而为爱生活、爱自己，为创造和谐友爱的社会奠定基础。

第三，美育进校园的活动。通过构思具有策划小摄影展、办理小摄影展的能力。将学生自己拍摄的作品在校园等地举办主题摄影展，让更多的人感受到绘画作品带来的感染力，提升更多大学生的审美素养和艺术鉴赏能力。

（二）课程设置

下面是美育系列课程："摄影：自然如画"美育微课，表5-2是该微课程的具体课程设置与安排。

表5-2　"摄影：自然如画"美育微课程设置

	内容	方法	课时
课程目标	1. 认识到自然资源的重要性 2. 提升摄影作品审美能力 3. 掌握（手机）摄影技巧	多媒体备课	
课程内容	1. 自然资源重要性等背景介绍 2. （手机）摄影基础、特点与技巧 3. （手机）摄影作品赏析 4. 讨论：品鉴经典作品 5. 点评：作品优缺点分析	讲授 现场教学 案例展示	2
课内实践	1. 技巧训练	辅导 现场教学	3
活动实施	1. 主题（自然）照片拍摄 2. 大众美育视角策展与实践	展览时间自定	4
评价	1. 互评—点评—大众评价	多元评价	1
重、难点	1. 摄影技巧 2. 画面效果与技巧对应 3. 作品审美能力提升		

图 5-5 手机摄影 彭红梅

图 5-6 手机摄影 黄颖卿

图 5-7 手机摄影 林佳

图 5-8 手机摄影 谢威 　　　图 5-9 手机摄影 孙莉

（三）课程素材

感受作品带来的魅力，通过作品引发讨论、互评等。此处是感性教育的理想环节。并通过相关的美育素材强化主题，让学生们意识到所选主题问题的严重性。或强化大美思想。

自然如画

随着人类活动的不断扩张，许多自然资源正面临严重匮乏的危机。以水资源为例，全球许多地区都面临淡水短缺的问题。到 2050 年，全世界三分之一的次盆地预计将严重缺乏清洁水源，或使额外 30 亿人受到影响。在中国，人均水资源仅为世界平均水平的 1/4，且水资源南北分布不均，许多大中城市都面临水资源匮乏的困境。短缺不仅影响人们的日常生活，也对农业、工业等领域造成严重影响。

此外，渔业资源也面临枯竭的风险。过度捕捞、破坏性捕捞技术和海洋环境的恶化，使得许多渔业资源面临巨大的压力。据统计，全球渔业产量在过去几十年中一直在下降，许多重要的渔业种群都出现了衰退的迹象。

更为严峻的是，沙子这种看似普通的自然资源也正面临短缺危机。沙子是世界上开采量仅次于水的第二大自然资源，但随着人口增长和城市化加快，全球正面临沙子短缺的困境。

全球资源消耗量的增加也是一个不容忽视的问题。报告显示，过去50年，地球资源的消耗量增加了3倍以上，并继续以每年超过2.3%的速度增长。这种快速增长的消耗速度使得许多自然资源的储备迅速减少，对地球的生态环境造成巨大压力。

面对这些严峻的挑战，我们必须珍惜自然资源、减少污染、节约能源，为保护环境所能做的贡献。只有当我们每个人都积极行动起来，从自身做起，才能确保自然如画的美景得以延续。政府、企业和个人都要共同努力，制定更加严格的环保法规和政策，推动绿色产业的发展，提高公众的环保意识。让我们携手共建一个绿色、和谐的家园，为地球的未来贡献我们的一份力量。

（四）优点分析

（1）美育目标能很好地融于课程。①学习摄影过程中作品的构图、色彩、画面构图、主题意义、应用场景等专业知识，相互促进，实现美育学习目标。②摄影技术中最基本的知识，包括摄影原理、相机工作原理、镜头基础、曝光控制、快门速度、光圈和景深等。即便自由创作可通过手机实践，但用相机获取美的基本技能要有所传授，这是能拍出好照片的基础。③摄影本身是一门艺术，需要具备对艺术和文化的理解。需要了解不同摄影流派的特点和发展历程，以及各种艺术和文化观念对摄影的影响。

（2）这门课的可复制性高。美育方面，通过需要浸润的方向选择照片的内容，便于拓展。每个专业都可以做自己方向的影展。主题也可以与专业、科技、生活、学习、人文、流行等结合。

（3）受益人群广。课程学习的学生与看到影展的学生都可以欣赏到艺术作品，有机会让更多人受到世界艺术造型的熏陶。摄影可以向众人展示大自然的美丽和脆弱，弘扬尊重自然、保护自然的价值观和文化传统，促进交流与互动，提供展示平台，推动相关研究和教育，传递正能量，培养全面发展的优秀人才，使更多的人认识到大自然。

（4）学生兴趣高。不光是学生，其实很多人都喜欢收获的喜悦。而摄影学习不光可以学到审美理论知识，学会点评他人作品；很快学生就可以有较多自己的作品。学生在很短的时间内就能进行作品的讨论、展示与他人的评价，就能获得反馈。

（5）艺术技法简便，创新空间大。为了摄影艺术实践能覆盖得更广，我们可以加入手机摄影教学环节。手机摄影是一个广受欢迎的摄影方式，它方便易用，可以随时随地拍摄，广大学生亦可领略艺术之美。大学生使用手机摄影可以更好地记录生活中的点滴，表达自己的观点和情感，同时也可以培养他们的观察力和创造力。即使选用手机，但要想拍出好的照片，也要对摄影作品有很深刻的理解，实际操作过程中，具备审美观念、构图技巧及艺术基础的人所创作的照片，与普通人的摄影作品存在明显差异。

三、壁画美育实践

壁画是一种以墙壁为载体的绘画形式，通常表现在公共空间或建筑表面上，展示了艺术家的创造力和对特定主题的表达。壁画有浓厚的历史背景，可以追溯到古代文明时期，如埃及、希腊和罗马等文化都留下了精美的壁画。中国壁画历史悠久，最早可以追溯到汉代，经过数千年的发展，中国壁画在技术、主题、风格等方面都取得了巨大成就，在世界上同样有重要的地位和意义。

壁画的基础包括绘画基础和壁画技术基础两方面。绘画基础包括素描、色彩、构图等方面的基本知识和技能，是创作壁画的前提。简单地形容，壁画就"画"而言重在绘画艺术，要有绘画功底，但就"壁"而言，内容就更加丰富了。首先，墙壁的制作要讲究工艺。其次，绘画颜料和工具都是特有的。最后，综合的绘制方式、方法以及工序都是壁画的重要特点，也是壁画不同于其他画种的精髓。因此，在高校想开设壁画的美育实践课程相对来说不太容易。不光是壁画的材料、场地、费用的问题，还有师资与绘画技巧的培养等都有很大的挑战性。面向人人更不容易做到，如果做传统艺术，如壁画、漆器、雕塑等实践难度相对较高的美育课程，建议拉长课时，缩小范围，但要扩大影响力。依然选择本节开始设计的课程模式进行美育实践课的设计。

（一）课程介绍

下面是美育系列课程："壁画：九色鹿"美育微课，表5-3是该微课程的具体课程的安排。

关于九色鹿，很多人知道它基本是从故事书、绘本、动画片中听到或看到的。而1981年，中国上海美术电影制片厂出品了《九色鹿》的动画片，该动画一经播放就成了一代人的童年回忆。该故事取材于敦煌壁画——《九色鹿经图》，也叫《鹿王本生图》①，讲述了"鹿王本生"的故事。一只美丽的九色鹿王，它是释迦牟尼的前身，救了一个不慎落入水中快被淹死的人，但却被此人出卖的故事。虽然，这个故事极具宗教色彩，但不影响人们歌颂"舍己救人的忘我精神"，歌颂伟大而高尚的品德；同时也狠狠宣扬了"善有善报、恶有恶报"的思想，谴责忘恩负义的邪恶灵魂。而这个故事，正是取自敦煌莫高窟第257窟的北魏时期的壁画，因此，"鹿王本生"的故事也被

---

① 《鹿王本生图》是敦煌莫高窟第257窟的北魏时期的壁画，位于敦煌莫高窟第257窟西壁中层，全图纵58厘米，横390厘米。

更多人知晓，后续因为影视（动画片）的艺术形式，也让更多的人知道了敦煌，知道了敦煌石窟。

图 5-10　鹿王本生图①

课程内容：审美理论、实践体验与活动，如壁画的背景（素养知识）、美的理解与表达（基础技法）、活动实践与赏析评价、共享等环节。

课程具体形式：壁画绘制体验，如色彩绘画表达，课程要求：共创作品并展出。

各部分内容相互促进，共同实现审美提升与思维创新，促进热爱文化、热爱祖国美育目标地形成。

授课对象：非壁画专业学生。

课程目标与内容：课程目标具体分为以下三方面。

第一，审美目标。通过壁画背景、相关知识、艺术与技术、应用场景及其特征等理论的讲解，学生了解壁画、认识壁画。通过讲解壁画的分类、历史朝代、经典故事、主题内容，了解壁画的文化内涵和历史价值。许多壁画

---

①　《鹿王本生图》是敦煌莫高窟第 257 窟的北魏时期的壁画，位于敦煌莫高窟第 257 窟西壁中层，全图纵 58 厘米，横 390 厘米。

作品反映了不同历史时期、不同地域文化的特点和演变，是文化遗产的重要组成部分。这些壁画作品不仅具有艺术价值，还有历史、文化等方面的研究价值。通过欣赏壁画作品，人们可以更好地了解和认识不同文化、历史时期的特点和内涵。教师可以根据课时、选修学生的基础来把控讲解的深度。

图 5-11　壁画讲解　王岩松

图 5-12　壁画实践　王岩松

第二，审美素养。通过学生们自己绘制的"九色鹿"局部作品，掌握绘画，体验画材的丰富性，感受不同材料带来的不同审美体验。同时通过绘制的主题内容了解敦煌文化、中国文化，以及国宝遗失的历史。借此机会进行爱国主义教育，激励学生好好学习，并提高学生对文化遗产的认可和保护的意识，保护文物是我们每一个公民都应承担的责任，敦煌壁画不仅代表了我们的历史和文化，更是全人类共同的遗产。让我们的历史和文化能够得到更好的传承和发展。

第三，美育实践与艺术进校园的活动。

兼顾学生绘画水平，壁画制作难度、时长等问题，本课程依然采取小画作、大效果的"共创形式"进行绘制。同样拼图之前不会告知学生具体的绘制内容，当然由于主题的铺垫学生大多会猜到与壁画相关。但没有关系，就让学生们带着猜测最后一起欣赏"共创作品"。

带领学生们将美育课程作品——九色鹿壁画绘制放到校园内部进行展出，同时可以继续提供画材和板子，让更多的学生参与其中。让更多的学生感受到中国敦煌文化的魅力。

图 5-13　学生共创作品《九色鹿》

（二）课程设置

表5-3是"美育微课堂"系列课程设计之"壁画：九色鹿"的主要课程安排。其素养教育部分涉及文化遗产（敦煌）、民族精神、爱国主题、文物遗失与时代背景介绍等内容，微课程实践的主要安排详见表5-3。

表5-3 "壁画：九色鹿"美育微课程设置

	内容	方法	课时
课程目标	1. 了解壁画历史、种类、文物价值 2. 掌握壁画的审美技能 3. 增强文物保护意识、加强爱国意识 4. 完成壁画初级实践体验 5. 完成共享作品创作	多媒体备课	
课程内容	1. 壁画相关理论知识。包括历史背景、文化内涵、艺术风格和技巧等 2. 经典壁画鉴赏，相关视频、图片、纪录片 3. 经典壁画讨论、作品点评 4. 参观壁画研究所 5. 听名家讲解壁画	讲授 直观演示 案例展示	10
课内实践	1. 抽"盲盒"绘制敦煌壁画之《鹿王本生图》	辅导	24
活动实施	1. 共创共享 2. 作品展示活动	展览时间自定	10
授课	1. 揭示文物保护主题，看相关视频 2. 引导讨论	讲解、讨论	2
评价	1. 互评—点评—大众评介	多元评价	2
重、难点	重点： 1. 壁画鉴赏、审美能力。深入掌握不同时期、不同文化的壁画发展历史、风格和流派等，理解壁画在艺术领域中的重要性和影响 2. 壁画的基础绘画技能，包括简单的起稿、色彩搭配、结构透视等基础技能，为后续的壁画临摹、创作打下坚实基础 难点： 1. 审美、鉴赏 2. 独自创意设计壁画小样的能力，尤其是培养学生的绘画基本功		

壁画实践课不仅要和艺术研究所联系，前去参观壁画制作、体验壁画制作，听名家讲解壁画的相关知识，还可以去有壁画的场所去参观，检验自己能否在参观时将所学知识用在参观壁画的现场。

图 5-14   传统壁画研究所

图 5-15   壁画展、寺庙壁画

（三）课程素材

敦煌往事①②③

在这个世界上，存在着两种人。一种是像蒋孝琬这样精通外语的人，几乎与外国人无异，甚至让人"看不出"他们的国籍。他们能够成

---

① 樊光春 . 敦煌道士王圆箓评传 [J]. 中国道教，2008（05）：43-47.

② 荣新江 . 王道士——敦煌藏经洞的发现者 [J]. 敦煌究，2000（02）：23-28.

③ 方广锠 . 王道士名称考 [J]. 敦煌研究，2016（04）：111-118.

为外来者的助手，让外来者感到省心。然而，他们缺乏鲜明的自我，骨子里尽是软弱，甚至可以说是无耻。只要能获得利益，他们甚至不惜损害国家利益。他们总是能为自己找到一套看似合理的解释，甚至在成为别人的奴隶后还沾沾自喜。

另一种人则是像王圆箓，王道士这样的人。他身上散发着一股乡土气息，目不识丁，但带着一股执拗的力量。他的知识有限，但这却让他能够心安理得地以善人自居。在卖掉莫高窟珍宝的钱财后，王道士将其全部用于修缮道观。王道士从未意识到自己的行为有何不妥，他认为自己是在促进文化交流，帮助文化发展。他所处的清政府并不支持他，也不关心莫高窟的文物。因此，他坚持坚信自己的做法是正确的。

多处记载让王道士更加坚信自己正确的原因之一，就是那个关于"玄奘取经"的故事。他将来到敦煌的洋人，视为来取经的人。这种观念的形成，很大程度上是受到第一个来到敦煌的洋人——匈牙利人斯坦因（Marc Aurel Stein）的影响。斯坦因无法与王道士沟通，于是他找来了真正的助手蒋孝琬。他们发现王道士是个愚昧无知、没有文化、眼界狭小的人，于是便设法哄骗也。最终，他们利用西天取经的故事终于撬开了敦煌藏经洞的大门。

继斯坦因之后，1908 年，法国探险家伯希和（Paul Pelliot）也到达了莫高窟，和说着蹩脚口文的斯坦因不同，伯希和那一口流利的汉语很快就让王道士放下戒备，并博得了他的好感。随后，伯希和以区区 500 两白银得到了王道士的允许，如愿以偿地进入了藏经洞，他夜以继日，整整用了 3 个星期，以每天 1000 卷的速度迅速翻看了藏经洞中的每一部经卷，甚至每一片纸，挑选了最为精美的文物 6000 多卷，绢画两百余幅，装了满满 10 辆车，浩浩荡荡地离开了敦煌。

　　此后，越来越多的国外探险家觊觎藏经洞，想来分一杯羹，他们与王道士的交易也越来越简单粗暴。俄国人、匈牙利人和日本人先后用难以想象的低价换取成箱的经卷、绘画和织绢，直到 1924 年，当美国人华尔纳进入藏经洞时，贵重文物已几近搬空，无奈之下，他用特制胶水剥离了 26 块壁画，打包带走。

　　在蒋孝琬的斡旋下，王道士让世界得以一窥敦煌瑰宝的魅力。这也让那些贪婪的人将目光聚焦于此。然而，当敦煌县令得知这些文物只是一些佛经残卷和铜铁法器，并没有金银珠宝时，对此并不感兴趣。在清末那个黑暗腐朽、国库亏空、四处赔款的时代，官场中的人并没有文物保护的意识。县令认为千佛洞那地方到处都是千年前的东西，并没有什么稀罕的。于是，他让王道士回去了。王道士这种容易被欺骗、格局小的人，以及蒋孝琬这种损人利己的卖国贼、国家叛徒，给我们留下了永远的遗憾与心痛。①

　　有人说，王圆箓是造成藏经洞文物身首异处的罪魁祸首，许多名人大家都对他的行为深恶痛绝，余秋雨在《文化苦旅》中用了大量的笔力来写王圆箓，他认为王道士因自身的愚昧对中华文化造成了毁灭性破坏，这种愚昧中虽然包含着无辜和无奈，但却不能被世人原谅。

　　"完全可以把愤怒的洪水向他倾泻。他太卑微，太渺小，太愚昧，最大的倾泻也只是对牛弹琴，换得一个漠然的表情。"

　　更有人直接给他扣上了卖国贼的帽子，认为他是历史永远的罪人。

　　然而，这么沉重的历史罪名，王道士背得冤枉，也背不起。

　　确实，藏经洞文物的流失和王道士有直接的关系，但在长达 7 年的时间里，他多次向当地上级和北京清政府寻求庇护却迟迟得不到回

---

① 王冀青. 蒋孝琬晚年事迹考实 [J]. 敦煌学辑刊，2013，(3)：153-163.

答，确实让他灰心丧气，再者说，王道士并不是一开始就想向外国探险家出售文物，相反，这些外国人可以轻而易举地通过各级政府机构，却在王圆箓这里吃到了闭门羹，虽然，王道士是不是在交易中逐渐利欲熏心，说法各一，但归根结底，只能怪当时清政府的贪婪、羸弱和愚昧。

当然，更多现代人在为王圆箓洗刷冤屈时也过分放大王圆箓身上的光辉，说他为了防止盗窃对文物做了拣选，将臻品藏匿起来，但事实上他本身文化程度极低，大字不识一个，并且对佛教文化一窍不通，这一说法也有待考据。

说到底，王圆箓只是一个无权无势的小人物，一个迫于淫威下的俘虏，一个冤屈的历史负重者，他本身没有能力拒绝任何人，只能在历史的大浪中随波浮沉。

这是一个令人心碎悲痛的历史旧事，每每看到《敦煌》纪录片，心情都不能平静。借美育的机会，我把它传播给更多的大学生，希望他们能够更加热爱祖国，至少知道我们要强大，否则就会挨打。高校借助美育教育加强思想教育，提高全民素质，形成良性循环，减少类似悲剧的发生。

四、"雕花"美育实践

美育与校园文化之间相互影响、相互促进。校园文化对美育具有积极的促进作用。一个充满艺术气息、审美导向的校园环境，能够潜移默化地影响学生对美的认知和追求。加强校园文化建设，营造富有美育特色的教育环境，是提高学生审美素养、推动美育发展的重要途径。校园文化中的团队精神、创新思维等价值观念，又有助于培养学生的创造力，促进他们在审美领域的探索和发展。通过举办艺术展览、音乐会、戏剧表演、雕花艺术、美食大赛等活动，可以让学生近距离感受艺术的魅力，激发他们的审美情感。"食物"，一种人们每天都不可能离开的重要元素。以食物为中心打造校园文化活动同高雅艺术进校园一样有意义。

俗话说"民以食为天"，一句传承千年的谚语深刻体现了中国人对食物的重视。食物除了是人类的必需品，更是文化、社会交流、生活的核心元素。它能反映人们的价值观和生活方式，目前国内外不少高校都开设了食物设计专业（方向），足可以见以食物映射着生活，而生活方式的研究对设计有十分重要的价值。

（一）课程介绍

食物雕花堪称餐饮界的艺术，在美食界扮演着重要的角色，它不仅是美食的装饰，还体现了中国烹饪文化的精髓和艺术性。而且食雕的魅力从厨师的雕刻品除了美化席面外，还能表达出对客人的尊重和接待规格之隆重高贵。

"雕花：安适无忧"美育微课借雕花记忆体验艺术与生活的美，属于手作艺术。将其作为美育课程，不仅在审美教育上有着积极作用，还在培养学生的创造力、手工技能和对美的独特理解上发挥着重要作用。这种结合了艺术和烹饪的课程形式，有助于打破传统学科的界限，为学生提供了一个丰富多彩的学习体验。

（二）课程设置

课程目标：通过本课程，学生能够了解雕花的历史、文化背景，掌握基础的食物雕花技巧（切割、雕刻、造型等），培养对材料（食物）色彩搭配和形式美的感知能力，以及培养对食材的审美意识和创造力。

课程内容：食物雕花概论、历史文化背景、雕花工具介绍、基本使用技巧、常见图案制作、基础切割技巧、食物雕花中的色彩搭配、食物雕花实践与活动。

授课对象：本次授课对象是全校本科学生。

课程目标与内容：

第一，审美目标。通过学习食物雕花艺术的理论知识、审美与技巧，激发学生对美的敏感性，培养他们的审美情趣。学生将学会欣赏食物的形态、颜色和纹理，进而培养对美的敏感观察力、感受力。这种感性的学习方式有助于拓展学生的审美领域，使其更全面地理解和欣赏艺术。从艺术学的角度看，食物雕花通过对形式、结构和空间的处理，展现了独特的艺术语言。学生在雕花过程中将学到对比、平衡、重复等艺术原则，培养对艺术元素的敏感性。课程要培养学生对美的感知和理解，学会欣赏食物雕花作品的美学特点。课程可以引导学生对颜色、形状、对比等审美要素进行深入思考，提高他们的审美水平。激发学生的创造力，让他们能够通过雕花将个人的想法和情感表达出来。这一过程涉及设计元素和构图原则，可以培养学生在食物雕花中展示独特审美的能力。这不仅对雕花技艺有所裨益，同时也促使学生更深入地理解艺术的本质和表达方式。食物雕花客的艺术价值在于将食物升华为一种独特的艺术形式。这不仅丰富了餐桌上的视觉享受，也为食物赋予了更深层次的文化和艺术内涵。

第二，审美素养。实践环节除了让学生感受到艺术雕刻的魅力，也在素养教育方面做了伏笔，通过"安食无忧"主题与雕花艺术的结合，展开素养方面的教育。由该主题"安食无忧"活动过程中引出"食品安全"问题、"口腹之欲与生态平衡问题"还有节约粮食等。

类似的素养教育目标与艺术结合的创意可以很多，以"大地之恩"艺术活动为例，课程可以从蔬果雕刻到食品安全问题的代入，可以让学生们深刻感受大自然的馈赠与艺术的魅力；然后，鼓励反思人与自然的关系，以及对自然资源的感激之情。从而达到主题升华，要求全民自觉提高保护生态环境的意识。保护生态环境不仅是为了维护生态平衡，更是为了确保我们能够长久地享受到大自然的馈赠。因此，保护生态平衡，更是在培养人们"善美"的情感和道德观念。

通过"安食无忧""大地之恩"为主题的艺术雕花活动，传达了食品安全的重要意义，这对相关专业同学，特别是涉及食物安全、食物加工、化工原料、农业养殖等专业的学生提高职业道德素质和食品安全意识有着积极作用。大学生对食品安全的意识提高了，将来走向社会才能传递价值观念和态度，才能秉持对食品安全的高度责任感。这也算是在专业领域内培养了学生的职业道德观念，引导他们深刻理解食品安全的重要性。

第三，美育实践与艺术进校园的活动。通过举办雕花艺术课程小展，或自己动手加工自己雕刻的食物等活动，让更多的学生感受到手工艺作品所带来的感染力，以及分享劳动成果的喜悦。这样不但能为更多大学生带去审美的机会，还能为他们的校园文化生活增添趣味。在实际操作中，学生可能需要与同学合作完成一些较大型的雕花作品。这有助于培养学生的团队协作精神，共同创作出更为精致的作品。

不管是课程内容体验还是策展参展校园活动，对学生综合能力的要求都是很高的。学生在策划课程小展的时候，就要考虑到展出效果，构思创意的题目的呈现方式等问题。这样在不经意间就把对美的认知与理解应用到了实际中。为培养具有创造力、想象力的高素质人才打下了基础。

表 5-4 "雕花：安食无忧"美育微课程设置

	内容	方法	课时
课程目标	1. 了解食物雕花历史、种类、文物价值 2. 掌握食物雕花作品的审美技能 3. 提高食品安全、职业操守以及野生动物保护等意识 4. 完成蔬果雕花初级实践体验 5. 完成共享作品创作	多媒体备课	
课程内容	1. 雕花相关理论知识。包括历史、价值、意义、艺术风格和技巧等 2. 雕花作品鉴赏，相关视频、图片、纪录片、国际大赛作品 3. 作品讨论、作品点评 4. 收集通常作为废弃食材处理掉的雕花作品。如果皮类的西瓜皮	讲授 直观演示 案例展示	10
课内实践	蔬果雕花作品体验	辅导	24
活动实施	1. 共创共享 2. 作品展示活动	展览时间自定	10
授课	1. 食品安全主题，看相关视频 2. 引导讨论	讲解、讨论	2
评价	1. 互评—点评—大众评价	多元评价	2
重、难点	重点： 1. 技术的掌握，学生需要掌握几种基础雕花工具以及使用技巧，包括刀法、雕刻和创意设计 2. 食材的选择与处理，学生需要了解不同食材的特性，选择合适的食材进行雕花，并学会正确的处理方法 难点： 创造力的培养，使学生能够独立设计独特而有趣的食物雕花作品 综合运用能力的培养，将所学技能综合运用到实际项目中		

　　植物雕花实践课的结课活动通常可以用课程开展。也可以同上述一样，将课程发展与每年高校的美食文化节联系在一起，这既可以丰富校园文化，又能让学生所学的手艺有所施展，增强其审美意识，加深其对美的感知。

图 5-16　简单的雕花作品

如举办"'美'食大赛"雕花实践课程，能够锻炼学生的实践技能及动手能力，激发他们对厨艺及生活的热情，并为他们的大学生活增添色彩。大赛能为有厨艺特长的同学提供一个自我展示的平台。还能借助家乡菜，增进不同地区同学间的相互理解，熟知各地饮食文化，从而实现更为顺畅的沟通。大赛展示高校学生的风采，传承高校师生充满激情与活力的精神，学生以美食为媒介交友。相信热衷于厨艺研究、精心研制食物的大学生，一定也热爱生活。而且，举办校园活动也可以提升学生的团队协作能力。此外，在厨艺大赛过程中融入厨艺知识，使他们在享受美食的同时，也能学习到厨艺技巧，让饮食更加美味且营养丰富。

图 5-17 某高校举办的美食大赛中的雕花作品 1

图 5-18　某高校举办的美食大赛中的雕花作品 2

（三）优点分析

（1）课程体现了美育目标。审美、创新与高尚情操的美育目标很好地融入食物雕花课程。①学习食物雕花对于构图美的理解与颜色的调和有很好的锻炼价值。通过欣赏大量优秀作品，课堂演示、实物参观等学习雕花的构图原理、色彩搭配、审美技巧。②引导学生通过雕花作品表达特定主题，促使其思考创作背后的意义和故事，培养艺术表达能力。培养学生对食物艺术美感的感知能力，潜移默化地熏陶学生的审美。

（2）学生兴趣高。我们每天都要与食物打交道，如果在学习和体验之后可以尝到自己的作品。现实中大学生的学习积极性很高，他们觉得这种课程非常能释放压力，还能手脑并用，使用艺术的语言表达自己心中的形象。而且会与平时的课程有完全不一样的体验，没想到在食物方面还能有这么大的空间给他们发挥想象力和创作。

（3）想象力和创作的空间很大。食物雕花技法相对简便，学生能够在短时间内完成作品，然后边欣赏边使用作品进行讨论、展示与互动，迅速获取反馈，激发学习兴趣。

（4）课程展示的设计为学生相互交流提供了平台。学生可以通过分享自己的食物雕花作品，增加展示和交流的机会，培养他们的审美和创造力。课程展示的策划与举办同样锻炼他们的综合素质、沟通能力以及团队协作能力。

（5）有助于创新意识的提高。对于大学生来说，雕花艺术让他们接触了新材料、新方法，还有食材的选择、雕花艺术的风格、主题等，这些内容交织在一起本身就是一种创新的形式。再加上每一个学生都是一个独立的个体，他们有自己的思维和想法，很容易与自己的专业擦出创意的火花。

五、"大众艺术"美育实践

"大众艺术"系列美育实践课程的核心在于"人人美育""美育共创""共享美育"，顾名思义这一系列的课程"作品"（活动）主要是由多人共同完成，课程目标之一是培养人们主动审美的意识。"大众艺术"通常是众人共同创造或众人参与的审美体验，并不是某一具体的活动名称，作品大多具有自主、随机性。

笔者希望把它打造成一个美育品牌———大众艺术。"大众艺术"中心希望开发一系列真正面向人人的以艺术为载体的校园活动。其最理想的效果是艺术活动发起后，大学生会自主参与。随着大学生艺术修养、人文素质的提高，自主参与的人越来越多，而不是根据奖惩制度的被动地参与，这就是"大众艺术"校园活动的最高境界。在实践中体验，如同有主题的"游戏"，这样的系列实践既能检验美育成效，又不会对参与者和实施者造成很大的心理压力。本书抛砖引玉，试图设计几个案例，如"契约""齐鸣""版权"等，这些都是通过创新设计开发的大众互动艺术活动。希望读者能探讨出更有趣味性、更有号召力的优秀案例。

（一）课程介绍

当然艺术活动要有美育浸润作用，内容同样包含美育模块、主题模块和实践模块构成的，既可以作为美育课堂的一个环节，也可以独立作为校园活动发起。现阶段高雅艺术进高校校园，声势浩大，曲高和寡，但真正能得到锻炼的学生数量相对较少。高雅艺术大型展演活动需要，而真正能面向人人的活动也需要。最好是大家都可以参与的门槛较低的艺术形式。"大众艺术"中有很多活动设计，随机列举几个艺术美育活动方案，供大家讨论。（如使用需告知、标明出处。）

方案一：

行为艺术活动：帆布包的约定

这是一个"公益环保艺术展"，叫"帆布包的约定"。当然，这个艺术展具有部分艺术的特征，也是当代人们很乐于接受的一种艺术表达。

该艺术展向全校征求 30 名同学，每人发一个纯白的帆布包和一盒印泥。30 位同学在指定范围内随机散落站立，不能超过 1 米直径范围，脚上都缠有大小不等、样子随机的塑料袋等废弃的塑料制品（这里为了视觉效果好，可以统一使用白色污染袋)。废弃的塑料制品代表着"危害""迫害""毒害"，而 30 名学生就代表着"受困者"，也是希望挣脱危害。

艺术活动规则：

①30 位学生（受困者）静静地等待着"志同道合"者的到来，完成"契约"，方可离去。

②如有人靠近（受困者），先阅读一张环保承诺书，内容大概是愿意减少一次性塑料袋的使用，随身携带环保袋。此时方可在帆布袋上按下"契约"的手印。这是一种承诺，也是一种象征精神。

③每到整 10 人数时，（受困者）可以提问，问他（她）是否愿意随

身携带至少 1 学期，如果愿意就把包送给他（她）。

④如果不愿意参与长达 1 学期的帆布袋的随身携带并使用，受困者便可要求参观者代替自己继续完成艺术活动，直到下一次参观者的到来。这个过程中不愿意参与的人貌似得到了一点点小小的"惩罚"，其实是为了给他一个独立思考的时间和空间。因为通常前去观看艺术展的人大多是短时间内没有着急的事情要处理。而且这些人大多热爱生活，不善社交。而且在被"惩罚"和等待下一位观众到来的时间间隔中，还可以阅读手中环保承诺书背面的污染案例，从而再次增强环保意识。

⑤袋子背面会印刷有环保袋的标号，"环境守护超人"的签名，被解救的受困者的姓名（可以是笔名，也可以附赠一句激励人的话）。

⑥直至环保包被"环保执行者"，即愿意参加长达 1 学期，随身便携环保袋的学生取走，活动方可结束。

活动结束以后，"环保执行者"们在今后的日常生活中很有可能会遇见同样背着"契约"环保帆布包的小伙伴们，这是一种默契，他们也许会相视而笑，也许会心口共鸣。

环保帆布包每一款的样子都不一样，因为他们是有参与者随机创造的"契约"（指印）组合。包上的契约就是由愿意参与环保的人的手印组成。有的"契约"很多，有的"契约"相对较少。包的设计随机，但这些由点构成的图案纹样具有随机的美感。之所以由不同的人来完成这个活动，一方面可以让受益者的数量增多，另一方面有交互、有交流。在今后的生活当中如果遵守约定同时使用这款包的人还会看到彼此都参与过这个活动。这也是一个有意义的回忆。

图 5-19 艺术展共创的作品"契约"

图 5-20 艺术展共创的作品"契约"展板

方案二：

艺术展策划："作茧自缚"

这是一个关于"版权、诚信"的艺术实践活动策划或者叫展览。

日常我们谈到版权，大多数人第一时间会想到"盗版书"问题。而现实生活中有很多行业内容、企业成果、个人作品等都涉及版权。电影院录像、篡改网络小说、改版他人插画、包装模仿、盗用学术等一系列不良现象都属于版权问题。版权问题比较官方的定义指的是与版权有关各种法律、经济和社会问题，包括版权保护、版权侵权、版权交易、版权收益分配等。版权包括著作人身权和著作财产权，其中著作人身权包括发表权、署名权、修改权和保护作品完整权，著作财产权包括复制权、发行权、出租权、展览权、表演权、放映权、广播权、信息网络传播权、摄制权、改编权、翻译权和汇编权等。

近年来，随着数字技术和互联网的快速发展，中国版权保护取得了显著进展，但仍然面临许多挑战。侵权盗版行为仍然存在，一些网络平台和应用程序存在大量未经授权的内容，侵犯了版权所有者的合法权益。同时，公众对版权的认知度有待提高，需要加强宣传和教育，增强全社会的尊重版权的意识。

而盗版书仅仅只是众多版权问题之一。购买盗版书是一种侵犯知识产权的行为，不利于出版行业的发展和进步。以一本小学生教材辅助阅读的书来说，定价约78元人民币的全彩印刷书，对于一般家庭来说，买一本不觉得贵，但这是一系列书还有其相关的阅读，一共每学期四本。那么如果要全买的话，一年就是八本，而且小学每个年级都有一套。虽然这本书承担了一整学期的拓展内容。但在价格面前，很多买家选择了十几元到二十几元不等的"这本书"（国内两大知名C2C网购平台销量调研结果）。但凡有点常识都会想到正品还在以55元~78元的价格销售着，1/3 的价格的书恐怕不会是正版。然而，现实却是平台上店铺众多，但凡信誉还可以的店铺销量都很高。平均购买者大几千，差评很少，默认好评占绝大部分（当然这里原因并不一致）。造成这种现象的一种原因是购买者可能真不知道；另一种就很显而易见了，因为价格便宜，这也是盗版书屡禁不止的主要原因。只印刷尚可，不影响看，买家无所谓版权，毕竟价格很优惠。更夸张的是很多人根本未曾想过"盗版正版""版权"之事。书本是作者的心血，也是出版商的劳动成果。"无意识、漠不关心、价格第一等现象"导致盗版书的恶性循环。

购买盗版书的关键也确实在于：第一，价格的诱惑，有市场就有投机取巧的不法商贩。第二，很多人对版权意识的觉悟还不够高，不关心这个问题。如果全民能自觉抵制盗版书，即便有商贩也没有购买。

当然，购买盗版书不仅影响市场，涉及价格战与版权的问题，还能上升到国家资源与环境保护等问题上。资源优化配置、盗版的油墨健康安全问题，以及环保排放控制等问题。这些问题短时间内貌似不会对买家造成什么危害，其实行为对子孙后代、社会、国家都有影响。只有全民意识的提高，才能从根本上遏制盗版行为的发生。

很多高校有自己的出版社，可以组织一些参观活动，对大学生进行现场教学，使其了解真正好的著作成果的来之不易。不少高校也有编辑出版专业，该专业的学生可能成为未来市场的主力军。他们自己应该深刻认识到行业问题。高校要帮助其在心中种下解决根本问题的种子，牢记于心，并带到今后的职业生涯中。

此外，出版商的思想觉悟很重要，如果他们打击盗版书，仅仅只是用来维护自己高价格书的销量，不从全民可持续视角思考如何优化市场，让消费者能使用上价格优惠又好的书，愿意购买正版书，根本不能真正解决社会资源问题。除了借助法律保护图书市场，还可以通过，彻底改变商业模式，建立"正版可循环"的服务市场，通过简单又快捷的服务模式，最终使很多书籍反复使用，达到真正的资源最大化。其实这些，值得我们每一位大学生去认真思考。全民意识的提高，需要一代又一代的教育与传承，而高校大学生正是重要的传承人，他们的人格素质决定了祖国的未来。

好，回到美育教育的问题。版权问题已超越思想意识观念淡薄，而上升为一种违法行为。所以应从小对学生加强版权意识的认知与培养，至少要使其明白盗版是不对的。尤其盗版是以牺牲环境为代价，更是为人类的生存增加了负担。

美育课程可以通过艺术活动影响一批学生，然后再去带动另一批学生。课程中包含案例分析、讨论等方式，让学生更加深入地了解盗版行为的本质和危害。如使用"联想绘画"表达盗版可能会带来的一系列危害：资源浪费、影响可持续发展、企业倒闭、小工厂大问题、大企业不良竞争、不健康油墨、添加剂对生命与健康的危害等，将文字讲授设计成艺术表达形式使学生留下更深刻的印象。

活动规则：

①"找不同"。将同事物的正版和盗版两种摆在一起，如书、儿童绘本、专业教材、商品包装等进行找不同。找到几处就获得几个特制彩钉（自助）。

②参加完"找不同"之后将获得的"钉"扎正版物品的抽象模板或映射物品（树木、地球、房子……）

③最后得到的共创作品用于展出。共创作品展出时，可以去掉钉子只留下随机的孔洞，这些随机的孔洞就是大众共创的痕迹。

方案三

"湖泊"态美育工作坊

"中华美育行之湖泊生态美育工作坊"用摄影、绘画、音乐等艺术形式共同表达对自然的敬意。

当代，不仅是高校大学生，众人都很喜欢有趣的艺术形式。设计更轻松愉快的艺术活动传达本要说教的信息，更好地引导大学生对知识产权产生深刻印象，认识到盗版行为的危害和后果。可以用影片欣赏的、绘画、行为艺术、音乐、公益广告等优秀艺术作品语言，使观者理解且记住知识产权的重要性。日后将思想传给其他人，传达给下一代。高校中总要有一批人来承担这样的宣传义务，正如现在越来越多的大学生去主动关心流浪猫是一样的。高校大学生年纪较轻，思想容易波动，正确的美育导向是思想观念的定型期的重要环节。人类精神文明达到一定高度，就需要有一批人承担起精神文明建设的责任，去通过活动影响他人。

高校的美育实践课程可以帮助人们提高对盗版行为的辨别能力。通过引导可以帮助人们更好地辨别盗版产品，避免出现侵犯知识产权的行为。同时，美育教育还可以通过案例分析、讨论等方式，让人们更加深入地了解盗版行为的本质和危害。还可以通过宣传和推广正版文化来引导人们抵制盗版行为。通过举办各种文化活动、展览、演出等形式，宣传正版文化的价值，提高人们对正版产品的认知度和认同感。这有助于形成全社会的正版文化氛围，使人们更加自觉地抵制盗版行为，维护知识产权的合法权益。因此，美育教育在引导人们正确对待知识产权、抵制盗版行为方面具有重要作用。宣传正版文化的价值，从而形成全社会的正版文化氛围。因此，应该加强美育教育，提高人们对知识产权的认知度和尊重程度，从根本上遏制盗版行为的发生。

方案四：

艺术设计照亮生活

艺术具有很多作用，不仅能够愉悦心灵、坚强意志，还在许多方面发挥着积极的影响。通过情感的表达和共鸣，艺术作品成为人们理解和表达内心感受的媒介，为情感宣泄提供了出口。艺术能抚慰人的情感，平缓人们的焦虑和担忧。我们来看几个通过艺术来影响他人的案例。

贝多芬是音乐史上最杰出的作曲家之一，他的贡献和影响深远而持久。贝多芬生于18世纪70年代，他的一生充满了困境和挑战。在年轻时，他因失聪问题而感到极度苦恼，但他并没有放弃。相反，他坚定了创作音乐的信念，继续创作一些最伟大的作品，如《命运交响曲》和《第九交响曲》，这些作品充满了情感和力量。他的音乐成就象征着希望和坚韧，贝多芬验证了即使生活中困难重重，艺术美依然可以激发人们前进的动力，激发人们的创造力，有坚持定有收获；从社会贡献看，他的交响曲和钢琴奏鸣曲等作品为后代作曲家树立了标杆，不仅鼓舞了贝多芬自己的精神，也激励了后世的无数人，最终造福他人。

另外，大家应该都没有忘记刚过去不久的疫情，那时的我们隔离、压抑和恐慌……那时间全网以"核酸"为中心的艺术设计特别多，比如"西安交大的专属核酸贴""陕西科技大学黑天鹅核酸贴纸""西北政法大学的核酸贴""江苏理工的核酸检测证明"等，其实不光是贴纸，还有海报设计、美术类艺术创作、音乐歌曲、歌剧、很多鲜活艺术设计案例，生机盎然，一切都为了齐心抗疫，打败疫情。

图 5-21 核酸证明设计（江苏理工学院艺术设计学院）

　　曾经在疫情压抑的日子里，每天看到同一张核酸检测，也许已经习以为常，而突然有一天变了画面，变成了与你自己相关的事物或是身边熟悉的人或物，这定能引起用户的注意，带来惊喜。鉴于此，我突然有个想法，就拿高校的每日健康汇报系统来说，那时每一天在校师生都要汇报自己的健康状况、核酸汇报等，每天小程序界面都一样。如果，突然有一天，界面变了背景，而且背景是与学校、学生等相关的画面。这些画面是由全校学生创作的，而不是只有设计专业的学生参与制作的。每一位同学都可以制作上传等待成为全校都能看到的艺术作品。还可以在创作的背景作品上自愿选择签上自己的姓名。作品不一定是美术作品，文学类一句激励人心的话也可以。每天一个与大学学习、生活

图 5-22 《妈妈去打怪兽》油画 刘鹏云

息息相关的界面，在疫情旳那段日子里，对于大学生就是一种惊喜，每天的变化能形成一种期待，这就像是人们喜欢充满不确定性的盲盒的原因。

从很多方面可以看出艺术作品充满创意和惊喜，艺术作品不仅可以提升人的审美水平和文化素养，提供教育，传递情感，扩大观者的认知，还可以增强自我表达能力，激发创造力和想象力……虽然艺术作品还有更多的作用，但以上案例着重体现了艺术作品能让人释放压力的作用。这些功能共同体现了艺术作品在人类生活中旳价值和意义。它们是满足人们的精神需求的重要财富，促进人们的身心健康和社会发展。因此，我们应该更加重视艺术作品的创作和推广，让更多的人了解和欣赏艺术的魅力，从中获得乐趣和启示。

第六章

高校美育评价与保障

都说教育评价是教育教学改革的"牛鼻子",是教育教学改革的灯塔和导航,也是教育者教学的标尺。高校以评价促建确实也是教育教学质量保障环节。高校美育评价对高校美育的建设与改革具有十分重要的意义。

评价体系是高等教育里不可或缺的组成,而学校美育评价也不例外。在高校美育教学活动中,美育评价体系发挥着至关重要的作用,它关乎着整个美育教育实践的成败。说到高校美育的评价,"评什么"与"怎么评"则是高校美育评价体系中的两大块重要内容。不管美育最后能否独立作为一门学科推进,它要想发展,必须有自己的评价标准、评价体系等。

第一节　高校美育评价现状

一、背景

我国学校美育评价目前备受全社会关注,这得益于党和国家的高度重视。长期以来,学校美育一直是全面发展教育的薄弱环节。近年来,高校美育也取得了一些重要突破,各个高校也纷纷行动,继续美育教育。尤其是高校美育评价改革成果成为引人注目的标志之一，各校也都在相互学习、交流，在完善自我的道路上摸索到底什么才是真正的美育标准。

关于学校美育评价政策，如果说 2015 年国务院办公厅印发的《全面加强和改进学校美育工作的意见》更加注重评价制度的构建。那么，2020 年，中共中央办公厅、国务院办公厅印发的《关于全面加强和改进新时代学校美育工作的意见》（以下简称《意见》）则更加注重推进评价改革。该文件关注中小学美育评价、高校美育评价、美育督导评价，以及美育问责评价这四个方向，以学生、学校、教育行政部门、地方政府四个层面为基础，提出了翔实的推进措施和改革方案。目前对学校美育的要求，已经从"软要求"转到了可衡量的"硬指标"。要求高等学校要把艺术教育纳入学校教学质量年度报告。评价的建立能更好地发挥评价在引领和推动学校美育工作方面的作用，以及通过评价对学校美育工作发挥有效的监督作用。2023 年，"教育评价改革"再次成为两会代表委员和社会各界广泛关注的热点话题。2023 年12 月 22 日，教育部在《关于全面实施学校美育浸润行动的通知》文件中再次强调要深化美育评价改革，实施学校美育工作自评和年度报告制度，探索具有中国特色的学校美育评价制度等。高校要强化审美素养和创新意识的评价等内容。①

美育论文自 2018 年增幅较大，集中在美育建设方向，而美育评价方面则很少；截至 2022 年年中，美育教育评价论文在美育建设论文的占比不足5%；我国当前美育评价主要依托之前对"审美"的评价，尚未对"新时代美育"进行合理的改革。我们作为高校的教育者、实践者，有着一线教育的经验，研究美育评价，对教育有相互促进的作用；对建立美育教育评价改革、路径的落实有现实意义。2023 年与美育评价相关的论文明显增多。

---

① 教育部关于全面实施学校美育浸润行动的通知［EB/OL］. 中华人民共和国教育部，2023-12-22.

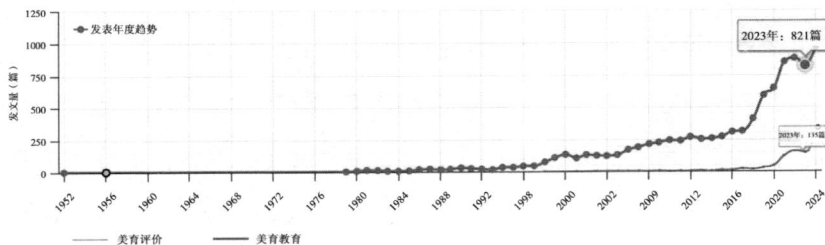

图6-1　知网"美育"与"美育评价"研究数量、趋势对比

我国美育评价所处的教育大环境相对复杂，高校教育评价主体众多，各评价主体开发的教育评价项目、数量纷繁复杂，彼此间又缺少统一标准。不合理地评价干扰教育系统的运行和各级各类学校的正常教育教学秩序。教育评价的价值性、专业性、独立性和客观性没有上升到法律规范的层次。各层次的美育标准研究和建设滞后，缺乏明确的、前后衔接、彼此贯通的美育标准体系。

二、问题

美育评价改革面临诸多现实难题。长期以来高校美育实施不够受重视，美育评价方面自然更薄弱。关于高校美育（艺术）是否要人人参与的问题，认同者多，反对者也不少；各方并无统一共识。就像"艺术是否应该与升学挂钩"一样，反对的声音不少，各方尚未达成充分共识（郭声健、刘珊，2021）。尤其是高校美育评价也缺乏科学性、系统性、完善的评价机制与评价标准，既面临着如何科学确定考试内容与形式、所占分值比例的问题；又面临着如何平衡城乡学生之间的差异性和公平性的难题；还有如何避免评价导致的应试教育等问题。若没有合适的美育评价，就没办法促进美育工作的推动。美育评价的导向十分影响教育工作的质量。目前已有高校、学者针对此提出问题及策略，例如，学校美育评价必须由国家层面出台相关政策，进行顶层设计，以进一步统一思想、凝聚共识，明确评价改革方向与目标，厘清评价思路与举措，切实推进学校美育评价改革，等等。

（1）学校美育评价改革尚未完全跟上新时代美育教育建设的新要求。高校美育教育评价的压力大。由于时代发展快，改革要求高，原本课业任务并存之下的人力、财力都面临着很大的压力，有不少地方的美育课程建设尚不完善，评价内容更是跟不上时代。关于高校美育的评价，还存在较多问题。

（2）高校美育评价仍过于依赖传统的学科考核。当下高校对美育的评价体系大多延续从前艺术专业、文学专业的评价方式，没有相互融合渗透。忽视了对学生创造力、审美素养等综合素质的评估。

（3）高校美育评价指标单一化。用课程分值、课程学时来衡量的居多。高校美育缺少适合的评价指标、评价体系，甚至缺少美育教学评价工作。例如，一些学校仍主要以学科成绩来评估学生，而美育方面的表现没有被充分考虑。

（4）高校美育忽视实践、评价环节。美育是一门实践性很强的学科，需要学生在实践中感受和体验。然而，目前许多高校的美育评价过于注重理论知识的评价，而忽视了实践环节的评价。例如，某些高校的美育课程只注重课堂教学，缺乏对学生艺术创作和实践、评价等环节。

（5）高校美育与专业教育脱节。美育作为一门专业教育，应该与专业课程相辅相成。然而，目前许多高校的美育评价与专业教育脱节，导致学生很难将美育知识与专业知识相结合。例如，某些高校的美育课程与艺术类专业课程相互独立，缺乏交叉和融合。

基于背景、问题的考量，本章将对国家美育评价政策的出台背景、核心内容和实施原则进行深入的解读和分析，更准确、全面地理解国家美育评价政策，切实推动美育评价政策与实施，从而促进新时代学校美育的改革与发展。因此，高校美育的评价需要结合大背景，既要考虑国家美育发展需求，对健全人格的培养，又要结合社会大背景，根据大学生的教育背景、教育情况因材施教。环境造就人，高校美育培养，一定要结合大背景、学校背景、个人背景进行美育的课程设置、实施与教育教学等，合理地为学生的艺术素养和能力培养创造更多的空间，为他们全面发展提供有力的支持，做到真正的以评促建，而不是强制、卡扣等。这样的努力将有助于确保学生在各领域都能够得到平衡的发展，不仅在学术上取得成功，同时也能够在艺术方面展现出更为优秀的表现。如何正确地评价引导能避免高校美育变成应试教育，这也是学校美育评价改革面临的一大挑战。

第二节　高校美育评价要求

美育评价始终要考虑全面立德树人，这是美育的根本目的。美育要坚决克服重智育轻德育、重分数轻素质等片面办学行为，促进学生身心健康、全面发展，做好继素质教育后又一全面提升教育发展、全面培养的重要改革。李克强也在政府工作报告中强调"深化教育评价改革"。高校围绕建设高质量教育体系，依据国家教育评价政策的初衷，以教育评价改革为牵引，做好统筹推进育人方式、办学模式、管理体制、保障机制等一系列改革。

高校美育评价主要是对围绕高校美育课程质量与效果相关的一系列教学情况进行评估与质量考核。高校美育教育发展要求加快完善各级各类评价标准，建立学生审美素养评价指标、课程评价、评价体系等。落实高校美育评价主要是对大学生的文化理解能力、审美感知能力、艺术表现力和综合创新与实践的能力的评判。在高校美育评价过程中制度要打破唯分数、唯数量、唯标准等的测评方式，通过全面理解高校美育内涵、目标，真正做到多元化评价、过程评价以及增值性评价等的综合评价。

　　国家美育评价政策遵循"育人为本"的原则，确保评价过程中不伤害学生的身心健康，并防止对学生增加额外负担的行为等。因此，在实施国家美育评价政策时，我们必须将"育人为本"作为高校美育评价的首要原则。高校美育评价促进学校美育育人功能，实现以美育人、以美化人、以美培元。通过评价促进学校美育的改革与发展，这样不仅能提升学生的审美素养，陶冶情操，温润心灵，更能激发他们的创新创造活力，从而培养出德智体美劳全面发展的社会主义建设者和接班人。

　　教育部 2023 年 12 月 22 日发布《关于全面实施学校美育浸润行动的通知》，该通知再次要求深化美育评价改革。根据文件我们对高校美育评价的方向做出合理的理解与计划措施。首先，高校要将美育评价放在美育教育实施的牵引者、导向的正确位置上。其次，高校在美育评价方式上需要做出多元化的评价设计。评价方式能引导高校美育教育的多元发展，设计多类型的评价方式，如发展教育增值评价、体验性评价、表现性评价、应用性评价，以及过程性评价等。不只以学生的考试成绩作为评价学生、学校和教师的唯一标准，重在关注学生个体的变化性成长。同时，高校也要尊重和保护大学生的个人特点与兴趣爱好，全面多维地考察与测评学生的审美能力，包括发现美、感知美、表现美、鉴赏美与创造美。高校还要关注审美素养和创新意识的评价，如实施学校美育工作自评和年度报告制度等。最后，也是比较关键的一个举措，即高校要落实本科学生至少修满 2 个学分公共艺术课程的要求。公共艺术课程应注重美育教育与专业人才相结合的培养探索。高校在未来几年中要全面探索具有中国特色的学校美育评价制度。

　　高校美育评价改革主要从学校美育建设的评价、教师美育教学的评价、学生评价以及高校美育学生学习效果的评价等方面进行。我们要做好高校美育评价，就要对学校美育教育内容具体的要求和操作方式提出规范。而高校美育评价重点就是对美育课程体系的评价，它包括美育课程体系、课程设置、课程教学，以及教学内容、教学方法、教学管理等方面的质量进行客观、科学、公正的评估。

美育的评判标准不能唯分，增值化评价可作为高校美育评价的核心方式。美育所承载的使命即引导人寻找善和美，因此我们对美育的评判标准不能唯分值而论之。美育的最终目的是塑造具有涵养和道德水平的人，那么美育评价一定是多元的系统工程，高校美育评价不仅仅是对艺术的欣赏结果评价，还包括文学等一系列其他学科的融入的评价。欧美学者对学生评价主要方式是"成长"，科学运用成长百分等级（SGP 模型）技术，获得增值的发展性评价。将增值性发展作为美育教育的核心评价方式，能平衡基础教育、家庭等差异带来的起点不一，以及学生的个性化的差异造成的影响。

学生与教师两者都是教育评价中的重要内容，要提升他们在评价中的主体地位。高校美育改革并非教师一人之事，需自上而下多方位的共同努力协作来完成。教师是教育一线的施教者，但很多时候教师并不能参与到改革评价的环节。教师若是作为被评价的一方，可以参与到评价环节，这样不但能清晰地看到教育的成果还能促进本身教学能力的提升，这是一个双向进步的环节。学生作为受教育者，应特别注意提升学生作为评价的主体地位。全面考虑学生的认知和反馈，避免将其仅视为被动接受者。这种方法有助于增强学生对评价的认同感，促使其更积极地参与评价过程。

通过评价，可以发现美育教育体系中存在的缺陷、不足之处，为教学改革、课程改革提供依据和建议。同时，评价结果还可以为高校管理者和教师提供反馈，帮助他们更好地规划和优化美育课程，不断提高美育教学的质量和效果。

第三节 高校美育评价内容

高校美育的评价措施是指对高等学校美育工作进行评估和考核的手段、方法或标准。这些措施旨在确保高校的美育工作能够有效实施，促进学生在审美、创造性和文化素养等方面的全面发展。这些评价措施可以包括定量和定性的评估方法，以全面了解美育教学的质量和效果。

高校美育评价改革是一个系统工程，需要政府、学校、教师、学生和用人单位等多元主体的共同参与和努力。只有通过加强沟通协作、注重多元互动、明确社会需求，才能建立起更加科学、完善的美育评价体系，为美育教育的发展提供有力支持。在美育评价改革中，我们应深刻认识到美育教育在促进学生全面发展中的核心价值。美育评价不仅是对学生艺术素养的衡量标准，更是培养个体审美情趣、创新思维和人文素养的重要手段。因此，在评价改革中，我们不能只进行评价内容的改革，而要将美育作为研究对象，全面、综合地进行改革。

高校美育评价通常涉及美育建设的评价、教师美育教学的评价，学生评价以及高校美育学生学习效果的评价等方面。从要改革内容看，高校完成评价最先要关注的是美育的落实情况，然后是评价原则的制定、评价内容的规范以及学生学习效果和教师教学情况的评价等方面。

一、高校美育评价途径

（一）落实高等学校美育学分，促进美育落实

通过在高等学校的课程体系中设立美育学分，如规定学生必须修满 2 学分的美育课程，此举为促进美育在高校中的全面落实的重要措施。课程学分

正式被纳入学生学业内的学分，是推进高等学校美育实施的重要、准确且十分有力的举措，当然此举措也会有不同的人、从不同的视角看到它的优点与缺点。也就是说对高校美育的评价，要建立在高校是否有真正的美育课程开设的基础上。虽然这项测评相对来说比较容易，但从学分上可以看到高校计划，能反映学校是否意识到问题，是否开启行动，但是这一项也确实对美育评价的发展起到了决定促进性作用。

高校要落实本科学生修满公共艺术课程至少 2 学分的基本要求，理论上能推动高校将公共艺术课程与艺术实践纳入人才培养方案。随后，美育教育实行学分制管理，学生修满规定学分方能毕业。只有高校把大学生的美育课程以及参与学校组织的艺术实践活动情况纳入学业要求，才能促进大学生形成艺术爱好、增强艺术素养，最终实现全面提升学生感受美、表现美、鉴赏美、创造美的能力。

该措施能确保学生在其学业过程中不仅仅注重专业知识的学习，还能参与和完成一定量的美育课程，为自身成为全面发展的人才提供了可能性。但与此同时，美育学分的落实，对学校、教育者都会带来很大的压力。尤其是一线教师，他们需要进行美育教育一系列的学习与备课，在完成自己本有的教学内容的基础上，额外增加教学内容确实需要一定的时间来准备。从这一视角来看，落实 2 学分美育课程措施是有道理的。通常来讲，人都有惰性，高校教师也不例外，他们也有工作、家庭、生活等自己的事情要处理。如没有促进措施，美育的推行可能很难进行下去。因此，为了落实 2 学分的公共艺术课（或者选修），我们还需要对课程进行建设、教学资源进行完善、教学模式进行探讨等。

（1）高校需要明确美育学分要求并建立美育学分制度。学校应该明确规定美育课程的学分要求，确保学生必须修满一定的美育学分才能毕业。这样可以促使学生重视美育课程，积极参与美育活动，提高自己的审美素养和人文素养。同时要建立美育学分制度，将学生的美育课程学习成果、参与美育活动的情况等纳入学分管理。学生可以通过修习美育课程、参加美育活动等方式获取学分，学分达到一定要求后可以申请毕业。这也是多元化评价、面向人人艺术教育的要求。

（2）高校要丰富美育课程选择与美育实践课程开设。学校可以开设多种形式的美育课程，包括艺术类课程、美学类课程、文化类课程等，让学生根据自己的兴趣和需求选择适合自己的课程。同时，学校还可以开设线上美育课程，方便学生随时随地学习。学校可以加强美育实践环节，让学生在实践中感受美的魅力，提高自己的审美素养和人文素养。例如，可以开设美育实践课程，组织学生参加艺术演出、展览、文化交流等活动，让学生在实践中锻炼自己的能力和技能。

（3）完善美育教学资源。学校通过完善美育教学资源，促成美育的落实。提供丰富的教学素材和资源，满足学生的学习需求。例如，可以建设美育教学资源库，包括图书、图片、音频、视频等资源，方便学生随时查阅和学习。

艺术必修学分的落实有助于培养学生的审美观念、创造力，提高其文化艺术素养，为全面发展提供更加多元的学科体验。通过规定必修的美育学分，高校能够确保学生在不同专业背景下都能接受一定程度的美育教育，进而形成更具综合素养的人才。

（二）改进高校美育评价，推进落实以美育人原则

如何改进高等学校美育评价，推进落实以美育人原则。总的来说，就是要改进高等学校美育评价的现状、以美育人的原则，建立高等学校美育评价体系，及其相关保障机制等。改革高等学校美育评价需要考虑多元化的评价需求。评价方式也要多样化。要考虑跨学科教育的特殊性以及以人文素养为目标的评价标准的革新等。

　　高校美育评价体系的建立，其意义在于对高校美育工作进行全面、客观和科学的评价，以提高高校美育质量，增强高校对美育工作的重视程度，强化高校育人功能。为更好地适应新时代高校美育的发展需求，跟上美育教育的步伐，需要拥有配套的美育评价体系，才能更好地推行美育，以评促建。合理科学地建立与改革美育评价体系能有效、准确地反映学生的审美素养，为美育的发展提供有力支持。目前，高校美育评价既要能全面考评大学生发现美、感受美、表现美、鉴赏美、创造美的能力，体现学生个体成长与全面发展的受教育情况，又要能推进高校自我的分类评价，引导不同类型高校科学定位，办出高校各自的特色和水平。

　　首先，高校美育评价需要多元化。传统的艺术教育评价往往只注重学生的艺术技能和知识，而忽略了学生的审美感知、审美情感和审美创造力等方面的评价。因此，美育评价应该更加注重过程性美育评价，包括学生的审美知识的获得能力、审美能力、艺术修养和审美情况等多方面。这样可以更全面地反映学生的审美素养，并为他们的个性化发展提供更有针对性的建议。

　　其次，高校美育评价的方式需多样化。除了传统的考试和作品评定，应该引入更多的评价方式，如表现性评价、过程性评价和增值性评价等。表现性评价可以通过观察学生在实际情境中的表现来评价他们的审美素养，如参与艺术活动、演出或展览等。过程性评价更关注大学生在学习过程中的表现和进步，通过记录大学生的学习轨迹来评价他们的审美素养。而增值性评价则关注学生在一段时间内的成长和进步，通过比较不同时间点的评价结果来评价学生的审美素养。

　　再次，高校美育评价要考虑跨学科整合的质量情况。评价课程在跨学科资源融合方面的质量，即成功整合不同学科的知识，设计适合展现跨学科综合素养的美育课程，重点考察美育教学内容的多学科知识的有效整合质量，艺术作品对不同学科的交叉点的反映，艺术作品是否在跨学科实践中发挥了整合效应。

最后，高校美育评价标准有待进一步明确。为了使评价更具可操作性和客观性，需要制定明确的美育评价标准。这些标准应该包括知识掌握、审美感知、艺术表现和人文素养等方面。通过明确的评价标准，可以确保评价结果的准确性和可比性，为教学改革提供更有价值的信息。

同时，在对高校美育进行评价时，更多的时候涉及高校课程体系的评价。因此还要引入更多的评价方式，如表现性评价、过程性评价和增值性评价等，以更准确地评估学生的审美素养。此外，制定明确的美育评价标准，包括知识掌握、审美感知、艺术表现和人文素养等方面，使评价更具可操作性。这些都有助于提高高等学校美育评价内容的准确程度。在高校美育评价时要关注评价内容的多元化、评价方式多样化以及评价标准明确化。高校美育评价，不管是整个体系、还是内容都应坚守育人为本的核心原则。这样在对整个内容评价设计时才能符合美育总目标。

以美育人的原则与美育评价相辅相成、互相促进。要改进高等学校美育评价，推进落实以美育人原则，后面还要对高校美育评价进行细化，涉及评价体系、课程设置、师资培训，质量保障体系的完整性等。学校美育这个大的体系要不断地更新和完善，以适应时代的发展和教育的需求。

（三）探索高校美育评价内容，促进人才全面发展

探索高校美育评价内容要从多方面入手，如学校的美育教学评价、美育师资队伍评价、场地设备评价、实施方案评价以及校园环境建设等。促进高校美育高质量发展过程中，一切与美育教学活动有关的内容都可以通过评价来促进其完善。高校美育评价内容终究要涵盖学生的审美知识、审美情趣、审美能力和艺术修养等多方面，精确评价内容才能确保评价结果全面反映学生的审美素养。如果从美育学科建设来说，高校美育评价最重要的核心内容就是对课程体系的评价。

建立美育课程评价体系。科学、合理的美育课程评价体系是围绕美育课程系列教学活动进行的评价和反馈。可以采用学生评价、同行评价、专家评价等多种方式，对课程进行全面、客观的评价。同时根据评价结果及时调整和完善课程设计。例如，可以定期组织学生对美育课程进行评价，对评价结果进行统计分析，了解学生的学习需求和意见，为改进课程提供依据。同时，这个体系也需要不断地更新和完善，以适应时代的发展和教育的需求。

完善美育评价实施策略。美育评价包括加强教师测评、教学管理测评，加强美育课程建设评估、教学管理机制评估，教学质量的提升。建立动静结合的学生审美素养评估策略，如审美档案——记录学生的成长轨迹，为教学评价改革提供有力支持。通过开展美育教师评价培训，提高教师对美育及美育评价的认识，确保新的美育评价工作能正确进行。

完善美育课程评价。美育课程设置是美育真正的载体，也是最重要的部分。根据学生需求和兴趣，合理评价美育课程设置，注重课程的系统性和完整性。同时，要评价课程的实用性和实践性，测评课程是否能让学生真正掌握美育知识和技能。例如，根据学生的需求和兴趣，开设音乐、舞蹈、美术、戏剧等艺术类课程，以及与美学、文化、历史等相关的课程，让学生能够全面了解美的内涵和外延，真正喜欢艺术技能。

同时，完善课程评价标准。课程标准应该注重课程内容的多样性、实用性、创新性和科学性，以及课程目标的明确性和可操作性。总标准是评价美育课程是否符合教育目标和要求，是否具有系统性和完整性，然后是否能够培养学生的审美素养、人文素养以及创新能力的重要指标。

对美育实践活动进行测评。最先要考虑高校是否具有丰富美育活动形式。除了课堂教学，学校有无通过举办各种形式的美育活动，如艺术节、音乐会、画展、文艺比赛等，让学生能够亲身感受美的魅力，增强审美体验；有无邀请知名艺术家来校举办讲座或表演，或者组织学生参观博物馆、艺术馆等文化场所，为学生提供能够近距离接触和感受艺术的魅力的机会。实践的标准是面向人人都能参与的艺术活动。

评价美育师资情况。评价教师的审美素养和美育能力是促进美育建设的关键。学校可以定期举办美育师资培训班、研讨会等，为提高教师的审美素养和美育能力做出举措。同时，学校还可以邀请美育专家对教师进行指导，帮助教师更好地理解和传授美育课程。例如，可以组织美育教师进行教学交流活动，分享教学经验和教学方法，促进教师之间的合作与共同进步。

评价校园美育氛围的营造。学校通过加强校园文化建设、美化校园环境等方式，营造一个充满美学氛围的校园环境。例如，有无在校园内设置艺术雕塑、文化墙等文化景观，或者在教室、图书馆等场所布置艺术作品和装饰品，让学生在校园内随时感受到美的熏陶和启迪。

进一步探讨高校美育评价，其内容归根结底是围绕"教、学、资料和效果"四大范围的美育教学活动。在高校美育各个环节，如课程、师资、教学、教材、教学环境与资源的评价中总结评价的内容，全面评估美育教学的质量和效果。评价内容主要包括创造性思维的评价，表达能力的评价，审美观念的评价，跨学科整合质量的评价，跨学科、跨文化的理解能力评价，艺术、自我的表达能力评价，个性化学习内容、实践项目驱动力评价，等等。

这些创新标准和内容旨在更全面地考察美育教学的多个层面，以适应当代学生的需求，并促进高等学校美育在教学实践中的不断创新。创新的评价标准有助于推动美育内容的发展，培养学生更全面的艺术素养。对于评价内容来说，使用方式的多样化，以及标准的明确性等有利于评价的准确性。

（四）改革学生评价，探索评价指标

考试是当前高校对学生评价的最常见方式，通过考试可以了解学生对知识的掌握程度和记忆能力。但考试过于注重记忆和应试技巧，艺术理论考试完全不能体现教育的目的。考试容易忽略学生的实际应用能力和创新能力，不完全适合艺术教育的学生评价。还有一种是考查，这仍然是最常见的评价方式，考查常基于教师评价，这也存在一些问题，相对来说容易受到主观因素等影响。教师评价容易受教师专业能力、对待成绩的要求、个人偏见和情绪等因素影响。

对学生审美素养与审美观念做出相应的评价。评价审美素养主要是评价学生对艺术作品的品鉴能力，考查学生对不同艺术形式、文化背景和风格的敏感度方面。对审美观念方面的评价是针对作品的解读的能力。如抽象艺术作品是否被理解，对不同时期的绘画风格有何见解。举几个例子来说，我们可以将审美素养与美育观念划分为具体的评价指标，如①艺术作品解读的深度和广度；②对不同艺术风格、文化传统的理解程度；③艺术评论的逻辑性和连贯性。

对学生艺术审美的创造性思维的评价，主要是指学生在思维上的成长变化。通过学生行为解决问题、构思和表达方面的创造性思维。如学生是否能够提出独特的艺术概念，通过创作呈现新颖的艺术表达方式。创造性思维的评价指标可以是：①艺术作品中独特的创意元素；②解决问题的创新性思考；③在艺术创作中体现的个性化表达；等等。

对学生表达能力做出评价，评价所创作的艺术作品的呈现形式、技巧运用，考查其有效传达思想和情感的表达能力。以美术作品为例，主要是指作品中是否展现出色彩、构图、材料运用等方面的技巧。表达能力的评价指标：①艺术语言运用程度（技术运用的熟练程度）；②艺术作品对观众情感的传达效果；③使用不同材料和媒体表达的多样性；④独特的艺术观点、个性化的艺术语言；⑤感情和思想的传递。

对学生个性化学习内容评价，通过学生个性化的艺术作品，考查其在表达个人情感和思想方面的独特性。如通过设定的个性化学习目标、参与个性化项目，考查其在美育中的自主学习和发展方向；或者是说学生是否能够在作品中展现个性化的艺术语言，专达自身独有的艺术观点；是否能够制定并实现个人在艺术领域的学习计划 追求个性发展；等等。制定个性化学习目标的明确性和可操作性包括：①参与个性化实践活动的积极性和成果；②个性化学习计划的贯彻执行情况。

接下来，我们来谈谈对学生实践能力的评价。艺术本身就不是书面知识，实践能力是艺术教育中至关重要的一方面，通过实践活动，学生可以将理论知识转化为实际操作，进一步提升自己的艺术素养。实践能力的评价可以从学生在艺术实践中的参与程度和积极性；学生在实践过程中对艺术技巧的掌握和运用；学生能否通过实践活动展现出独特的艺术视角和创意；学生在实践中的团队协作能力和沟通能力；实践成果的质量和创新性等方面进行评价。

此外，我们还应该关注学生的综合素质。综合素质是指学生在艺术专业技能、理论知识、创新能力、实践能力等方面的综合表现。对其进行评价，可以更好地了解学生全面发展的情况。综合素质的评价可以从以下几方面进行：①艺术专业技能的掌握和运用；②理论知识的理解和应用；③创新能力和思维方式的独特性；④实践成果的质量和多样性；⑤人际交往能力和团队协作能力。

关注学生的终身学习能力对于健全人格的建设十分重要。在艺术领域，终身学习能力是指学生具备的自学能力、探究能力、反思能力等。对学生终身学习能力的评价，可以参考的指标有：①学生自主学习的能力；②学生解决问题的能力；③学生的学习策略和学习方法；④学生的学习成果和进步程度；⑤学生的反思能力和批判性思维。

综上所述，高校艺术教育的评价方式应多元化，应充分考虑学生的知识掌握、创新能力、实践能力、情感态度、价值观等多方面。只有这样，才能更好地促进学生在艺术领域的全面发展，培养出更多具有创新精神和实践能力的艺术人才。

（五）改革教师评价，推进践行教书育人使命

改革教师评价是提升教育质量、推动教书育人使命的关键一环。美育教师是美育教学活动的直接实施者，其教学水平、专业素养和师德师风等都对学生的审美素养和人文精神产生了深远影响。因此，对美育教师的评价应该从多方面进行综合考量。我们可以采取多元化评价体系，包括学生评价、同行评价、自我评价以及教学观摩等，将教学成果和学科建设等方面的评价纳入综合考量，使评价标准更加丰富。

首先，对教师授课评价，最重要的就是关注教师的教学效果和学生的学习成果。通过对教师的教学过程和教学方法进行评价，了解其是否能够有效提高学生的审美素养和人文精神。同时，学生的学习成果也是衡量教师教学效果的重要依据，可以通过考试成绩、作品评定等方式进行评价。

其次，教师的专业素养和学术水平的评价也很重要。通常美育教师需要具备扎实的专业基础和艺术技能，能够对学生进行全面、深入的指导。同时，教师还需要具备一定的学术水平，能够不断更新自己的知识体系，关注学科前沿动态，引导学生进行学术探索和研究。

最后，教师的师德师风直接关系到学生的成长和发展，对其评价十分重要，因此要对教师的职业道德、责任心、关爱学生等方面进行评价。

即便对比专业教育高校美育是特殊的教育，但上述仍是评价美育教师的基本要求，对美育教师的评价还应兼顾其是否能做到以下几点。

第一，是否能给学生树立科学成才观念。坚持以德为先、能力为重、全面发展，坚持面向人人、因材施教、知行合一，坚决改变用分数给学生贴标签的做法，创新以美育人的过程性评价办法。简单来说，就是尊重学生的人格，并保护他们的自尊心，任何伤害学生身心健康的行为都必须被杜绝。在评估学生的艺术审美应用能力时，我们应避免使用过于专业化的标准。完善

综合素质评价体系，切实引导学生坚定理想信念、厚植爱国主义情怀、加强品德修养、增长知识见识、培养奋斗精神、加强劳动奉献精神等。

第二，关注学生真实的进步，实施增值评价。考虑到学生的个体差异和美育领域存在的不公平问题，我们必须因地制宜、因人评价、因校评价。一把尺子量到底的横向比较评价并不切实际，我们需要灵活的评价策略来适应各种情境。根据大学生的身心特点，完善美育评价细则。科学设计各级各类教育的美育目标要求，通过艺术学习达到养成良好思想道德、心理素质和行为习惯。

通过研究，笔者认为高校应该把增值性美育评价作为要求，灵活运用到每门课程的评价建设当中。毕竟每个学生的基础不同，艺术审美等的养成也不是一蹴而就的事情。增值评价可以更科学地看到美育教育下学生的变化，给老师们提供了很多新的方法和维度。以学生的进步幅度作为评价相对于常用的终结性评价（如考试排名等），更能使学生关注自身进步。也不至于让没有艺术基础的学生永远都是"差生"。

第三，要探索美育评价的常态化与生活化。学生的艺术审美应用能力并非仅通过课堂、考试或特定题目就能准确评估的。这种能力更多地体现在日常的艺术审美生活中，并通过各种途径和平台得以展示。因此，构建一种贯穿学校美育全过程的常态化、生活化审美素养测评机制是必要的，这不仅能降低美育课程的应试化风险，更能实现"以评促学"的评价目标。评价要与时代发展密切结合，通过信息化等手段，探索学生、家长、教师以及社区等参与评价的有效方式，客观记录学生日常表现和突出表现，特别是践行社会主义核心价值观情况，将其作为学生综合素质评价的重要内容。

第四，注重评价学生批判性思维。这指的是在欣赏艺术作品时对艺术作品的分析与评论，考查其对艺术创作的批判性思考能力。例如，学生是否能够理解艺术作品背后的文化、社会背景，并能发表深刻而独到的评论。训练批判性思维的评价在艺术领域中具有重要意义。它涉及对艺术作品的深入分析与评论，以此考查个体在面对艺术作品时是否能展现出对艺术创作的批判性思考。

艺术作品分析的深刻程度是评价批判性思维的重要指标。一个具备批判性思维的个体，应能透过艺术作品的表面，深入挖掘其内涵。这包括对作品的形式、技巧、主题等方面进行全面而深入的分析，从而对艺术家的创作意图和表现手法有更为清晰的认识。对艺术作品所蕴含的文化、社会背景的理解也是评价批判性思维的关键环节。艺术作品往往是艺术家对特定文化、社会现象的回应和反思，因此，欣赏者把握作品背后的文化、社会背景，对其进行符合实际的解读，是评价其批判性思维的重要依据。提出具有见解的批评观点是评价批判性思维的另一个重要方面。具备批判性思维的个体，不仅能够欣赏艺术作品，还能够跳出作品的框架，从更广阔的视角对其进行审视。这包括对作品的艺术价值、社会意义等方面提出独到而深刻的见解，从而对艺术创作产生积极的影响。

总之，在评价个体批判性思维时，应从艺术作品分析的深刻程度、对作品文化、社会背景的理解以及批评观点的独到性等方面进行全面考量。这样的评价有助于发掘和培养具备批判性思维的艺术爱好者，推动艺术创作的发展。同时，这也为教育工作者提供了有益参考，有助于在艺术教育中培养学生的批判性思维能力。

改革教师评价是提升教育质量、推动教书育人使命的重要一环。与此同时，美育教师也要注重教育创新和实践，关注教师在教学设计、教育技术应用和跨学科合作方面的努力，通过项目研究和校本资源建设推动个人美育学习和学校美育的共同进步。建立教学观摩机制，鼓励教师相互学习和交流，促进成功经验和教育心得的分享。定期进行系统的美育教师培训，关注新的美育教育理念、教学方法和学科知识，鼓励参加研修和学术交流，以不断提升教学水平。引入学生全面素养的评价体系，考查教师在培养学生综合素养和德育方面的努力和成就。同时，设立激励机制，对表现优秀、在教书育人方面做出卓越贡献的教师给予奖励和提升机会，通过评选先进个人和团队等方式激发教师的积极性。

二、高校美育评价体系

高校美育评价体系是高校美育工作的重要组成部分，它不仅是对高校美育工作水平的反馈和分析，更是对高校美育工作质量进行监督和考核，对高校美育工作效果进行追踪和检验的不可或缺的手段。这一体系如同明亮的灯塔，指引着高校美育工作的开展方向，确保高校在培养学生的审美素养、创新精神和实践能力的过程中，始终沿着正确的轨道前行。探讨高校美育评价体系，就是对美育评价目标、评价内容、评价指标设计与实施方法的探讨，也是对促进新时代高校美育理论与实践问题的思考。

从 20 世纪 70 年代末以来，我国实行的是德智体美劳五育并举的教育体系。但在高校育人工作中美育并没有得到足够的重视，自然就限制了美育育人功能的发展，高校对美育的评价也没有足够的认识。但今天美育在高校得到了发展机会，全国高校都开始逐渐重视美育工作，人们开始关注高校美育建设问题。因此，下一步就是美育评价与美育改革发展并行的阶段。

研究发现高校美育评价存在一些问题，如评价不合理、评价方式落后、评价认识不到位、体系不健全等。首先，拿美育评价来说，美育素养的形成不是一蹴而就的，美育评价也应该是一个长期的过程，而很多高校对美育的评价仅在课程之内，即从课程的开始到结束。很多高校并不关心大学四年学生美育的增值性变化，这种评价方式便没有考虑到美育的长效过程。

其次，评价方式落后，对通识性课程基础艺术理论的评价形式过于单一造成学生综合素质提升无法反映。目前高校美育评价往往只注重学生的知识掌握程度，而忽视了对学生审美能力、创造力和人格修养等方面的评价。对艺术课程的评价方式更是忽略了审美追求与人格修养，每个学生对于美的理解和追求都是独特的，但现有的高校美育评价往往缺乏个性化考量，无法满足不同学生的个性化需求和特点。统一的评判标准就是缺乏个性化评价的一种表现。还有，高校美育评价体系是对高校美育教学、管理、校园美育、文化建设等多方面美育工作进行监督和检验的长效机制。多数高校美育评价体系存在评价主体单一、评价内容匮乏等问题，导致高校美育评价体系不健全。

还有一个值得关注的问题就是评价体系不健全的问题。多数高校美育评价体系存在评价主体单一、评价内容匮乏等问题。美育评价主要依赖于教师对学生的评价。这种"单向度"的评价方式虽然能够反映学生在接受美育教育过程中的表现，但忽视了学生对美育教师的评价。这样一来，评价体系就显得不够全面，也无法全面反映美育教育的真实情况。

目前，评价内容匮乏主要体现在课程本身，很少涉及校园环境、活动等美育内容。此外，对学生在接受美育教育过程中的情感体验、创新能力等方面的评价则相对较少。

这些问题如同暗礁，阻碍着高校美育评价体系的健康发展。为了应对这些问题，我们需要从源头抓起，促进美育的综合改革。我们要以立德树人理念为引领，通过构建校内自评与校外他评的评价体系、创新评价方式，采用大数据评价技术等举措进行完善。

第一，我们要从思想认识上提高对高校美育评价的重要性。高校美育评价不仅是手段，更是战略。它是对高校美育工作全方位、全过程的把握和推动，是高校美育工作的重要指南。只有从思想上高度重视，才能在行动上切实推进高校美育工作的深入开展。全体教育工作者要深刻理解和把握美育的核心价值，将美育融入教育教学全过程，树立以美育人、以美化人、以美励人的理念。同时，高校美育评价可以丰富美育教育内容，可以促进高校教育体系的健全，比如，评价要看到学生健全人格、文化自信等表现，美育教育中则需要融入民族文化自信的教育。

第二，我们要对高校美育评价体系和美育工作水平进行全面分析，进而构建全面、科学、合理的美育评价体系。这个体系应包括对美育课程、美育活动、美育师资、美育设施、美育成果等方面的评价。在构建评价体系的过程中，我们需要充分考虑各方面的因素，确保评价的全面性和科学性。课程评价要关注课程设置、教学内容、教学方法等，确保课程的美育价值和实效性；活动评价要关注活动质量、参与度、影响力等，确保活动的教育意义和广泛影响；师资评价要关注教师美育素养、教学能力、科研成果等，确保教师的专业素养和教学水平；设施评价要关注设施完善度、使用率、更新速度等，确保设施的配套和完善；成果评价要关注学生审美能力、创新精神、人文素养等，确保学生的全面发展。

第三，我们要创新评价方式，提高评价的公正性和有效性。在传统的评价方式基础上，我们可以采用定性和定量结合的方式，既关注过程，也关注结果。通过问卷调查、访谈、实地考察等多种手段，我们可以更全面地了解高校美育工作的实际情况。同时，利用大数据、人工智能等先进技术，我们可以对美育工作进行更科学、更准确的分析和评估。这些技术可以给我们提供大量的数据支持，帮助我们更好地了解学生的需求和期望，为高校美育工作的改进提供有力依据。

第四，我们要强化评价结果的运用，推动高校美育工作的持续改进。美育评价彻底成为促进美育教育质量提升的保障，我们要推进美育评价体系的应用，评价结果应作为高校美育工作改进的重要依据。对于评价中发现的问题，我们要制定整改措施，明确责任主体，确保整改到位。同时，要将评价结果与高校美育工作的奖惩挂钩，激励高校更加重视美育工作。我们可以通过举办优秀课程观摩活动、组织评选表彰优秀美育教师等方式，充分发挥优秀典型的示范引领作用。此外，还可以通过举办专题讲座、经验交流会等活动，推广优秀经验做法。这些举措将有助于形成重视美育工作的良好氛围，进一步提升高校美育工作的质量和水平。

新时代高校美育评价体系构建是一项系统工程，需要我们共同努力、不断完善和改进。只有这样，我们才能更好地发挥美育在高校育人工作中的重要作用，培养出更多具有崇高审美追求、高尚人格修养的高素质人才。

三、高校美育课程评价

评价在教育评估中占据着重要地位，它不仅关乎美育教育的发展，还对整个教育体系的完善产生深远影响。高校中我们实施美育评价，就是为了能发现问题、改进课程，最终提高学生的审美素养和人文素质。在美育评价的改革中，不能仅仅局限于评价内容的改革，更需要将评价本身作为治理对象，实现评价的多元化和互动性。美育评价改革是一项长期且艰巨的任务，需要各方主体共同努力和协作。只有通过不断探索和实践，我们才能建立起更加科学、完善的美育评价体系，为培养具备全面素质的人才做出积极贡献。

（一）高校美育课程评价内容

高校美育课程评价是对高校美育课程的质量和效果进行评估的过程。它包括对课程设置、教学内容、教学方法、课程管理、课程成果等方面的评价，以及对课程目标、课程内容、教学手段、教学效果等方面的评价。评价方法可以采用定性和定量结合的方式，通过访谈、观察、问卷调查、考试等多种途径进行。在实施评价时，应注意公正性、透明度、持续改进和长期效果。评价结果应能引导课程的持续改进，促进美育教育的发展，提高学生的审美素养和人文素质。各主体应积极参与、共同努力，为我国美育教育的发展贡献力量。通过不断探索和实践，有望建立更加科学、完善的美育课程评价体系。

1. 评价概况

高校在培养人才的过程中，需要重视大学生长期发展的过程性评价，尤其是在深入分析美育课程主要内容之后，制定出长效发展规划。高校美育课程评价的核心是对高校美育课程的质量和效果进行评估。以下是高校美育课程建设评价的具体含义、评价内容和评价方法。

首先，高校美育课程建设评价的具体主要包括对课程设置、教学内容、教学方法、课程管理、课程成果等方面的评价。这些评价应当全面、深入，以准确反映美育课程的实际情况。

其次，高校美育课程建设评价的内容主要包括课程目标、课程内容、教学手段、教学效果等方面。评价时应关注课程的育人性和实践体验性，以确保学生能够真正从中受益，掌握美育知识和技能。这样才能使美育课程发挥出应有的作用，助力我国高等教育的人才培养。

最后，高校美育课程建设评价的方法，可以采用定性和定量相结合的方式。定性评价主要通过访谈、观察等方式了解课程的实际情况；定量评价则可以通过问卷调查、考试成绩等数据进行分析。此外，还可以通过专家评审、学生反馈等多种途径，全面评估美育课程的质量和效果。

评价还包括教学改进，高校根据评价结果反馈，及时调整美育课程的设置和实施策略。一方面，要关注课程的系统性和完整性，确保学生能够在有限的学习时间内获得丰富的美育知识；另一方面，要注重课程的实践性，让学生在实际操作中提高审美能力和创新能力。通过优化美育课程，大学生能在艺术素养、创新思维等方面得到全面提升。

总之，高校美育课程建设评价是一项重要任务，需要我们从多维度进行全面、深入的剖析。通过评价，推动美育课程的持续改进和优化，为大学生提供更高品质的美育教育。这将有助于培养具有全面素质和创新精神的人才，为国家的发展和社会的进步贡献力量。

2. 实施高校美育课程评价注意事项

一是评价过程应具有公正性和透明度，确保评价结果的真实可靠；二是评价结果应能引导课程的持续改进，促进美育教育的发展；三是评价应注重课程的长期效果，而非短期成果，以保证美育教育的深远影响。在实施高校美育课程评价时，确保评价过程具有公正性和透明度至关重要。一个典型的例子是采用同学匿名互评机制。通过此机制，学生可以对彼此的艺术作品进行评价，而评价者的身份保持匿名，从而确保评价过程的公正性。这样的评价机制有助于消除可能存在的主观评价和偏见，真实地反映学生在美育课程中的表现。

根据目前政策要求与新时代的大学生教育需求，当代高校的美育课程是以艺术教育为基础的一系列课程与美育实践活动。因此，我们对美育课程的评价就是对高校美育艺术课程的评价。但是艺术种类繁多，艺术课程更是各具特色，多种多样，而且还受地方特色影响，不好一概而论。最常见的又比较适合作为高校艺术课程的大的专业方向有绘画、音乐、舞蹈、戏剧、影视、雕塑、工艺制作等多个方向。而高校的艺术课程可根据这些大的专业方向设置具体的课程内容，比如说，色彩入门、大学生艺术构成、声乐启蒙、陶泥艺术、瓷器彩绘等具体的美育课程。对于高校美育，可以开设一系列涵盖不同艺术形式和领域的课程，以丰富学生的审美体验，培养学生的创造力和表达能力。

（二）高校美育课程评价方法

在当前的高校美育课程评价中，很多仍然依赖于传统的应试教育评价体系，过分关注学生的分数，而忽视了学生在审美能力、审美素养等方面的实际提升。这种评价方式导致了许多问题，如学生对美育课程缺乏积极性。往往还存在评价方法单一、评价主体不够多元化等现象。比如，大部分高校美育课程的评价方法较为单一，通常以书面考试、作品展示等形式进行。这种评价方式不能全面客观地反映学生在课程中的实际收获，也无法有效衡量学生的审美能力和审美素养。传统的美育课程评价主体多为教师，较少涉及学生、同学和社会等。评价主体的单一导致评价结果可能存在偏差，无法全面反映课程的真实情况。

接下来，我们将探讨如何对高校美育课程进行创新评价。

1. 建立多元化评价体系

针对现状，我们可以从以下几方面构建多元化评价体系。

（1）多形式评估：加强对学生审美能力和审美素养的培养，通过课堂表现、实践作品、交流讨论等方式，全面评价学生在课程中的实际收获。

（2）过程性评价：将过程性评价与终结性评价相结合，注重学生在学习过程中的成长与变化。

（3）双向评价：增加学生对教师美育教育的评价。高校美育课程评价要完善指导教师评价体系。要建立学生美育获得感的反馈机制，动态评价、及时反馈、有效调整，增加美育过程性和阶段性评价机制。完善年度考核机制、评优评先机制，考核评价艺术社团美育成效、社会服务等方面，通过激励优秀，增强指导教师的美育获得感、荣誉感和使命感，激发美育的主动性与持续性。表6-1为学生对艺术美育课程的评价。

表6-1　学生对艺术美育课程的评价

	指标	非常认同	比较认同	一般	比较不认同	非常不认同
1	喜欢教师讲授的内容					
2	喜欢教师讲课的方式					
3	课程内容对我的帮助很大					

续表

	指标	非常认同	比较认同	一般	比较不认同	非常不认同
4	课程（艺术）活动我都很想参加					
5	让我感受到艺术融入生活十分有必要					
6	课程让我希望自己能加强艺术鉴赏能力					
7	课程让我希望自己能加强艺术技能					
8	教师艺术水平、专业素养对个人影响大					
9	课程使我艺术修养方面有很大的收获					
10	课程让我感到艺术离我很遥远					

2. 创新评价方法

（1）实践性评价：通过学生参与戏曲表演、创作等方面的实践，检验其在美育课程中所学到的知识和技能。

（2）互动性评价：鼓励学生之间的交流与合作，分享学习心得和创作经验，提高学生的审美素养和人际沟通能力。

（3）综合性评价：结合学生的学术成绩、实践成果、课堂表现等多方面因素，全面评价学生的美育素养。

3. 拓宽评价主体

（1）"师评"：教师评价，教师根据学生在课堂的表现、作业完成情况等进行评价。

（2）"自评"：学生自评，学生自我审视在课程中的收获与成长。

（3）"友评"：来自同学、社会和专业人士的评价。邀请同学，尤其是戏曲专业的同学、社会人士和专业人士参与评价，以更全面地了解学生在美育课程中的表现，以提高评价的客观性和公正性。

4. 建立艺术教育长效评价机制

（1）建立艺术教育的长效评价机制也是我国教育改革的重要内容之一。传统的艺术教育评价方式往往过于注重短期成果，忽视了学生的长期发展和综合素质的提升。为了更好地推动艺术教育的全面发展，构建长效评价机制势在必行。

（2）关注学生的长期成长。这意味着评价不仅仅局限于某一阶段的艺术成果，而是要关注学生在整个艺术学习过程中的成长与变化。通过设置合理的评价周期，如四年计划，让学生在艺术学习中发现自己的潜能，逐步形成稳定的艺术素养。

5. 增加美育的增值性评价

艺术教育增值性评价应充分考虑学生的个性差异。每个学生都有自己独特的艺术天赋和兴趣，评价机制应尊重这些差异，给予学生充分展示自己的机会。在此基础上，通过多元化的评价方式，全面评估学生在艺术领域的综合素质，包括艺术技能、创意表现、文化素养等。设计适合美育的多元化增值性评价标准，还能通过四年的长效变化，总结美育的增值性变化调查表，如下表6-2所示。

表6-2　增值性变化统计表

课程（科目）：　　　　　日期：　　　　　　结论：

学生	起点评价（第1次）				……	终点评价（第N次）				长效增值
	美育师评	美育自评	美育友评	美育总评		美育师评	美育自评	美育友评	美育总评	

通过以上探讨，我们可以看到，高校美育课程评价标准的创新对于提高美育教学质量具有重要意义。构建多元化、创新性的评价体系，有助于培养学生的审美能力和审美素养，实现以美化人的目标。在此基础上，我们还应不断探索其他美育课程的评价改革，为高校美育工作提供有力支持。

（三）高校美育课程评价表

高校美育课程建设评价是对高校美育课程的教学目标、教学内容、教学方法、教学管理等方面的质量进行客观、科学、公正地评估。通过评价可以发现美育课程存在的问题和不足，为改进课程提供依据和建议。同时，评价结果还可以为高校管理者和教师提供反馈，帮助他们更好地规划和实施美育课程，提高美育教学的质量和效果。

高校美育课程按要求至少要有 2 个学分的艺术课程在公选课展开。高校美育课程的评价要求应满足美育课程原则、教学目标，符合教学体系，最重要的是符合时代需求。高校美育课程的评价设计能真实反映大学生的审美变化。我们从课程目标、资源文本、课程实施、教学效果、特殊评价这几大方面进行评价，设计评价表格，如下表 6-3 所示。评价考虑到学生的增值性变化，不能只看最后的成绩，还需要加入过程性、阶段性（分段式作业）评价等。课程评价配合其他多元化评价表格进行使用，弥补实践性强的艺术审美学科。

表 6-3 美育课程评价表

课题名称：_____评价人员：_____时间：_____评价结果：_____

评价项目		评价标准	评价等级
基础性评价	课程目标	1. 课程教学目标符合国家美育课程要求、地方课程要求，以及学校课程要求 2. 课程目标包含审美技能的知识与技能（史论、赏析、技能） 3. 教学目标的设置能够激发学生的审美热情，提升学生的学习兴趣	符合评价标准为 A 大致符合标准为 B 基本符合标准为 C 不符合上述标准为 D
	资源内容	1. 艺术、人文材料不脱离国家课程的要求；且具有学校的课程特色 2. 课堂教学实践活动的展开应围绕审美艺术材料展开 3. 材料的使用能够对学生的审美能力的增长有所促进。	符合评价标准为 A 大致符合标准为 B 基本符合标准为 C 不符合上述标准为 D
	实施要求	1. 课堂实施过程中达到美育学习目标：知识、过程、情感态度与价值观 2. 课堂实施过程中达到学习行为目标：设计合理交流、互动、培养学习能力 3. 使用的学习手段有利于提高学习效益 4. 符合学生学习的方式：自主性，合作性，探究性	符合评价标准为 A 大致符合标准为 B 基本符合标准为 C 不符合上述标准为 D
	教学效果	1. 达成目标：完成审美任务与学习目标 2. 学习活动：学生主动参与度高，互动性好，积极性 3. 有显性地教学 4. 检测效果明显 5. 综合发展得到锻炼：作品表达、基础技能、思想情操、思维能力	符合评价标准为 A 大致符合标准为 B 基本符合标准为 C 不符合上述标准为 D
特殊评价		1. 增值性内容设计 2. 体现长效性内容 3. 体现本真，突出学生主体，面向人人 4. 课程形式丰富性，符合艺术特色	符合评价标准为 A 大致符合标准为 B 基本符合标准为 C 不符合上述标准为 D

（四）高校美育实施评价

高校美育实施的评价主要指的是对高校美育课程的教学过程、教学效果以及教学资源等方面的评价。首先，在教学过程中，评价美育课程的教学内容、教学方法和教学组织等方面。包括课程内容的设置是否合理，是否符合学生的需求；教学方法是否能够激发学生的学习兴趣，是否能够有效地传授知识；教学组织是否严密，是否能够保证教学质量；等等。

其次，对教学效果的评价。主要评价学生的学习成果和审美素养的提升情况。通过学生的作品展示、考试成绩、调查问卷等方式，了解学生在审美知识、审美能力和创造力等方面的提升情况，以此评价教学效果。

最后，对教学资源的评价。主要评价美育课程的教学资源的质量和适用性。包括教材、课件、教学设备等教学资源是否充足、新颖、易于获取，是否能够满足学生的学习需求。

此外，高校美育实施的评价还包括对教师素质、学生参与度等方面的评价。通过综合评价这些方面的情况，可以对高校美育的实施效果进行全面评估，为进一步改进和完善美育工作提供依据。对课程的评价可以具体细化到学习目标的达成度、学习行为变化、学习方式、学习效果以及特殊性评价（参考表6-3）。

1. 学习目标评价

学习目标评价主要关注课程目标是否明确、具体，以及是否符合学生的实际需求。在对某高校美育课程进行学习目标评价时，可以通过对课程大纲的分析，了解课程目标设定的合理性。同时，可以通过观察学生的学习过程、访谈等方式，了解学生是否能够实现课程目标，以及实现目标的程度。评价指标通常有以下几点。

目标设定合理性：评价课程目标是否符合课程大纲要求，是否具有可实现性。

目标达成度：评价学生在学习过程中是否能够逐步实现课程目标，以及实现目标的程度。

2. 学习行为评价

在对某高校美育课程进行学习行为评价时，可以通过课堂观察、学生出勤记录、作业完成情况等，了解学生的学习积极性。同时，通过问卷调查、访谈等方式，了解学生的学习主动性及学习方法的运用。学习行为评价关注学生在学习过程中的积极性、主动性以及学习方法的运用。评价指标可以分为学习积极性、学习主动性、学习方法等。

学习积极性：评价学生在课堂上的参与程度，如出勤率、课堂互动等。

学习主动性：评价学生在完成课程任务时的主动程度，如自主学习、主动请教等。

学习方法：评价学生是否能够运用合适的学习方法，如合作学习、探究式学习等。

3. 学习方式评价

在对某高校美育课程进行学习方式评价时，可以通过实地考察、课堂观察、问卷调查等方式，了解学生如何利用学习资源、学习环境及学习策略。学习方式评价主要关注学生如何进行学习，评价指标可以分为以下几点。

学习资源利用：评价学生能否充分利用课程资源，如图书馆、网络资源等。

学习环境：评价学生的学习环境是否有利于学习，如教室设施、课堂氛围等。

学习策略：评价学生是否能够制定合理的学习策略，如时间管理、学习计划等。

4. 学习效果评价

在对某高校美育课程进行学习效果评价时，可以通过考试、作业、实践展示等方式，了解学生知识掌握及技能培养的情况。同时，可以通过问卷调查、访谈等方式，了解学生在综合素质方面的提升。学习效果评价主要关注学生的学习成果，评价指标可以分为以下几点。

知识掌握：评价学生对课程知识的掌握程度，如考试分数、作业完成情况等。

技能培养：评价学生在课程中学到的实际技能，如绘画、音乐演奏等。

综合素质提升：评价学生在情感、态度、价值观等方面的成长。

5. 特殊性评价

在对某高校美育课程进行特殊性评价时，可以通过学生满意度调查、教师教学质量评估、课程特色分析等方式，全面了解课程的实施情况。特殊性评价关注课程的特殊需求和个性化发展，评价指标可以分为以下几点。

课程特色：评价课程是否具有独特的教学理念和方法，是否符合学生的兴趣和发展需求。

学生满意度：评价学生对课程的满意程度，包括教学内容、教学方法等。

教师教学质量：评价教师的教学水平、教学态度以及对学生的关爱程度。

综上所述，高校美育课程实施的评价应从学习目标评价、学习行为评价、学习方式评价、学习效果评价和特殊性评价五方面进行全面评估，以促进课程的不断优化和改进。

如评价学生在学习音乐、舞蹈、曲艺、美术、书法等艺术课程、活动或比赛中审美认识力、鉴赏力和创造力的变化，可以使用"教师—学生"双评，也可以在教学活动中进行评价。

表6-4　审美评价表（教师评学）

评价方向	评价指标	5	4	3	2	1
审美意识	审美兴趣					
	审美期望					
审美欣赏	审美行动					
	审美感知					
审美创作	创作意识					
	创作行为					

表6-5　审美自测表（学生自测）

	评价指标	5	4	3	2	1
审美意识	对艺术作品、艺术展演有浓厚的兴趣					
	有探索、收集艺术的爱好、习惯					
审美欣赏	非常乐意提升个人审美素养、学习艺术课程、学习艺术知识与技能					
	审美活动时有强烈的想法、备受感染，希望参与体验或创作					
审美创作	有熟练的审美知识、技能和方法，能够参与艺术创作					
	会参与艺术创作实践、艺术活动，并能将艺术应用在生活和学习中					

第四节　高校美育保障与反思

一、高校美育的质量保障

构建一个有效的质量保障系统，对美育教学活动有序开展具有至关重要的意义。构建高校美育质量保障系统要从子系统的建立开始，其子系统至少要包括美育质量目标与决策引导系统、美育资源条件保障系统、美育运行维护系统、美育监管与评价系统四个子系统。该系统的有机分工，有利于确保美育教学活动有序顺利开展。质量保障系统作为美育教育的全面指引，为决策者提供了清晰的方向，明确了美育教学活动的目标。在此基础上，决策者可以制定出符合实际需求的美育教学计划，确保教学活动的高质量开展。同时，质量保障系统还具有实时调整和优化教学策略的功能，以适应不断变化的教育环境。

美育质量目标与决策引导系统是整个质量保障体系的基础。它主要负责设定美育教学的具体质量目标，为整个教学活动提供明确的方向。如某高校将"培养学生审美兴趣和创新能力"作为该系统的核心质量目标。后续为了实现这一核心质量目标，决策引导系统负责根据这些目标制定相应的教学策略和政策，确保教学活动能够围绕目标有序开展。决策引导系统要包含进一步细化具体教学计划和活动的功能，如引入多元化的美育艺术课程、组织定期的美育艺术展览、研讨会，还要关注教学过程中的关键环节（如教材编写、选用、教学方法改革等），确保这些环节都能服务于核心质量目标。美育质量目标与决策引导系统需要定期评估目标的达成情况，根据实际情况进行调整和优化。如建立定期评估机制，通过收集学生的反馈、教师的教学评价以及社会用人单位的意见等多方信息，对美育教学活动的质量和效果进行全面评估。根据评估结果，及时调整教学策略和政策，确保美育教学活动能够持续改进并满足社会和个人的发展需求。通过这样的设定和运作，高校的美育质量目标与决策引导系统不仅为教学活动提供了明确的方向，还确保了美育教学的高质量开展。

美育资源条件保障系统中最重要的两部分是师资与课程资源。在高校美育体系的发展过程中，形成一系列以高校美育专员、艺术教师为主的高质量的师资模块组合是美育资源条件的重要保障。高质量师资组合通常包括省、市美育研究人员、在校美育人员，以及其他院校的共享师资、社会艺术专业人才等。组建省级、市级和校级美育专家团队，对美育工作进行专业化指导，保证美育教育政策的贯彻、落实。还有国家教育厅、各省出的美育指导意见、政策，从政治层面上引导了中国高校美育教育建设的发展方向。美育政策建议各高校在该原则的指导下，进行高校的自我美育规范制定，形成文件，保障高校美育。当然，政府等职能部门应加大对美育教育的拨款力度，鼓励美育教师、艺术教师额外开设美育课程，以及为美育教师设立"优秀教师计划"等激励性措施，也是师资与课程资源的基础。除此之外，为美育教师提供高质量的讲座和艺术培训、交流的机会，鼓励美育教师进行美育研究，使其真正了解美育再行动等都是对美育教育质量的保障。总之，该系统负责整合和配置各类美育资源，包括人力、物力、财力等，为教学活动提供充足的资源保障。在资源保障充足的情况下，教师可以充分发挥自己的专业素养，为学生提供高质量的美育课程。该系统还关注资源的合理利用和优化配置，以提高美育教学活动的效益。

美育运行维护系统负责确保教学活动的日常运营与管理。它主要负责美育教学计划实施、教学过程管理、师生沟通与协作等方面的保障工作。通过规范化的运行维护，可以确保美育教学活动按照既定计划有序进行。同时，该系统还需要对教学质量进行定期评估，如在美育教学过程中的实时反馈，以便及时发现和解决问题，保证教学质量。此外，美育教学的运行管理系统还需要与教师、学生等各方进行有效沟通，收集各方的反馈和建议，为教学改进提供依据。

美育监管与评价系统对整个美育教学活动进行监督和评价。该系统通过制定科学合理的评价指标和方法，对美育教学活动的过程和成果进行全面评估。这有助于了解美育教学活动的实际效果，为下一步改进与优化美育教学提供依据。此外，监管与评价系统还要关注师生们的反馈和建议，以确保美育教学活动始终与时俱进，满足社会需求。

高校美育质量保障系统的四大子系统之间协同作用。构建一个有效的质量保障体系是美育教学活动有效、高质量、有序开展的关键。在今后的美育教育工作中，各级教育部门和广大教育工作者应充分认识到质量保障体系的重要性，不断探索和完善相关制度，为美育教学活动的持续发展奠定基础。

二、高校美育的反思

高校要对美育实践和经验进行深入思考、评估和总结。在反思过程中，及时发现问题，帮助美育教育体系不断改进教学方法，提升教学效果，让在美育教育活动过程中出现的问题能够被及时获悉。只有教学体系内容的完善，才能有效促使学生更深入地理解艺术、培养审美意识和创造性思维。从研究中，我们不难发现，美育是一个长期过程，不能一蹴而就，需要几代人的共同努力。虽说艺术教育从小启蒙效果更佳，但事实上儿时有很多来自非本意的压力。比如，儿时的辨别能力较弱，容易被考级、评选、攀比（近年来流行的"卷"）式的艺术培训伤害，甚至失去对艺术的兴趣。以升学、过关等类型为导向的艺术教育容易给儿童和家长带去负担。而大学阶段的大学生，有一定的自理和判断能力，这时的他们对自己的行为、活动有较为清楚的认识，再加上高校课程的引导与建设，大学生们对未来生活充满美好的憧憬与向往，多一种艺术手段有诸多良效。

目前，许多高校已经将毕业生选修转为必修满 2 学分的艺术类课程。这种规定在一定程度上虽类似于"美术进入中考"，这种一概而论的规定是否会对人才培养产生反作用呢？如果从"美术进中考"这个热点视角来看今天的高校美育，是否存在同样问题呢？《意见》中的一个改革举措即"探索将艺术类科目纳入中考改革试点，纳入高中阶段学校考试招生录取计分科目"，简单来说就是"艺术进中考"，这一度成了国家美育评价政策的代名词。①一时间，在社会上引起了广泛关注，各利益相关方也基于自己的立场和利益出发，对美育及评判标准进行了多种解读和评判，触动了全社会的神经。②聚焦的问题主要有以下几个。

第一，艺术考级的压力。以美术为例，如果成人急于追求短期成果和证书，这极易压制、磨灭，甚至摧残学习者的个性和灵性。此外，自我施加的"艺术任务、考级任务"也会给孩子带来巨大的压力，影响他们的健康成长。即便是在素质教育和"双减"政策的背景下，校内减负的同时，各种等级考试仍然层出不穷，甚至成为束缚孩子创造力和好奇心的枷锁。

第二，美术、音乐等艺术课程的测试的评价方式容易偏向"术"大于"美"的情况。不一定所有孩子都对艺"术"培训有兴趣，但望子成龙的心情容易导致家长间相互比较，希望自己的孩子比他人多学一门才艺，这就违背了健康教育的初衷。

第三，市面上的培训机构借机爆发，参差不齐。由于艺术培训需求的增加，市面上的培训机构大量涌现。有些机构对艺术培训的解读出现偏差，甚

---

① 郭声健，刘珊 . 国家美育评价政策：背景、内容与原则［J］. 湖南师范大学教育科学学报，2021，20（3）：14-21.

② 郭声健，刘珊 . 国家美育评价政策：背景、内容与原则［J］. 湖南师范大学教育科学学报，2021，20（3）：14-21.

至借机收取高昂费用。这些机构的质量参差不齐，一方面，由于艺术师资数量有限，因材施教变得困难；另一方面，许多机构缺乏对艺术培训文件的解读能力，仍停留在对"术"的教育，忽略了美育背景下艺术教育的本质。

第四，艺术培训的费用普遍较高，这给许多家长带来了经济压力。此外，许多艺术机构组织学生参加的艺术活动价格往往也偏高。根据对部分苏锡常地区小康家庭的调查，大家普遍认为艺术培训和参赛费用较为昂贵。

第五，"考级、考证"让谁遭了罪，让谁钻了空子？市面上的艺术考级机构众多，每一等级都要收费，尤其是那种不许跳级报考艺术考级，如某社会水平朗诵考级共 12 级，超过 7 岁者可从 3 级开始，3 级往后不许跳级报考，但一次可连报两级。这样做的目的昭然若揭。

大学适合推行"2 学分"美育课程。首先，高校美育课程可以通过丰富课程种类、丰富美育内容等方式来弥补"人人美育必修课程"的不足。然后，大学生具备强大的学习能力和充沛的体能、精力来体验审美教育。而且高校美育课程也不需要家长承担额外费用。高校美育不是为了升学，我们都知道兴趣是最好的老师，高校美育是让学生们爱上艺术。如果大学生没有艺术基本的鉴赏能力，甚至没有接触过艺术，何谈兴趣，高校美育为大学生不但提供了审美素养、更是提供了解艺术的机会，有了了解才能、再谈兴趣与造诣。

今后，我们的高校美育应注重教育创新和与时俱进，充分激发大学生的创意和能力。大学时代是他们最有活力、创造力和想象力的时期。很多时候眼界、思想和创意比知识本身更重要，这如同我们会鼓励学生将知识在生活中应用一样。学生知道原理只是学到了知识点，通过活跃思维的训练，将其运用到其他领域，做交叉学科的创新尝试，才是当代大学生应该培养的能力。高校教师要不断尝试新的教学方法和手段，紧跟时代潮流，提高美育教育的吸引力和实效性，借美育之臂膀传承中华优秀传统文化，建设与弘扬中华美育精神，带领学生体验美育的力量。同时，不断研究，审美如何能真正地激发学生灵感，快乐美育等问题。培育具有深厚文化底蕴、审美能力、人文素养和创新能力的社会主义建设者与接班人，关注并联合高校实现立德树人这一总目标。

高校为学生提供了丰富有趣的审美活动与舒适自如的美育环境。美育留下的不只有艺术作品，而是一个时代、一个民族的缩影，一种反哺的精神。正如当年多少久经沙场的战士、英雄豪杰都已经不在人世，但他们的事迹、相关作品会流芳百世。如今，我们仍能从作品中汲取力量，并懂得感恩、珍惜生活。

美育的本质应该是快乐、积极、美好的教育，是一种真实情感的共情。美育教师是学生们喜爱、敬佩的样子，学生发自内心的感恩、回馈，这是教学的双向奔赴，是美育教育的价值所在，美育教育成功的表现。希望美育建设的未来之路会更加宽阔，发挥大美、大爱。美育不仅教会我们欣赏美、创造美，激发我们的想象力和创造力。在美育环境的熏陶下，还教我们学会如何感受生活的美好，如何追求内心的善良与正义。大学生要不断追求更高的精神境界，为祖国的强大贡献自己的智慧与力量。

参考文献

一、专著

[1] 蔡元培. 对于教育方针之意见 [M]. 蔡元培教育文选, 1912.

[2] 达尔文. 人类的由来及性选择 [M]. 叶笃庄, 杨习之, 译. 北京: 北京大学出版社, 2009.

[3] 丁晓昌, 张凌浩. 高校美育教程 [M]. 上海: 上海交通大学出版社, 2023.

[4] 高平叔. 蔡元培教育文选 [M]. 北京: 人民教育出版社, 1980.

[5] 郭声健. 艺术教育论 [M]. 广州: 暨南大学出版社, 2012.

[6] 黑格尔. 美学: 第2卷 [M]. 朱光潜, 译. 北京: 商务印书馆, 1979.

[7] 金雅. 中国现代美学家文丛: 蔡元培卷 [M]. 杭州: 浙江大学出版社, 2009.

[8] 李醒尘. 西方美学史 [M]. 北京: 北京大学出版社, 1994.

[9] 李泽厚. 美的历程 [M]. 北京: 文物出版社, 1981.

[10] 刘巨德. 向美而行: 清华大学美育之路 [M]. 北京: 清华大学出版社, 2021.

［11］马尔库塞 . 理性和革命：黑格尔和社会理论的兴起［M］. 桂林：广西师范大学出版社，2001.

［12］桑塔耶那 . 美感［M］. 缪灵珠，译 . 北京：中国社会科学出版社，1982.

［13］王伟 . 当代美国艺术教育研究［M］. 郑州：河南人民出版社，2004.

［14］曾繁仁 . 美育十五讲［M］. 北京：北京大学出版社，2020.

［15］郑玄，刘宝楠 . 论语正义［M］. 上海：上海书店，1986.

［16］朱光潜 . 朱光潜谈美［M］. 上海：华东师范大学出版社，2012.

二、期刊

［1］蔡孑民 . 以美育代宗教：在北京神舟学会演讲词［J］. 新青年，1917，3（6）.

［2］陈永英，董凤翠 . 初中女生形体美教育的理念及其实施［J］. 山东体育学院学报，2010，26（1）.

［3］方英敏，程颖 . 中国古代美学"感情"范畴的重构与美感论知识体系的完善［J］. 云南师范大学学报（哲学社会科学版），2023，55（5）.

［4］郭声健，刘珊 . 国家美育评价政策：背景、内容与原则［J］. 湖南师范大学教育科学学报，2021，20（3）.

［5］李道揆 . "争取正义乐队的指挥"：小马丁·路德·金牧师［J］. 美国研究，1987（1）.

［6］马一平 . 审美杂淡［J］. 美术向导，1999（4）.

［7］王冀青 . 蒋孝琬晚年事迹考实［J］. 敦煌学辑刊，2013（3）.

［8］许莉华 . 试论朱光潜《谈美》中美感与快感的问题［J］. 今古文创，2023（35）.

[9] 尤达. 近50年来国际高校美育研究热点的演化路径探析 [J]. 高校后勤研究，2021（7）.

[10] 曾繁仁. 试论美育的本质 [J]. 文史哲，1985（1）.

[11] 曾繁仁. 西方现代"美育转向"与21世纪中国美育发展 [J]. 学术月刊，2002（5）.

[12] 章启群. 美学与中国美学：范式、问题和史料——一个论纲或断想 [J]. 文艺争鸣，2015（8）.

三、论文

[1] 侯坤. 论审美教育在高校思想政治教育中的价值 [D]. 哈尔滨：哈尔滨师范大学，2022.

[2] 周秋韵. 现代生活陶艺的民艺思想研究 [D]. 景德镇：景德镇陶瓷大学，2018.

四、报纸

[1] 高京. 美是人类最壮丽的诗篇 [N]. 人民政协报，2011.

[2] 坚持中国特色社会主义发展道路 培养德智体美劳全面发展的社会主义建设者和接班人 [N]. 人民日报，2018-09-11（1）.

五、网站资源

[1] 对十三届全国人大二次会议第8032号建议的答复 [EB/OL]. 中华人民共和国教育部，2019-09-02.

[2] 教育部办公厅关于印发《高等学校公共艺术课程指导纲要》的通知 [EB/OL]. 中华人民共和国教育部，2022-11-22.

[3] 教育部. 关于切实加强新时代高等学校美育工作的意见 [EB/OL].

中华人民共和国教育部，2019-0~-02.

［4］教育部关于全面实施学校美育浸润行动的通知［EB/OL］.中华人民共和国教育部，2023-12-22.

［5］2000年参加艺术类高考人数［EB/OL］.360回答，2022-12-15.

［6］清华美育说｜清华大学美育时间线（1911—2021）［EB/OL］.清华大学美术学院，2021-04-29.

［7］苏州大学多措并举加强美育教育［EB/OL］.中华人民共和国教育部，2021-01-04.

［8］推动教育强国建设［EB/OL］.人民网，2023-09-15.

［9］1月11日：中国近代著名的教育家和思想家蔡元培诞辰［EB/OL］.新华社，2007-01-11.

［10］中共中央办公厅、国务院办公厅印发《关于全面加强和改进新时代学校体育工作的意见》和《关于全面加强和改进新时代学校美育工作的意见》［EB/OL］.中华人民共和国政府网，2020-10-15.

后　记

　　我为能够在此分享我近几年来对美育课题的研究所凝结成的这部著作深感荣幸。时光荏苒，我撰写了多篇以高校美育为中心的研究报告，对美育在教育中的发展进行了较为深刻的剖析。在此过程中，我有幸与众多高校教师、美育专家进行了深入的对话，并对152名大学生进行了调研。此刻，我将这些研究成果呈现于纸上，以抛砖引玉。

　　在我研究的过程中，亲朋好友的支持与关心成为我不断前行的动力。领导的鼓励、同事的协助以及朋友的陪伴，都是我前行的温暖的力量。特别要感谢王岩松教授，作为传统壁画研究所所长和中国壁画学会理事，他在敦煌壁画资源方面给予了我宝贵的帮助，并慷慨地分享了自己在艺术教育方面的心得和建议。同时，我也要感谢郭辉老师，她作为一位有着海外美术教育教学经验的高校教师，无私地与我分享了她在美育教育方面的宝贵经验和独到见解。

　　家人的理解与帮助让我能够专心致志地投入到写作中，你们是我完成这本书的坚强后盾。江苏省"十四五"教育规划课题（JS/2021/ZX0222-08015）、江苏省高等教育教学改革课题的研究经历也为本书带来启发。最后，我要感谢出版社编辑们的认真审校和严格把关，他们的专业精神让本书更加完善。

　　这段旅程虽然充满挑战，但收获也颇丰。我将永远珍惜这段经历，并期待在未来的日子里，继续为美育事业贡献自己的力量。

致　谢

本书的完成受到了横向课题"校园艺术体验虚拟展厅设计研究"（KYH24505）、江苏省哲学社会科学美育课题（2022SJYB1300）、校科研基金（KYY20516）的大力资助。